本书为“基础教育改革与发展协同创新中心”成果

安徽基础教育发展评论

（第2卷）

ANHUI JICHU JIAOYU FAZHAN PINGLUN

DIERJUAN

钱立青　主编

北京师范大学出版集团
BEIJING NORMAL UNIVERSITY PUBLISHING GROUP
安徽大学出版社

图书在版编目(CIP)数据

安徽基础教育发展评论. 第2卷/钱立青主编. —合肥：安徽大学出版社，2017.11
（基础教育发展创新文库）
ISBN 978-7-5664-1508-0

Ⅰ. ①安… Ⅱ. ①钱… Ⅲ. ①基础教育—发展—研究—安徽 Ⅳ. ①G639.21

中国版本图书馆CIP数据核字(2017)第285926号

出版发行：北京师范大学出版集团
安 徽 大 学 出 版 社
（安徽省合肥市肥西路3号 邮编230039）
www.bnupg.com.cn
www.ahupress.com.cn
印 刷：合肥华星印务有限责任公司
经 销：全国新华书店
开 本：170mm×240mm
印 张：17
字 数：251千字
版 次：2017年11月第1版
印 次：2017年11月第1次印刷
定 价：49.80元
ISBN 978-7-5664-1508-0

策划编辑：钟蕾
责任编辑：李海妹
责任印制：赵明炎
装帧设计：曹文强
美术编辑：李 军

《安徽基础教育发展评论(第2卷)》编委会

序

随着《国家中长期教育改革和发展规划纲要(2010—2020年)》的大力实施,从"减负十条"两次征求意见,到考试招生评价制度改革,我省加快了基础教育综合改革进程,一系列改革举措纷纷出台……可以说,教育从未像今天这样被全社会高度关注与期许。特别是十八届三中全会吹响了全面深化教育改革的集结号,让我们再次听到了大潮将起的声音。改革正从人民群众最期盼的教育均衡发展、教育公平起步,从制约发展最突出的体制机制问题入手,并向纵深挺进。

协同创新谋发展,强化内涵提质量。今天的教育改革,突出强有力的顶层设计,确保教育改革的方向始终清晰明了;今天的教育改革,是一场高效的变革,正由局部探索朝综合改革深化,覆盖面不断扩大,赢得了人们的支持。近年来,我省大力推进基础教育综合改革,并依据"政府主导、省市统筹、以县为主、区域推进"的原则,深化体制改革,推进机制创新,催生出一批典型研究成果。这些成果为基础教育综合改革全面落实提供了宝贵的经验。这些来自改革一线的研究成果,非常值得教育工作者去挖掘、分析和深度提炼,以便引领区域基础教育改革。

鉴于此,结合当前教育改革的实际情况,我们对基础教育综合改革中涌现的一大批研究成果进行精心整理,进而形成区域性基础教育研究集刊——《安徽基础教育发展评论》。本集刊通过推荐与遴选,汇集了21篇来自教育行政部门、高等院校和中小学的研究成果,按内容分为"教育政策研究""留守儿童研究""教师发展研究""学校管理创新""调研与监测"五个板块。这些成果,有的体现区域宏观管理,有的突出改革创新举措,有的体现创新能力的提升,有的重在工作反思与展望。每一篇文章,都凝聚着教育工作者的奋斗与探索。当然,对于教育综合改革来说,这仅仅是一个开端,取得的成果也是初步的,我们将紧跟教育综合改革的步伐,分批推出各地改革中的经验、做法与案例。经验出在地方、出在基层、出在教育改革的路上,各地情况千差万别,实现教育事业发展的策略模式也各具特色。作为教育改革和发展任务的组织主体,教育行政部门始终将发现典型、甄别典型、培育典型、推广典型作为职责,始终问政于民、问计于民、问需于民。《安徽基础教育发展评论》的组织出版是对这一重要工作内容的真实记录和客观反映。

教育综合改革是一项系统工程,需要有科学的理论指导,需要有热心于教育事业、具有较高理论水平的教育研究者和丰富实践经验的一线教育工作者进行深入研究和探索。这本书的编纂出版,是对前一阶段工作的总结与肯定,希望以此引导和鼓励各地教育部门和广大教育工作者充分发挥教育改革的主动性、积极性、创造性,不断将区域基础教育改革推向深水区,为全省乃至全国的基础教育发展作出新的贡献。

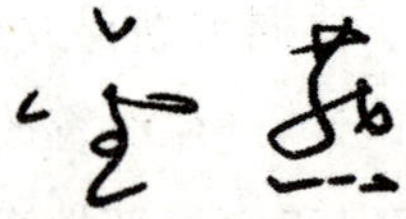

2015年9月10日

目录

教育政策研究

留守儿童研究

学校管理创新

教师发展研究

调研与监测

JIAOYU ZHENGCE YANJIU

教育政策研究

20 世纪 90 年代初英国职前教师教育改革*

朱镜人

【摘　要】20 世纪 90 年代初，英国进行职前教师教育改革的原因在于教育界内外围绕教师专业性问题争论激烈，以及政府对职前教师教育的关注。签约教师计划、特许证书计划和综合培养模式是改革的三项举措，注重教学实践训练、强调高校与地方教育行政部门以及中小学合作是这次改革的特点。英国改革的启示有三点：其一，职前教师教育应当注重学生实践知识和能力的掌握，但千万不可忽视教育专业理论的学习；其二，职前教师教育不能忽略学科知识的学习；其三，高等学校在职前教师教育中的地位不可动摇。

【关键词】英国；职前教师教育；改革

20 世纪 90 年代初，英国教育科学部出台了英国职前教师教育改革三项举措，本文拟对这些改革举措作出分析研究，希望为我国的教师教育改革提供参考。

---

* 安徽省高校人文社会科学重点研究基地合肥师范学院教师教育研究中心项目“英国教师教育演进的历史路径”(SK2015A149)。

一、英国职前教师教育改革举措出台的背景

英国在20世纪90年代初出台三项改革举措是有原因的。

(一)教育界外围绕教师专业性问题争论激烈

教育界外争论的主要问题有两个。第一个问题是教师工作是否是一种专业性很强的职业。对这一问题有否定和肯定两种观点。否定的观点认为,专业性强的职业,如医生和律师,一般有三个特点:其一,从业者必须接受较长时间的系统、专业训练,否则便不能胜任其职;其二,从业者有职业操守,值得人们信任;其三,社会地位与收入高,从业者会专心工作,心无旁骛。换言之,没有经过系统的专业训练、缺乏职业操守和收入不高的职业者很难被称为"专业工作者"。教师职业在这三方面显然比不上医生和律师,尤其是第一和第三个特点。肯定的观点则认为,专业化意味着"知识、自治和责任"。① 教师职业显然具有这三个特征,属于专业性强的职业。第二个问题是教师任教前是否需要接受教育专业训练。这个问题是第一个问题的延伸,争论最为激烈。围绕这一问题也有两种对立的观点。一种是新自由主义派的观点。持这种观点的人认为,"没有必要对教师进行职前训练"。在市场化的今天,应当按照市场化运作以确保消费者的利益。虽然教育只是一个准市场,但也应当保证进入学校任教的通道呈开放状态,以确保那些愿意且有能力的任教者获得当教师的机会。他们甚至认为,职前的专业训练有害无益。1996年,英国《每日电讯报》刊发的一篇文章公开声称,造成学校标准低下的灾难性原因,"其一是教师训练机构造成的,它们往学生头脑中装填的都是垃圾知识"。英国学者认为,这句话的潜台词是,职前教师训练中的理论课程没有价值。他们呼吁,政府必须尽可能地开放"学校'市场'",在训练教师方面,"市场是最佳的教育者"。另一种是新保守主义的观点,这种观点与新自由主义截然不同。持这种观点的人认为,教育的目的在于保存如遗产般的文化精髓,在

---

① John Furlong ,Len Barton,Sheila Miles, et al. *Teacher education in transition: reforming professionalism*. Philadelphia:Open University Press,2000.

于“保存知识、技能、文化和道德价值观，并将它们传递给年轻一代”，而这一目的的实现需要受过专业训练的教师的支持。他们强调：“如果要将文化遗产传递给儿童，那么，各学科教师自身必须接受过系统的专业训练。”不过，他们同时也强调，专业知识的教育应优先。他们认为，当前英国职前教师教育的问题是强调了对师范生教学方法和技能的训练，忽略了专业知识的储备，强调了“怎样教”，忽略了“教什么”。

新自由主义和新保守主义的观点虽有差异，但也有共同点，即他们都认为以高等教育为基础的训练居于次要地位，教学能力的获得需要时间，教学本质上是一种实践活动，职前教育最重要的训练者是中小学各学科的教师。教师只有通过教学活动才能学会教学，别无他途。有人甚至提出要废除教师训练制度，从非师范类学生中选拔教师。这种观点对20世纪90年代初英国职前教师教育改革产生了重要影响。

(二)教育界内亦有激烈的争论

与教育界外人士的观点明显不同的是，教育界内人士一致认为，教师需要接受专业化训练。但对于教师如何才能专业化这一问题，英国高校教育专业人士和中小学教育工作者的意见存在分歧。

在中小学教育工作者眼中，教师专业化训练应当以中小学实际训练为主，同时适当地学习高校提供的一些经过认可的课程。他们认为，只有富有教学经验的中小学教师才能有效地指导教育专业学生学会教学。特别是教师的情境知识的获得，如学生的具体情况、教师与班级的关系、学校的教学资源以及学校的教学习惯与程序等，是离不开课堂实际教学的。而高等学校教育专业工作者则强调，教师的专业化成长必须以高等学校为基地，基于高等教育的教师教育的教育目标是使学生学到的东西比从课堂一线教师那里学到的多，要让学生了解其他地方教师采用的教学方法，了解其他人的研究，让学生学会用批判的眼光审视课堂教学。在这一方面，高等学校教育专业教师的优势是中小学一线教师不能比的。不过，高校教育专业教师也承认，职前教师教育需要加强实际教学训练。

(三)英国政府关注教师教育改革

20世纪90年代的英国进行教师教育改革的另一个重要原因是英国政府对教师教育改革的关注。政府关注的原因有两个:一是在20世纪80年代时,英国就出现了"某些专业师资短缺,尤其是数学、物理和手工、制图技术师资",[①]这一状况到90年代初未有明显改善。教师数量不足,便需要补充。因此,在新师资供不应求的情况下,开拓新渠道聘用新教师就成为政府关注的重要问题。二是政府对教师教育的质量不满,希望高等学校能够与地方教育当局、中小学建立密切合作关系,提升培训质量。

二、20世纪90年代初英国职前教师教育改革

受前文分析的背景因素的影响,20世纪90年代初,英国教育科学部出台了三项改革举措,即签约教师计划、特许证书计划和综合培养模式。

(一)签约教师计划

所谓"签约教师"是指与训练者签订了训练合同的受训人。按照当时英国教育科学部的解释,这是一种以中小学实践训练为主(基于学校的培训)的教师训练模式,是一个全新的研究生教育计划。通常,英国研究生教育招收大学本科毕业生,学制1年。学生主要在高校(大学教育系或教育学院)学习教育理论课程。[②] 而根据签约教师计划,研究生的修业年限为2年,但其中80%的时间要待在中小学,跟着中小学导师学习教学和管理班级的方式方法。为了吸引大学毕业生参与培训和提高中小学导师的工作积极性,参与计划的师生都有经济上的"好处"。签约的教师可以享受大学奖学金,学校里充当导师的教师可以获得补助,一年的补助为500至1000英镑。签约教师计划的目的在于建立教师任教的不同通道,使掌握不同技能、知识的人以及拥有不同社会和家庭背景的人能够进入学校任教。这一计划从1989年开始实

---

① 吕达、周满生:《当代外国教育改革著名文献》(英国卷·第一册),北京:人民教育出版社,2004。

② 顾明远、梁忠义:《世界教育大系·教师教育》,长春:吉林教育出版社,2000。

施，到1994年结束。这项计划有三个特点，一是地方教育当局与高校合作实施；二是学生以中小学实际教学培训为主，强调“实战”训练，而非“躲”在高等教育机构中纸上谈兵地学习教育和教学理论；三是参加培训的学生中，女性居多，其中小学签约教师有89%是女生，中学签约教师有60%是女生，而且他们年龄较大，2/3的学生年龄超过31岁。

在该计划实施一年后，绝大多数的参与者(90%)对培训表示满意。培训也得到皇家督学的肯定。一位皇家督学评价说：“签约教师专业态度端正，他们对学校生活的模式、教师的角色有了深刻的理解，他们比其他培训模式的学生更容易融入学校的生活。”[①]该计划的实施至少产生了两个效果：其一，建立了教师任教的不同通道，有助于解决教师数量不足问题，如1990年当年就有410人参与培训；其二，促进了英国职前教师教育观念和教育模式的改变。需要强调的是，尽管这一培训模式强调以中小学教学实践为主，但“高等教育领域的教师在培训中依然发挥了重要作用”。

(二)特许证书计划

所谓“特许证书”是指临时给一些尚未获得教师资格的学生颁发的任教资格证书。特许证书教师计划于1989年由英国教育科学部启动，与签约教师计划同一天颁布实施。特许证书的申请者必须年满24岁，且在高校学习过非专业的基础课程。特许证书的有效期是两年。在这两年内，受训者将承担有报酬的工作，其中，绝大多数受训者承担了实际教学工作——“在特定的情境中与儿童交往”，直接而非间接地获得教学和班级管理的经验。在此期间，受训者要接受雇主(地方教育当局或所在学校)对他们进行的训练(在职训练)。两年期满后，通过考核的受训者可以获得正式教师身份。第一批证书于1990年春季颁发。到1992年6月，共发出1500本特许证书。其中有500人通过考核成为正式教师。

特许证书计划与签约教师计划有一个共同点，就是都强调以中小学实际

---

① John Furlong , Len Barton, Sheila Miles, et al. *Teacher education in transition: reforming professionalism*. Philadelphia: Open University Press, 2000.

教学训练为主。不过,在英国人看来,特许证书计划比签约教师计划更加激进,因为在签约教师计划中,研究生还要接受由高等教育机构安排的系统地、有条理地训练。高等教育机构仍然扮演重要的教师教育者的角色。而特许证书计划没有安排高等学校参与培训。因此,英国教育界内人士对这项计划的态度是有的欢迎,有的反对。赞成的多是地方教育当局和一些中小学校长。他们认为,英国教育科学部启动这一计划的目的和意义在于建立非常规的进入教师队伍的通道,可以缓解教师短缺问题。英国教育理论界对这项计划也持赞成态度,但强调,这项计划成功与否,关键在于入选特许证书教师的质量高低、雇主对他们的训练效果好坏以及训练资源的多寡。反对的是英国教师行业组织,如"全国教师联合会""全国校长协会"及"女教师联盟"等。他们猛烈批评这项计划,认为这项计划不重视对受训者的专业训练,最终会导致教师质量乃至教育质量下降,而且,让缺乏教育专业基础训练的特许证书教师进入教师队伍,是对高质量教师队伍的"稀释",这种方法虽能在短期内解决教师数量短缺问题,但从长远看不利于教师队伍质量的提高。

(三)综合培养模式

"综合培养模式"是指高等教育机构与中小学合作联合训练师资的模式。这种模式的出现是有原因的。人们认为,前述两种模式都有弊端。签约教师计划过多地强调以中小学教学实践训练为主,虽然在这一计划中高等教育机构也能发挥一定的作用,但高等教育机构所做的工作必须紧密联系中小学的眼前实际情况,无暇顾及中小学教育的历史和未来。特许证书计划则无意识地使高等教育机构边缘化了。综合培养模式则期望能够避免这两种方式的弊端。该模式分模式A、模式B、模式C和模式D四种。

模式A是以高等学校为主的高等学校与中小学联合培养的模式。这种模式是4种模式中最流行的一种。在这种模式中,高等教育机构一改过去全面控制课程内容、课程教学和课程考核的做法,朝着关注中小学实际教学效果的方向改革,强调课程的结构、内容和考评的方法要符合中小学实际需要。在这种模式中,中小学起配合作用,不是主角。模式B也是以高等学校为主、中小学为辅的模式。与模式A不同的是,模式B强调高等学校和中小学共同开发课程,共同负责学生成绩的评估或评定。但整个培训过程由高等学校掌控。

模式 C 与前两种不同,尽管也是以高等学校为主,但强调高等学校与地方教育当局和中小学的合作与分工,各司其职。高等学校负责课程的设计、指导,以及学生成绩的评定,中小学指导实践。在学期间,学生将大部分学习时间(80%)用于中小学实践。这个方法的本质是高等学校负责理论课教学,中小学负责提供实践机会。不少签约教师的训练采用这种模式。模式 D 与模式 C 相似,但是这种模式强调提升学生的教学能力,因此,这种合作模式对中小学的要求非常高。

三、20 世纪 90 年代初英国职前教师教育改革的特点及启示

20 世纪 90 年代初的英国职前教师教育改革有两个特点。一是注重教学实践训练,体现了英国注重实践的传统。20 世纪 90 年代的这 3 项改革举措最为明显的特点是对教师教育学生的教学能力提升和教学经验的积累十分重视,出现了"极为强烈的注重教学实践的倾向,这是对英国历史上向来注重在实践中训练教师(如 19 世纪的导生制和见习教师制)传统的当代弘扬"。[①] 二是强调高校与地方教育行政部门以及中小学合作,特别是高校与中小学的合作。这是英国职前教师教育的专业化发展的重要举措。

20 世纪 90 年代初的英国职前教师教育对我们的启示有 3 个。

其一,职前教师教育应当注重教给学生实践知识和能力,但也不可忽视传授教育专业理论。英国教育理论界也"主张中小学应当参与对师范生的培训工作,但并不主张理论知识应让位实践知识"。[②] 因为仅知道如何教,但不知道为什么这样或那样教的教师只是一个"教书匠",而不会成为教育家。

其二,职前教师教育不能忽略学生对学科知识的学习。从目前我国师范生的本科课程来看,见习和实习受到了高度重视。这本身没错。但如果学生

---

① 洪明:《英国教师教育的变革趋势》,载《比较教育研究》,2003(4)。

② 兰英、张博:《英国职前教师反思能力的培养》,载《比较教育研究》,1998(1)。

过度重视实践,重视学习教学技能和方法而忽略学科知识的学习,必会导致他们掌握了教的技术,但头脑里“空空如也,无知识可教”。解决这一问题的途径,笔者认为,应将我国的教师教育上升到研究生阶段进行,即学生在本科阶段分专业学习学科知识,在硕士阶段(教育硕士)学习教育专业理论和进行教学训练。这样既可以使他们掌握学科基础知识,又可以使他们通晓教育基本理论且掌握多种多样的教学技能,成为真正合格的教师。英国的职前教师教育大都属于或相当于研究生阶段的教育,这种做法值得借鉴。

其三,高等学校在职前教师教育中的地位不可动摇。英国人的职前教师教育强调合作,注意发挥中小学和地方教育行政当局的作用,但是正如前文所说,英国人自己也很清楚,高等学校教育专业教师在教师培训中的优势是中小学一线教师不具备的,“高等学校在新教师培训中仍举足轻重”。[①]

[朱镜人,合肥师范学院教师教育研究中心教授,安徽新华学院大学生素质教育研究中心研究员。]

① [英]约翰·富隆、伦·巴顿等著,牛志奎、马忠虎等译:《重塑教师专业化》,北京师范大学出版社,2010。

安徽省义务教育均衡发展的支持政策和制度安排*

吴海升

【摘　要】安徽省自2012年被教育部选定为义务教育均衡发展试点省份以来，省政府和各级教育部门采取多项措施优化教育资源配置，并提出"2020年，实现县域内义务教育基本均衡"的发展目标。为实现这一目标，本文从财政政策、校长教师流动机制、资源配置政策、规范办学制度和建立义务教育均衡发展监测机制5个方面提出相关建议。

【关键词】义务教育；均衡发展；政策

安徽省委省政府非常重视各地义务教育发展的基本均衡，不仅较早制订了《关于进一步推进义务教育均衡发展的意见》，还采取了一系列举措，推进义务教育均衡发展。《安徽省推进县域义务教育均衡发展改革试点实施方案》提出，"2020年，全省义务教育学校班额无超标，同城市区义务教育公办

---

* 本文刊载在《咨政》内刊2015年第19期上，为安徽省教育科学规划2014年度三项改革专项课题"促进安徽义务教育均衡发展的政策研究"(JGZXA201401)阶段性成果。

学校无择校,县域内学校办学条件无差别,城市流动人口子女就学无障碍。所有县(市、区)实现县域内义务教育基本均衡,其中40%实现义务教育优质均衡,现代化水平进一步提高”。为实现这一目标,本文从支持政策和制度安排层面提出了相关建议。

一、财政政策

1.加大义务教育学校标准化建设的财政保障,资金和项目安排要坚持雪中送炭。在补齐硬件短板的基础上,努力加大对教师专业发展和学校内涵发展的专项投入力度,确保义务教育资源配置水平、教育教学质量同步提升。

2.加大对农村、贫困地区财政转移支付力度,教育主管部门在各地确定家庭经济困难寄宿生生活补助比例方面,要及时与当地民政部门沟通,并加以督导和核查,确保每一个孩子都不会因为家庭经济困难而上不了学。同时保证资金用在需要者身上,根据各地实际确定补助人数。

3.各地因为财政收入的差异,有些资金需要由地方承担的,教育主管部门和财政部门要联合调研,制订科学合理的标准和比例。出台特殊财政政策支持国家级贫困县义务教育。

4.鼓励社会力量兴办义务教育学校。从《安徽省关于鼓励和引导民间投资健康发展的实施意见》中析出民办教育部分,从法规层面规范对民办义务教育学校的扶持与奖励。

二、校长教师流动机制

1.制订具体的政策,规定城镇校长、教师在一所学校任职任教若干年后,必须交流;实行城乡统一的编制标准,设立机动编制,用于教师交流;新招聘的教师必须在农村学校工作若干年后,才可调离。

2.为了使农村学校更好地引进和留住教师,首先要落实义务教育教师工资不低于当地公务员标准的规定;其次要大幅提高贫困、边远地区义务教育教师生活补贴标准,按照在农村任教年限发放;再次要建立贫困、边远地区义务教育教师工作若干年后优先晋升职级制度,规定城市中小学教师晋级必须要有在农村支教或任教1年以上的经历，乡村教师评聘职称（职务）时没有外语成绩（外语教师除外）、发表论文的刚性要求等。

3. 为到农村支教、走教或任教的教师创造基本的生活和工作条件，以便他们安心工作，如提供周转房、发放交通补贴，以及协助解决支教、走教、任教教师的家庭实际困难等。

4. 加大舆论宣传力度，形成全社会普遍关心边远地区、农村地区教师的氛围。农村之所以留不住优秀教师，一方面是由于条件限制，另一方面是由于社会普遍存在的经济至上观念，导致教师社会地位不高，因此加强舆论宣传非常必要。各地教育主管部门网站要开设专栏，省级党报党刊要不定期地以专刊形式，重点宣传在艰苦地区任教的典型；多组织"寻找最美乡村教师"等活动；鼓励和引导社会力量建立专项基金，给予长期在乡村学校任教的优秀教师物质奖励；在评选表彰教育系统先进集体和先进个人等方面向乡村教师倾斜。

三、资源配置政策

1. 改善农村学校教学设施，着重解决县镇大班额突出和专用教室不足的问题，加大县镇学校的扩容改造力度。改善农村学校生活设施，着重解决宿舍拥挤、食堂简陋、厕所条件差等问题。按照节约用地、资源共享的原则设置体育运动场地，满足体育教学和每天锻炼一小时的场地需求。探索建立体育彩票公益金支持农村中小学体育设施改善制度。

鉴于撤点并校带来的上学路程普遍变远，交通安全隐患增多，一些寄宿制学校办学条件差，并入学校大班额等，部分群众经济负担加大等突出问题，开始于2001年的农村义务教育学校撤并工作于2012年暂停。因此，对农村义务教育学校的撤并要慎重。

2. 集团化办学是一种行之有效的缩小学校发展差距、提高薄弱学校办学水平的做法。各地可采取优质校带动薄弱校、城市校带动农村校、学区内学校一体化管理等多种形式，形成学校联盟、发展共同体等，带动集团内学校整体水平的提高。同时要注重集团内不同学校的办学特色和校园文化的传承、发扬,不能简单地复制优质学校的办学理念和方式,避免出现办学同质化现象。

3.围绕课程改革和联盟办学体制改革,大力推广名师工作室、教研协作体等好的做法,完善培训体系,创新培训模式,增强培训效果,注重对名优校长和骨干教师的培养,构建合理的教师梯队,整体提升教师专业化水平。

4.省级教育主管部门建立全省范围的基础教育学校、教师信息大数据,动态把握全省义务教育教师资源,合理调配城乡教师资源,有效解决教师结构失衡问题。有研究表明,“真正能到农村学校任教并能长期坚守在农村的教师都是当地人”,我国的乡村教师主要为农村子女。建议“在制定面向农村的高等师范院校招生政策时,应考虑‘定向培养’的作用”。

5.继续推进义务教育学校标准化建设和薄弱学校改造提升工作,坚持学校软硬件同步发展,注重学校内涵式发展,努力提高教育质量和管理水平,尤其要加强对农村寄宿制学校学生的管理,重点关注他们的心理疏导、住宿条件的改善和营养健康状况的保障。

6.加强农村中小学信息化建设。信息化对实现资源共享、促进教育公平和提高教育质量有深刻影响。建议借国家为所有农村教学点配备数字教育资源接收和播放设备、配送优质数字教育资源之机,以县域为单位组织教学点运用数字资源开展教学,帮助村小和教学点开好国家规定课程。各地可结合“三网融合”进程,为农村学校接入宽带网络,构建网络条件下的基本教学环境,使边远地区师生零距离地使用优质教育资源。

四、规范办学制度

1.切实减轻学生课业负担。2012年7月发布的《安徽省规范办学行为减轻学生课业负担改革试点实施方案》(以下简称《实施方案》)以素质教育为出发点,从“落实各级政府责任,强化对减负工作的统筹引领;推进教育改革,提高新课程背景下课堂教学效率;依法严格管理,加大行政监督和查处力度;构建长效机制,保障减负工作趋于常态化、科学化”4个方面提出了具体的改革举措。目的是通过减负让学生有更多的时间走出校园,接触自然,开展综合实践活动，提高动手能力；通过减负让学生有更多的时间参加阳光体育活动，提升身体素质。

然而《实施方案》发布几年了，学生的课业负担并未明显减轻，尤其是中学生。以合肥市某中学为例，该校七年级某班语文、数学、英语课程基本上是一单元一测试；该中学七年级期末、期中考试都有班级排名和年级总排名。《实施方案》之所以未被有效执行，一是由于固有的教学模式一时还不能适应新的改革要求；二是因为升学成绩与教师业绩挂钩，所以教师紧绷的弦始终不能放松；三是学生家长对学校的施压；四是学生家长希望掌握学生在校的学习情况，"考试及排名"便成为学校应付家长的不二法宝。由此看来，减负不是一朝一夕能实现的，只有全社会普遍关心青少年的身心健康成长、素质教育成为共识、高考的制度设计更加科学，减负才可能不是教育的热点和难点。

2.制止教师校外办培训班。《实施方案》明确规定"禁止教师对学生实行有偿家教、有偿补课，不私自在校外兼课、兼职"。这一禁止性规定是基于教师职业道德出现问题而确定的，因为《实施方案》是试点而非文件或地方性法规，所以缺乏具体的惩罚措施。尽管有"个人受到通报批评和处分的，在评职、评优、评先、晋级等方面实行一票否决"规定，但因为涉及当地的声誉，所以当地有关部门在查处时必然是大事化小、小事化了。建议各地教育主管部门仿效铜陵市的做法，出台《中小学教师职业道德规范》《关于治理中小学在职教师从事有偿家教的暂行规定》，并加强社会监督，严肃查处，确保令行禁止，落实学校校长治理有偿家教第一责任人职责。黄山市也在2013年开展了专项整治，对有令不行、有禁不止，依然我行我素，情节严重且造成恶劣影响的，给予党纪政纪处分，按规定取消其教师资格。

中小学教师在校外办班、有偿家教、在外兼课兼职行为之所以有愈演愈烈之势，一方面是由于部分教师受社会整体道德滑坡影响；另一方面是受利益驱使铤而走险。建议加大对教师以社会主义核心价值观为主要内容的职业道德教育力度，加大对违反相关规定的教师的查处力度，除专项治理外，还要建立一种长效机制。

3.有效治理择校和乱收费现象。择校与乱收费是一对“孪生兄弟”，只要有择校现象存在，乱收费现象就难以避免。为此，2012年3月，省教育厅、物价局、审计厅联合出台了《安徽省贯彻〈治理义务教育阶段择校乱收费的八条措施〉实施方案》，该方案从“加强招生组织领导”等12个方面提出了治理措施。2015年初，安徽省提出义务教育积极推进“零择校”，但教育主管部门也表示，完全杜绝择校现象难以实现，一些地市在招生中仍然有5%的弹性空间，用于招收进城务工人员子女入校。

目前普遍认为就近、划片入学是治理择校和推进教育公平的良方。实际上，就近入学将有限的名校资源固定在一定区域、一定家庭手里，对区域外的家庭何尝不是一种不公平？建议加大薄弱学校改造力度，缩小学校之间的差距；提高优质高中招生名额合理分配到区域内各初中的比例，即提高省示范高中指标到校生比例；推行阳光招生，小学入学和小升初严禁举办任何形式的选拔生源考试（改革试点学校如实验学校除外），杜绝“占坑班”、奥数班、特长班、条子生与招生挂钩，禁止行政事业单位与名校以任何名目实施共建。

4.逐步解决城市学校大班额问题。随着城镇化进程的加快，新产生的县镇学校大班额问题解决起来难度较大。目前，县镇扩容是教育面临的最突出的问题之一，解决县镇学校大班额问题的重要方式是建新学校。建议实行总额控制，允许使用一定比例的“全面改薄”资金用于县镇新建学校；城市新建居民小区，尤其是规模较大的小区必须同步规划、同步建设初中和小学；严格执行小学每班不超过46人、初中每班不超过50人的规定。

5.切实保障农民工子女平等接受义务教育的权益。十八大强调，要积极推动农民工子女平等接受教育，让每个孩子都能成为有用之才。安徽省非常重视进城务工人员子女的入学问题，如2014年，仅合肥市各区进城务工人员子女定点学校就达206所，基本保证了随迁子女有学上。然而，我们同时也看到，这些定点学校大多远离市区，办学质量与市区学校有一定的差距，还有部分随迁子女因未能进入公办学校而不得不选择民办学校。

建议各地根据随迁子女的数量和分布，规划好学校布局，接收符合条件的随迁子女，并保障他们与当地学生享受同等待遇。同时，要重视留守儿童的身心教育，尤其要加强心理辅导。

五、建立义务教育均衡发展监测机制

对义务教育均衡发展的监测，全国及安徽都有一份指标体系，是较好操作的、量化的指标，包括7个一级指标、25个二级指标。这些指标对义务教育均衡发展有一定的指导意义。

然而，我们从安徽省的监测指标可以看出，直接涉及教育质量的3个二级指标为初中三年巩固率、体质健康合格率、初中毕业学业测试总分平均分。间接涉及教育质量的一级指标为师资配置，二级指标是教师学历合格率、中级以上教师比例、骨干教师比例、生师比、班师比，上述关于教育质量的指标设置对义务教育基本均衡或初步均衡状况监测有一定意义，但对于优质均衡而言，显然是不够的。

建议采取监测与督导评估相结合的方式评价县域内义务教育均衡发展状况；适时修订监测指标体系；重视监测督导结果的应用，对存在问题较多的市县，采取约谈分管领导和主管部门负责人的方式加以鞭策。

[吴海升，安徽省社会科学院副研究员。]

教师教育供给侧改革的若干问题与发展思路

钱立青

【摘　要】“教师是立教之本、兴教之源”。深化教师教育改革是提高教育质量、促进教育事业发展的必然选择，但目前的教师教育改革依然存在一些问题。本文从教师教育体系、职前培养、职后培训等角度透析当下教师教育发展存在的问题，并提出发展思路。

【关键词】教师教育；供给侧改革；发展思路

“教育大计，教师为本”。当前，师资队伍建设问题已经处于提高教育质量、促进教育事业发展的重要地位。而在建设一支师德高尚、业务精湛、充满活力的高素质专业化教师队伍的进程中，依然存在一些问题。有学者前几年专门撰文列举了我国教师教育中存在的十大问题。从整体上来看，数量、规模已基本解决，质量、效益成为突出矛盾。面对信息化大潮带来的挑战和机遇，教师教育的发展必须要深化改革，不断地创新教师培养模式，改革教师教育的课程体系，完善教师资格制度，强化教师队伍建设的政策设计。我们可以从教师教育体系、职前培养、职后培训等角度透析当下教师教育发展存在的问题。

一、师范教育转型、教师教育体系建设引发的问题

(一)教师的教学专业技能被忽视

大家可能注意到一个现象:当下中小学教师的学历水平大幅度地提高了,但他们的教学水平却没有相应地得到提升。究其原因,大多数人认为有:师范院校转型为综合性大学、师范教育在校地位被削弱、学校工作重心远离教师教育……一些传统而行之有效的教师培养制度正逐渐消失,甚至在师范生培养环节上也出现了失范现象。

(二)教师资格制度与教师教育体系衔接不够

教师资格制度设立的初衷是保证教师质量,使开放的教师教育体系能够有效运行。然而,常态的教师培养并没有以教师资格制度为依据,两者之间似乎是脱节的。众所周知,合格的教师必须接受较长时间的教育教学能力的实践训练,然而在现实中,没有经过专业训练的非师范类毕业生或社会人才只需要通过资格考试,或进行相关的能力测试,合格后便能获取教师资格证书。可见,教师的教育教学能力养成没有制度性保障。同时,不少师范院校在设置教师教育专业课程时并没有以教师资格制度为依据,而只是考虑怎样让学生通过教师资格考试,获得证书。这种功利性的培养当然无益于师范生教学能力的形成。

(三)师范生生源素质急剧下降

师范生生源素质的高低是影响教师专业化发展的重要因素。然而,随着开放式教师培养模式的实施及免费师范教育政策(部属师范大学免费政策惠及有限)的取消,加之师范毕业生的就业制度(自主择业)、中小学教师的招考制度(凡进必考)等叠加效应的影响,往日师范生诸多的优势不复存在,师范院校的生源质量呈下降趋势。有关数据表明,近年来报考师范院校(专业)的优秀学生数量明显减少。

二、师范教育人才培养机制尚不健全

(一)师范生人才培养目标不够清晰

目前,教师教育领域存在“教师教育＝学科教育＋专业教育”的观念和做法,师范性与专业性之争相互缠绕,实践中各自为政。师范教育教学内容及组织对人才培养目标的支撑度不够。教师教育的目标在于培养教师职业技术人才,而不是培养学科专业人才。其实,教师专业属性应该包括学的属性、教的属性和学科的属性。这3个属性需要互通融合,才能顺利培养出合格的人才。

(二)教师教育课程体系与教师教育发展不相适应

师范院校多注重学科知识体系的建构,侧重专业课程的开设,强调教师要掌握精深的专业理论知识,却弱化了教学技能培养的重要性。而在课程设置中,通识课程模块、专业课程模块和教师教育课程模块分割的现象比较明显,课程模块间缺乏有效融合。产学研合作育人机制不畅,实践能力和创新精神培养显得不足。

(三)人才培养规格单一和培养模式滞后

尤其是人才培养的国际视野不够,对发达国家先进的教育教学理念引入不足。

三、教师的职后培训质效不高

对教师的职后培训,国家与地方教育行政部门都高度重视,出台了许多政策文件,进一步加大了人力与物力投入,全面开展以“国培计划”为主的高层次培训。但培训的结果反映出培训存在针对性不强、内容泛化、方式单一等问题,培训质效难以达到预设的目标。原因主要有3点:一是教师学习的主动性不强;二是教师的个性需求难以满足;三是培训的质量监控力量薄弱。

四、发展思路

以上问题,有些是深化教育改革过程中伴生的,属于发展中的问题,但有些是顽疾，是新时期的老问题。要解决这些问题，必须创新体制机制，上下联动，形成组合拳。

（一）重新审视我国教师教育改革方向，构建与完善、开放、协同的教师教育体系

要深化教师教育办学体制、管理体制和招生制度改革，确保师范教育的办学活力和健康发展，满足基础教育师资供给的结构与质量需求。要创新农村教师补充机制，提高农村中小学教师队伍整体水平，推进城乡师资均衡配置。

1. 创新教师教育协同发展机制

开放融合高校、政府部门、中小学、教研和培训机构，发挥教师教育联盟的优势，实现 U－G－S 协同推进区域教师教育改革。师范院校要大力推进教师教育资源整合，建立与中小学的合作机制，促进培养、培训、研究、服务一体化，发挥示范引领作用。加强与国外高校合作，推动高等师范院校与基础教育行业的深度融合。

2. 探索师范生定制培养的新模式

科学规划师范生的招生计划，推动地方师范院校实施免费师范生教育，制订激励措施，吸引优秀高中毕业生报考师范类专业。配合《乡村教师支持计划（2015－2020 年）》，拓展招生通道，为乡村学校定制培养本土化的全科型教师，探索招生、培养、就业三位一体定制培养的新模式，不断提升农村教师的培养质量，形成“下得去、留得住、教得好”的师资配置格局。

3. 进一步完善教师资格制度

严格教师准入与任用制度，完善教师公开招聘办法，严把教师入口关。解决教师资格制度与教师培养脱节的问题，教师任职条件中必须强调“接受一定时间的教师教育课程修习和实践基地的教育教学能力训练，并达到合格水平”。

（二）改革教师教育培养模式，切实提高教师专业发展水平

要紧扣培养、造就高素质、专业化教师队伍的战略目标，以人才培养机制改革为根本任务和突破点，推进培养培训一体化建设；要注重引入教师职业资格标准，开发与拓展应用型新课程，着力提高人才培养过程与目标之间的

吻合度。

1. 改革人才培养模式

调研分析师范生人才培养目标、规格与岗位的衔接问题,重新审视课程体系的合理性,重构教学内容。努力实现教师培养开放化、综合化、师范性与专业性的统一,对接岗位需求,明确师范专业服务面向,明晰人才培养目标和规格,系统推进合作式育人机制、对接性标准体系、模块化课程体系、项目化方法体系,促进专业教育与创新创业教育的有机融合。实施科学的学业评价淘汰机制,构建教师专业发展的良好环境。

2. 探索卓越教师和全科型教师培养方法

以教师专业化为导向,围绕教师专业核心能力和基础教育新课改,实施卓越中小学教师培养计划。围绕以通俗能力、学科能力、专业能力为基础的综合能力素养,构建学科专业与教师专业培养相叠加、校内培养与基地学校培养相嵌入的全科型教师培养课程体系。实施"双导师"导学,协同指导师范生的专业学习及教育教学实践、教学技能培养等。通过第二课堂,引导师范生早进入、全接触基础教育一线,有效提升师范生的学科素养、实践技能和教研能力。

3. 以课程改革突出实践取向

进一步改革与调整教师教育课程体系,以修订专业人才培养标准为抓手,深化教师教育课程改革。建构模块化、选择性和实践性的课程结构,不断提高教师培养的专业化水平。加强师德教育和养成教育,不断提升师范生的核心素养和职业能力。落实《教师教育课程标准(试行)》,以提升创新能力为重点,统构课内实验、课外实训和实境锻炼的"学做合一"实训体系,强化实践教学并贯穿于培养的全过程。

(三)深化培训模式改革,全面提升培训的质效

要建立开放、协同的教师教育新体制,服务一线教师专业发展和终身学习。要增强培训能力,改进培训内容,按需培训。要吸纳职后培训实践资源,以培训反哺培养,创新教师培养模式。

1. 完善在职教师培训研修制度

注重职前培养和职后培训的一体化建设,推行教师培训学分认证制度,

实现教师非学历培训与学历教育的学分互认。推动信息技术与教师培训的深度融合，利用教育资源和教育管理公共服务平台，建设教师网络研修社区和终身学习支持服务体系，促进教师专业发展。

2. 实行教师培训需求调研分析制度

以实施好基础教育新课程为主要内容，以满足教师专业发展个性化需求为工作目标，实施差异化培训，引领教师的专业化成长。探索建立自主选学机制，搭建"菜单式、自主性、开放式"的选学服务平台。以典型教学案例为载体，创设真实课堂教学环境，通过现场诊断和案例教学解决实际问题，通过跟岗培训和情境体验改进教学行为，研究和反思实践提升教育经验，确保培训的实效性。

3. 加强培训能力建设

建立一支专、兼职结合的优秀培训者队伍，吸引更多名师投身职后培训，打造教师学习共同体，提高教师职后培训的技术含量和研究分量。充分调动培训者的积极性、主动性和创造性，全面提升教师职后培训的品质。推动网络研修与校本研修整合，引进优质培训资源，建立校本研修良性运行机制。通过集体备课、观课谋课、课题研究等方式，促进教研与培训有机结合，增强为教师提供优质培训的能力。

4. 构建教师职后培训考评体系

探索制订培训质量标准，采取专家评估、网络匿名评估和委托第三方评估等方式，监测培训质量，发布年度监测报告。建立学员培训档案制度，将其作为中小学办学水平评估和校长考评的指标。培训机构要做好培训绩效评价，跟踪教师参训后实践应用的效果，不断改进培训工作。

[钱立青，安徽省基础教育改革与发展协同创新中心主任，副研究员，硕士生导师。]

教师专业化发展的环境因素*

——国际教师教育研究近年热点话题分析

范东生

【摘　要】统计显示，研究新教师岗位环境适应、教师合作伙伴关系、中小学和大学伙伴关系、教师专业发展与教师所在学校关系、教师与教育教学改革的互动关系等文章在教师专业发展的研究中占有突出的比重。本文从教师专业化发展的环境因素出发，梳理近十年来国外的研究成果，旨在较为清晰地了解教师专业发展的环境因素和国际教师教育研究热点话题的发展趋势。

【关键词】教师专业化发展；环境因素；互动关系

一、研究背景

20世纪开始以来，教师专业化发展在我国成为教师教育研究领域的一

* 安徽省高校人文社科重点研究基地教师教育研究中心委托项目“国外教师教育研究译介”(JSJYYJZX002)。

个重要内容。这不仅表现在它是各级教师培训的主要内容之一，而且表现在它成为一个主题在越来越多的研究文章中出现。笔者通过中国知网搜索近10年来有关教师专业化发展的研究，发现国内大多数关于教师专业化发展的研究都是围绕专业化发展的一般概念、一般发展态势，或者就某个学科的教师专业化发展进行讨论，整体学术水平有待提高。相对而言，其中有关教师自我反思能力的研究较为集中，也较为成熟。在相当长的一段时间里，说到教师专业化发展，占据主导地位的观念是：教师的自我反思是实现专业化发展的主要途径之一。以 *Pursuing Professional Development：The Self as Source* [①]为例，该书不仅进入师范院校的课堂，而且是各地教师培训的主要教材之一。书中介绍了教师自己主动介入、实践自我反思的多种方法。

以“教师专业化发展，自我”作为索引词进一步在中国知网上搜索，发现这方面的成果较为丰富，表现为话题专门性强、讨论较深入，如《教师专业化发展与教师自我评价》[②]《教师专业化发展的自我统整模式》[③]《新课程下教师的自我反思与教师专业化发展》[④]《自我统整：教师主体性发展的有效途径》[⑤]《高校英语教师的自我效能感提高与专业化发展》[⑥]《教师专业发展中自我迷失与重建》[⑦]《小学新入职教师的自我突破策略初探》[⑧]等。可以看到，不少研究关注了教师反思的作用，提出了各种有效反思的方式方法。如许多研究详细讨论了“叙述”在反思中的作用，包括讲故事及故事内容的建构。在这一点

① Kathleen M. Bailey , Andy Curtis, David Nunan. *Pursuing professional development：the self as source*. *Heinle cengage learning* ,2001.

② 王俭：《教师专业化发展与教师自我评价》，载《高等师范教育研究》，2002(2)。

③ 杨超、于泽元：《教师专业化发展的自我统整模式》，载《教育学术月刊》，2009(5)。

④ 夏子辉：《新课程下教师的自我反思与教师专业化发展》，载《成都教育学院学报》，2004(11)。

⑤ 梁燕玲：《自我统整：教师主体性发展的有效途径》，载《国家教育行政学院学报》，2012(8)。

⑥ 夏莉、刘小萍：《高校英语教师的自我效能感提高与专业化发展》，载《国家教育行政学院学报》，2010(1)。

⑦ 李本友、阮守华、于泽元：《教师专业发展中自我迷失与重建》，载《国家教育行政学院学报》，2010(5)。

⑧ 苏春景：《小学新入职教师的自我突破策略初探》，载《课程·教材·教法》，2011(7)。

上,我国的研究与国外同行的研究有很大的相似性,只是国外同行的研究总体上更细致一些。

我们知道,教师的专业化发展其实是一个包含众多因素的系统的事物发展过程,包括教师专业化发展的基本构件,教师专业化发展的起点、过程、评价,教师专业化发展的影响因素及其相互关系(内在因素、外在因素、作用过程等)。可是当笔者在网络上输入"教师专业化发展,环境因素"进行搜索时,能找到的中文期刊文献却十分稀少,更见不到关于这个话题的专门性研究,这与教师自我反思研究的规模形成鲜明对比。

笔者在搜索国外教师教育研究信息时发现,世界教师教育研究的关注重点在过去10年中有所迁移。美国《教学与教师教育》期刊2011年发表了一份统计,[①]将其在2000到2010年10年间发表的共111篇有关教师专业化发展的文章按五大话题进行了分类(专业化提升、新教师岗位适应、专业化发展方式、专业化发展条件和专业化效果研究),其中除了11篇有关教师反思过程话题,有关新教师在岗适应情况、教师专业化发展背景下中学与大学合作、教师合作、宏观条件和学校文化等话题的文章有53篇。这说明,该杂志这10年发表的文章中近一半涉及教师专业化发展与教师身边环境的关系。10年的研究轨迹反映了国外教师教育研究重点的发展趋向——从关注教师怎样以自我为资源,通过反思和行动研究实现专业化发展,转向关注教师所在环境与教师专业化发展之间的相互作用。

本文梳理了国外近10年有关影响教师发展的环境因素的研究文章,旨在较为系统地认识这些因素及这些因素之间的互相作用、促进教师专业化发展的一般规律,同时归纳出近期国外教师教育研究的发展趋势。

二、教师专业化发展的主要环境因素

教师的专业化发展不是孤立地发生的。从师范生跨进师范大学和教师、

---

① Beatrice Avalos. *Teacher professional development in Teaching and Teacher Education, over ten years*. *Teaching and teacher education*, 2011(27).

同学们一起学习教育教学的那一天就开始了。而当师范生成为一名教师，就开始和自己的学生、同事、学校以及整个教育环境形成一个共同体。教师在这个共同体中生存、发展，最终成为一个专业人才。在环境中发展是教师专业化发展的基本模式。

(一)新教师岗位适应

离开大学，进入中小学从事教书育人工作，新教师就进入了影响其专业化发展的职业环境。这是所有新教师都要经历的一个特殊而复杂的过程。有许多文章探讨新教师在新环境下面对的各种挑战，如学校里的导师制、新教师的岗位适应等，也有一些研究对新老教师的特点进行了比较。

Mary E. Diez 指出，教师教育院校应该关注新入职教师在适应岗位过程中的经历，列举了"学校现实与实习经历不一样""资源使用困难""人文环境困难"等多项师范院校几乎没有想到过的新教师环境适应困难。①

Hobson 等人通过大量文献考察，就学校导师制的利弊作了分析，并提出了改进建议。② 一些文章观察和描述了新教师在适应岗位过程中的各种做法，包括新教师怎样使用电子杂志等，并针对新教师在岗位认同、岗位适应及在此期间遇到的其他问题作了分析。

新教师一旦进入中小学工作，就进入了不同于大学的文化环境，对所在学校文化的理解与适应是其工作成功的重要前提。然而许多研究指出，21世纪初以来，美国新任职教师离职多发，到职 5 年后有 1/2 离职，造成美国教师短缺。导致新教师高频离职的一个非常重要的原因是专业成长环境不利。③

针对普遍存在的新教师岗位人才流失现象，一些文章对于如何有效留住新教师进行了探讨，提出应该为新教师适应岗位环境、适应课堂教学等提供

---

① Mary E. Diez. *It is complicated: unpacking the flow of teacher education's impact on student Learning. Journal of teacher education*, 2010(6).

② Hobson, A. J., Ashby, P., Malderez, A., & Tomlinson, P. D.. *Mentoring beginning teachers: what we know and what we don't. Teaching and teacher education*, 2009(1).

③ 冯大鸣:《美国、英国、澳大利亚教师专业发展研究新进展》，载《教育研究》，2009(1)。

具体的支持和指导,提出要帮助新教师解决具体困难,有的还指出了这样做需要的各种条件等。

(二)教师专业发展中中小学与大学的合作伙伴关系

中小学和大学,特别是和师范院校进行合作,不仅能在师范生实习和教研实验方面互搭平台,互相支持,更能为在岗教师专业化发展提供支持。但是这种合作关系在各国,甚至在一国内的不同地区,发展很不平衡,发展形式也多样。因此,中学和大学合作伙伴关系也成为研究的热点。很多研究表明,中学和大学建立伙伴关系,有利于教师的专业化发展。当双方为了同一个项目从不同侧面进行合作,或者发挥各自优势,共同努力攻克一个难题时,这种合作的价值就特别突出。一些研究人员深入不同的中学,对学校教师在大学教授帮助下开展实践活动进行长时间的观察,例如对中学的科学教育课程怎样通过和大学的教育科研中心建立联系,不断改进教学方法的过程进行跟踪。这些研究报告分析了在建设伙伴关系过程中遇到的各种复杂问题,同时反映出中学和大学伙伴关系在教师专业化发展过程中的价值。其中,霍姆斯小组(Holmes Group)在20世纪90年代初提出的PD(Professional Development School,专业发展合作学校伙伴关系)[①]模式产生了较大影响。许多研究基于该理论从不同角度探讨了中小学和大学建立伙伴关系对教师专业发展的影响。美国"全国教师专业发展学校协会"的会刊《学校—大学合作伙伴》第五卷发表了《教师专业发展学校合作伙伴关系:一种教师领导的途径》,专门介绍了学校和教师在这种合作伙伴关系中的发展。

研究结果表明,良好的合作学校关系有助于教师提高自己的专业自信,同时可以促进教师在专业发展的过程中发挥潜在的领导者素质。例如,合作关系学校的教师经常要参与指导大学生的专业发展,在大学课堂上分享他们的知识和专业技能。通过这种伙伴关系,教师可以向师范生提供资源、帮助他们确定学习策略,与他们一起探讨最佳学习和实践方法。中小学校长也会

---

① Holmes Group. *Tomorrow's schools: principals for the design of professional development schools*. East Lansing, MI: Author, 1990.

安排时间与即将走上讲台的师范生进行会谈，并与大学教师就研究课题和项目计划进行合作。

同时，中小学与大学的合作伙伴关系也是一种学习型关系。合作伙伴有着共同的目标，即通过参加研讨会、组成专题小组、组织各种技能训练活动等来培养高素质教师。研究结果表明，这种伙伴关系促使教师承担起必要的领导职责，从而提高自己的教学水平。

(三)教师合作学习

教师专业发展中距离教师最近的环境因素大概就是自己和身边同伴的相互关系了，因此，了解教师如何与同伴一起工作，如何与同伴分享自己的学习与实践体会具有重要意义。教师合作学习的形式丰富多样，既有教师自己组成的特定团队，也有松散型的伙伴合作。一些研究考察教师通过网络与同伴合作的方式，特别关注教师们形成的实践群体、学习群体和同伴辅导等。其中两篇文章介绍了不同的研究方式，如采用实地调研的方法考察教师通过网络成功合作所要具备的条件、教师网络对教师职业生涯的意义、在网络中教师的身份认同，以及不同教师团体对教师的影响等。

在《教学与教师教育》杂志上，有3篇文章介绍了日本的教师互相反馈、共同学习的做法。类似这样的同伴合作促进了课堂教学的改进，提高了合作的效果。还有一些研究跟踪了教师组成实践群体和开展同伴辅导、互相现场听课评课等多种合作的过程并对效果进行评价。结果显示，教师形成合作团队的最大好处就是可以共享有益的数据和共同处理课内外复杂的教学问题。

(四)教师工作场所学习

工作场所学习是指在学校里发生的正式或非正式的专业化学习。一些研究从情景学习理论的角度对教师在学校环境下参与学习，以促进专业化发展进行了探讨。学校是对教师专业化发展产生重要影响的环境因素。研究表明，在学校环境下的教师专业化学习，既是个体行为，也是集体行为。不同的学校文化氛围会给教师学习带来不同的影响。

三、教师专业化发展与环境因素的互动关系

当注意到教师专业化发展过程中存在的这些重要环境因素时，就会发现，这些因素都不是静止的。教师的专业化发展是教师与自己身边的环境因素不断互动的过程，这种互动不仅发生在教师同行之间，也发生在教师与学校行政人员、学生父母和其他社会成员之间，即整个大的教育教学环境中。[①]联合国教科文组织国际教育规划学会 2003 年发表了《教师专业化发展——国际研究文献综述》[②]，在第二章中介绍了教师专业化发展对教育体制和学生学习的影响，对教师的专业化发展与学校的有效教学、教育体制改革之间的关系进行了探讨。结合对多项国外文献的研究，笔者归纳出“教师专业化发展与教学情境的互动关系”“教师专业化发展与学校环境建设互动关系”“教师专业化发展与学生学习的互动关系”“教师专业化发展与教育改革的互动关系”等 4 种基本互动关系。

(一)教师专业化发展与教学情境的互动关系

教师专业化发展与传统的员工发展培训不同，教师参加的大多数所谓“培训”并没有脱离实际的课堂教学。一般认为，立足于学校、与学生的日常活动相关联，是最有效的教师专业学习方式。当教师完全融入专业化发展的活动中，学校就会成为一个现成的学习、探讨和问询的场所，成为一个专业的、互帮互助的场所。最成功的教师专业化发展活动就是“在岗学习”，教师们沉浸在教学情境里，围绕课堂内外的各种话题，通过诸如学习小组、行动研究和总结反思等形式，和自己的学生、自己的教学伙伴互相探讨交流，在互动中加深对教学内容的认识，不断调整自己的教学策略，提升自己的实践能力，改善自己的教学环境，进而获得理性的提升。

---

① Grace, D.. *Paradigm lost (and regained)*. *Independent School*, 1999(1).

② Eleonora Villegas－Reimers. *Teacher professional development: an international review of the literature*, 2003.

(二)教师专业化发展与学校环境的互动关系

许多研究结果显示,教师的专业化发展是一个与学校文化环境,尤其是学校的改革活动密切相关的过程。因为"教师专业化发展不只是技能训练的过程,更是文化构建的过程",①当教师个人的专业化发展与学校的发展建设保持一致,就产生了最佳的互动。学校通过改革使办学质量不断提升,而教师通过积极参与教改,获得了所谓"专业人士"的身份。正如他们通过教育教学活动使学生获得崇高地位一样,他们自己也在与学校的良性互动中获得了崇高地位。换句话说,教师专业化发展如果离开了学校或课改支持的环境,如果没有与改革实践的互动,就不会有任何效果。

当然,并没有一个普遍适用的"教师—学校"互动发展模式。学校和教师都要根据自身的需求、文化信念和具体教学实践去判断采用何种专业化发展模式最适合自己所处的情境。一些研究表明,即便在同一个工作场所,也会有不同的影响要素存在,如学校的架构、校园的文化、学校领导的办学理念、教师的性格、教师的教育理念等,都会对教师的专业效能感和专业动机产生影响。

Guskey 提出,只有高度重视情境的重要影响,教师专业化发展进程中的"最佳组合"才能实现。"特定情境下的独特性永远是教育要考虑的重要因素。一种情境下的专业化发展在另一种情境下未必有效。正因为存在着众多不同的教育环境,所以,正确答案永远都不会只有一个。相反,答案会有一连串,一种情境只能对应其中的一个答案。所以,我们必须竭力寻找到最佳组合——适合特定情境的专业化发展过程与技术最完美的结合。"②

---

① Cochran－Smith and Lytle, S. L. *Beyond certainty*: *taking a inquiry stance on practice*. Lieberman, A.; Miller L. (Eds), *Teachers caught in the action*: *professional development that matters*. New York: Teachers College Press, 2001.

② *Guskey*, *T. R.*, *Professional development in education*: *in search if the optimal mix*. Guskey, T. R.; Huberman, M. (Eds), *Professional development in education*: *new paradigms and practices*. New York: Teachers College Press, 1995.

(三)教师专业化发展与学生学习的互动关系

在教师的专业化发展中,教师是应该关注如何运用教学法提高教学能力,还是应该关注学生如何学习呢?显然,后者对学生影响更大。

教师的专业发展最终要体现在学生的有效学习上。杨荣昌介绍了美国科布县学区教师的专业发展培训计划。① 2002年1月8日,美国总统布什签署了一项被公认为美国1965年以来最重要的中小学教育改革法——《不让一个孩子学习落伍法》,该法案将教师专业发展的目的解释为:专业发展就是为了让学生达到富有挑战性的国家教育标准。美国科布县学区教师专业发展培训计划反映了教职人员的发展设计要从对学生的分析开始,有关学生的成绩和学生的不足等数据对教师发展设计至关重要。根据发展培训计划,要定期对教师专业发展状态进行评估,考察教师在学校、在课堂能否学以致用,是否有效地提高学生的学习能力。教师的专业化发展水平以学生的最终表现为评判依据。

(四)教师专业化发展与教育改革的互动关系

近年来,世界上大多数国家都推行了教育改革。其中一些国家的改革在全国范围内进行(纳米比亚、南非、澳大利亚、英格兰、美国、巴拉圭、荷兰等),另一些国家的改革在地方层面进行(在一个州或一个区的范围内,甚至仅限于在一所学校内)。无论规模大小,教育改革与教师专业化发展之间都存在一种双向互惠的关系。许多研究指出,以任何形式进行的教育结构和教育政策的改革,如果忽视教师专业化发展的内容,都不可能取得成功。

一篇有关香港小学教育改革的报告提到了一个案例。20世纪90年代发生在香港的“目标制课程”改革,由于在规划时几乎没有征求过学校和教师的意见,改革内容繁琐僵化、不切实际,导致校方和公众整体对改革持否定态度。其后政府虽应教师和校方要求,对改革内容做了些调整,但教师们仍然感觉这项改革是强加在他们身上的,没有考虑他们现有的知识结构和日常教

---

① 杨荣昌:《以学生为本的教师专业发展培训——美国科布县学区教师专业发展培训计划案例与启示》,载《继续教育研究》,2005(6)。

学实践,教师们只能被动地做事,不能主动参与其中。报告的作者认为这项改革并不成功。

在英国和其他一些国家也有类似情况。英格兰和威尔士在20世纪90年代进行了教育改革。改革后的10年里,许多研究报告反映教师们在改革中普遍有被忽略的感觉,继而对改革产生厌恶之情。他们觉得这样的改革只是制造困惑、徒增工作负担。在挪威,面对有关工作时间的新政策(挪威教育改革的主要内容之一),教师们感觉这项改革已经变成一种控制教师的手段,把教师变成微不足道、逆来顺受、服服帖帖的公仆。在澳大利亚,当《联邦讨论稿》中提到要推行在英格兰和澳大利亚早已存在的教师培养模式时,教师们普遍感觉在如此重大的改革中,他们一开始就被排除在外,他们的工作和所受的专业培训都受到了打击。①

教育环境影响教师专业化发展,而另一方面,教师的专业化提高也在很大程度上影响教育环境。以任何形式进行的有关教育结构、政策和机构的重大改革,若不包含教师专业化发展内容和活动,都不会成功。因为只改变教师本身而不改变教学情境、教师理念和教育结构,最终结果也不会有显著改变。② 换句话说,教育改革和教师专业化发展存在一种共生关系,二者必须同步进行,一荣俱荣,一损俱损。另一方面,教师专业化发展只有获得有关教育政策的支持才能在教育改革中发挥有效作用。例如,政策能够搭建起新的教育结构和制度体系支持教师的终生学习,有利于创新校内和校外(如教师网、专业间合作等)的各项活动。此外,政策还能够支撑起全新的教育体系对教师进行科学评估、绩效考核,促进教师自我提升。遗憾的是,绝大多数改革还没有达到这种程度。Little的研究发现,③许多学校在改革中纳入教师专

---

① Chadbourne, R. *Student reluctance to take up school－based teacher education: one university's experience. Journal of education for teaching*, 1995(2).

② Darling-Hammond L.; McLaughlin, M. W. *Policies that support professional development in an era of reform*. Phi Delta Kappan, 1995(8).

③ Little, J. W. *Professional development in pursuit of school reform*. Lieberman, A.; Miller, L. (Eds.), *Teachers caught in the action: professional development that matters*. New York: Teachers College Press, 2001.

业化发展项目时只是将其作为一个目标设定和鼓舞激励的过程。行政人员设定好改革目标,所谓教师专业化发展的各项活动只是激励教师达到这些目标而已。Little 指出,当教师们能在众多环境要素和他们自己的生活之间找到满意的契合点时,他们就会对教育改革燃起热情。教师们在对改革进行判断时,会考虑改革给他们自己和他们的学生带来哪些益处、改革都涉及哪些方面、改革的可行性,他们还会考虑改革的组织者等人文因素。任何教育教学改革的设计,都必须充分考虑教师的参与,否则难以成功。

四、结语

教师的专业化发展不可能孤立发生,教师所在的学校、年级组,教师所在的正式和非正式的教学团队,甚至教师所在地区的文化氛围,都构成对教师专业化发展起作用的环境因素。这些环境因素与教师的教育教学理念、教学实践在教学改革的大潮中互相作用,互相促进,逐渐将教师推向专业化发展的顶峰。然而较长时间以来,在实际学习和培训中,教师专业化发展的环境因素没有得到足够的重视,对于这些环境因素怎样相互作用,怎样影响教师专业化发展的研究基本上也是空白。

本文梳理的国外教师教育研究结果表明,国外同行在教师专业化发展的研究方面,考虑得较为全面,不仅关注了教师的学习和反思,还较多地关注了教师专业化发展的各项环境因素,甚至将教师的专业化发展与学校和地方的教育改革放在一起加以考察。应该说,这些研究视角对我国的教师专业化发展研究有很强的借鉴意义。

[范东生,合肥师范学院外国语学院教授,硕士生导师。]

LIUSHOU ERTONG YANJIU

留守儿童研究

安徽省“留守儿童之家”建设及发展现状调查与分析*

宋志英，程三五

【摘　要】采用问卷调查和访谈相结合的方式就安徽省留守儿童之家建设与发展的现状进行了初步的调查研究，发现安徽省留守儿童之家发展极不均衡。绝大部分留守儿童之家基本建设完成，并针对留守儿童开展活动。但仍有15%～18%的留守儿童之家并没有完成基本建设，有9.1%的留守儿童之家没有建立留守儿童档案，有39.4%的留守儿童之家的活动室基本不开放，有42.3%的留守儿童之家的活动经费没有保障，有33.3%的学校领导和45.5%的学校教师对留守儿童之家的工作并不关心。建议通过行政干预，呼吁真正重视留守儿童之家建设；强化培训，提升服务能力；加强督导，确保活动常态化；多方联动，整合社会资源等途径促进安徽省留守儿童之家的持续建设和发展。

【关键词】留守儿童；留守儿童之家；现状；问题

---

* 安徽省教育科学规划2014年度三项改革专项课题“安徽省农村留守儿童之家发展现状及长效机制研究”(JGZXA201413)。

为切实解决安徽省农村劳务输出带来的留守儿童问题,省委、省政府曾下发《关于做好关爱农村留守儿童工作的意见》《农村留守儿童之家建设实施办法》《安徽省校内留守儿童之家建设和管理办法》等文件,把农村留守儿童工作纳入民生工程予以保障实施。自2010年始,安徽省依托农村中小学和幼儿园建成了1.9万个农村校内留守儿童之家,为留守儿童关爱工作提供了阵地和平台,安徽省留守儿童工作取得了明显成效。为进一步推进安徽省关爱农村留守儿童工作、充分发挥留守儿童之家在留守儿童健康发展中的作用,笔者对安徽省留守儿童之家建设及发展现状进行了调查研究。

一、研究对象与方法

(一)研究对象

以"国培计划(2013)"——安徽省"留守儿童之家"管理者短期集中培训为契机,以参与培训的留守儿童之家管理者为调研对象,了解安徽省留守儿童之家的建设与发展现状。共调查留守儿童之家参训学员66人,66名参训学员所在的学校分布在芜湖、马鞍山、黄山、池州、宣城、铜陵、安庆、合肥、亳州、蚌埠、淮南、阜阳等地,基本上能反映安徽省留守儿童之家建设与发展的情况。

(二)研究方法

本研究采用问卷调查法和访谈法相结合的方式。调查问卷为自编问卷,问卷中的封闭式问题从留守儿童之家的基本情况(建设时间、基础设施、组织机构、规章制度等)、活动开展情况(活动时间、活动类型、活动频率等)、经费保障、师资队伍等方面了解留守儿童之家的现状;问卷中的开放式问题从留守儿童之家目前面临的主要问题及建议等方面了解留守儿童之家的建设与发展情况。问卷以培训班为单位统一发放,统一回收。本次共发放问卷66份,回收有效问卷66份,回收率为100%。此外,本研究根据问卷调查的情况,与25名留守儿童之家管理者进行了深入访谈。

二、研究结果与分析

(一)留守儿童之家建设的现状

如表1所示,在被调查的66个留守儿童之家中,71.8%的学校在建设留守儿童之家时也建立了完善的组织机构和管理制度(如留守儿童之家管理人员职责,留守儿童信息登记制度,留守儿童之家活动开展、亲情联系、图书阅览等制度),另有18.2%的学校没有建立或没有明确地建立相应的组织机构和管理制度(即被调查的培训学员——留守儿童之家的管理者并不知道此事)。由此可见,部分学校对留守儿童之家的建设不重视。

调查表明有84.8%的学校为留守儿童之家安排了专门的1~3间的活动室,活动室内有电视、电脑、电话、图书、运动器材等供留守儿童使用;约有15.2%的留守儿童之家没有专门的活动室,而是将活动安排在学校的少先队活动室或校图书阅览室进行,这种情况可能会导致留守儿童之家的活动受到干扰或无法正常开展。

表1 留守儿童之家建设的现状(N=66)

	组织机构		管理制度		专门的活动室	
	有	没有	有	没有	有	没有
人 数(N)	54	12	54	12	56	10
百分比(%)	71.8	18.2	71.8	18.2	84.8	15.2

(二)留守儿童之家的师资队伍现状

根据《安徽省校内留守儿童之家建设和管理办法》文件要求,留守儿童之家要有专职或兼职管理人员及稳定的关爱队伍。如表2所示,有42.4%的留守儿童之家有专职管理人员,其余有54.3%的留守儿童之家则由兼职管理者轮换值班,轮换值班兼职管理者主要有班主任、政教主任、少先队辅导员及志愿者(如爱心妈妈、大学生、学生管理员等),还有3.3%的学校根本没有稳定的留守儿童之家的管理队伍,完全是根据检查的需要临时安排。进一步的调查发现,在关于“留守儿童之家管理者是否参加过相关培训”的调查中发现,所有管理者都参加过培训,其中10.6%的管理者参加过国家级培训,

40.9%的管理者参加过省级培训,33.3%的管理者参加过市级培训,15.2%的管理者参加过校级培训。后续访谈也表明,省里对此项工作非常重视,组织了省、市不同级别的培训工作。

表2 留守儿童之家师资队伍状况

	管理者队伍			参与培训情况			
	专职	兼职(轮换)	无稳定	国家级	省级	市级	校级
人 数(N)	38	18	10	7	27	22	10
百分比(%)	42.4	54.3	3.3	10.6	40.9	33.3	15.2

(三)留守儿童之家的活动开展情况

由表3可知,在关于"是否建立了留守儿童档案"这一问题的调查中发现,有90.9%的留守儿童之家建立了留守儿童档案,还有9.1%的留守儿童之家没有建立留守儿童档案。也就是说,有近10%的学校管理者对本校留守儿童的基本情况并不了解。在关于"活动室是否开放"这一问题的调查中发现,有60.6%的留守儿童之家的活动室面向留守儿童开放,有39.4%的留守儿童之家的活动室基本不开放。由此可见,对于这39.4%的学校留守儿童之家来说,其相应的组织机构、管理制度、活动室均形同虚设,并没有发挥应有的效能。

表3 留守儿童之家的活动开展情况

	留守儿童档案		留守儿童活动室	
	有	没有	开放	基本不开放
人 数(N)	60	6	40	26
百分比(%)	90.9	9.1	60.6	39.4

由表4可知,从留守儿童之家开展活动的频率上看,有15.2%的学校几乎每天都开展活动(如开放图书室、活动室等),有24.2%的学校每个月开展1~2次活动,有30.3%的学校每学期开展1次活动,还有30.3%的学校并不单独针对留守儿童开展活动,只是在节假日时统一针对全体学生开展活动。进一步调查后发现,在留守儿童之家开展的活动中,按照频率由高到低依次是安全教育、思想品德教育、学习辅导、心理辅导、亲情补缺、兴趣班和体育

活动。

表 4 留守儿童之家的活动开展情况

活动	留守儿童之家活动开展频率			
	每天	每月 1～2 次	每学期 1 次	无单独活动
人 数(N)	10	16	20	20
百分比(%)	15.2	24.2	30.3	30.3

(四)留守儿童之家的活动经费、设备维护等保障情况

由表 5 可知，在关于“留守儿童之家的活动是否有经费保障”这一问题的调查中，有 57.6%的管理者选择“有保障”，有 42.4%的管理者选择“没有保障”。由此可见，此项工作在各县市的发展很不均衡。在关于“留守儿童之家的设施是否有年检和维修”这一问题的调查中，仅有 36.4%的管理者选择“有”，其余 63.6%的管理者选择了“没有”，还有个别管理者反映，学校留守儿童之家的亲情联系电话从来没有接通、正常使用过。由此可见，留守儿童之家的硬件设施能否发挥作用取决于社会相关部门的配合与支持。

表 5 留守儿童之家运行的保障情况

	活动经费		硬件设施的维护	
	有保障	无保障	有	没有
人 数(N)	38	28	24	42
百分比(%)	57.6	42.4	36.4	63.6

(五)留守儿童之家发展中面临的主要问题

在开放式问题“您认为留守儿童之家目前面临的主要问题是什么”的调查中，管理者的回答按类别可分为 9 个方面，出现的频率由高到低依次是缺少专职管理人员、领导重视程度不够、经费不足、活动开展少、应付检查、缺少个别辅导、部分留守儿童不参与、设施老化、没有专门活动场所。与此相对应，在关于“您对我省留守儿童工作有何建议”的调查中发现，管理者的回答主要集中在希望领导能真正重视、希望安排专职管理人员、希望工作能落到实处、希望能有专项经费、希望多组织相关培训几个方面。在后续的访谈中发现，留守儿童之家的管理者普遍认为，要进一步推动这项工作的开展，最重要的是提高学校领导和教师对此项工作的重视程度。我们也就这一问题进

行了调查,结果如表6所示,在关于“学校领导对留守儿童之家工作的态度”的调查中发现,有30.3%的管理者选择了“关心热爱”,有36.4%的管理者选择了“比较关心热爱”,有24.2%的管理者选择了“一般”,有9.1%的管理者选择了“漠不关心”。在关于“学校教师对留守儿童之家工作的态度”的调查中发现,有21.2%的教师选择了“关心热爱”,有33.3%的教师选择了“比较关心热爱”,有33.3%的教师选择了“一般”,有12.2%的教师选择了“漠不关心”。可见,学校领导和教师对此项工作的重视程度还有待提高。

表6 学校领导及教师对留守儿童之家的重视程度

	学校领导				学校教师			
	关心热爱	比较关心热爱	一般	漠不关心	关心热爱	比较关心热爱	一般	漠不关心
人　数(N)	20	24	16	6	14	22	22	8
百分比(%)	30.3	36.4	24.2	9.1	21.2	33.3	33.3	12.2

三、讨论

(一)留守儿童之家的建设情况

留守儿童之家的基础设施建设是留守儿童之家开展活动的基本前提。调查表明,绝大多数学校按省里相关要求建设了留守儿童之家,完善了相应的组织机构、管理制度,配备了专门的活动室和活动室管理人员,为我省留守儿童之家工作的顺利开展提供了基本的设施保障。但还有15%~18%的留守儿童之家并没有完成基本建设,因为这些学校对留守儿童之家的建设并不重视。

(二)留守儿童之家的师资情况

调查表明,有96.7%的留守儿童之家安排了专职或兼职的管理人员,这为留守儿童之家活动的开展提供了师资保障。然而,在后续的访谈中也了解到,在参与培训的学员中有27.6%的学员并不是留守儿童之家的管理者。少数学校把培训当作一种福利待遇,在分配进修人员上论资排辈,使得一些真正的管理者并没有机会参与培训。由此可见,虽然绝大多数的留守儿童之家都安排有专职和兼职的管理人员，但还有不少留守儿童之家的管理者仅仅存在于文件中、制度中或检查时，并没有真正从事留守儿童之家的管理。

(三)留守儿童之家的实际运行情况

调查表明，有90.9%的留守儿童之家建立了留守儿童档案，有60.6%的留守儿童之家面向留守儿童开放活动室，并开展安全教育、思想品德教育、心理辅导、学习辅导、亲情补缺等，基本建立起促进农村留守儿童健康成长的关爱体系，为留守儿童营造了健康向上、快乐成长的良好环境。同时，我们也了解到，还有39.4%的留守儿童之家并没有面向留守儿童开放活动室。在后续的访谈中发现，也有一部分管理者认为本校的留守儿童档案是为应付上级部门的检查而做的，并没有开展实质性的活动。由此可见，我省留守儿童之家工作尚处于起步阶段，学校间的发展极不平衡。

(四)留守儿童之家的保障体系

保障机制的健全是留守儿童之家正常运行的根本。调查表明，省里对此项工作非常重视，组织管理者参与了国家、省、市不同级别的培训工作，并要求学校对相关人员进行培训。同时，留守儿童之家的硬件设施也是省里统一配置的。但后续开展活动的经费主要是从学校的生均经费中列支。因此，各县、各校的情况因领导的重视程度不同而不同。调查表明，有57.6%的留守儿童之家的活动经费有保障，有36.4%的留守儿童之家的活动设施有年检和维修，有66.7%的学校领导对留守儿童之家的工作持比较关心的态度，与此相对应，有54.5%的教师对留守儿童之家工作持比较关心的态度。这些数据均表明，约一半以上的留守儿童之家因得到学校领导和教师的重视，运行工作得到有力的保障。

(五)留守儿童之家发展中的困境

开放式问卷调查结果表明，在留守儿童之家的管理者看来，导致部分留守儿童之家运行不畅、实际效能不高的原因主要有3个：一是学校领导和教师重视程度不高，二是留守儿童之家的管理者队伍素质不高，三是留守儿童之家持续发展的保障体系不完善。以上3个制约因素，不仅导致留守儿童之家的服务能力极其有限,也使它们缺乏持续发展的动力。而在这3个制约因素中,第一个因素是起决定性作用的。后续访谈结果表明,学校领导对这项工作的重视程度在很大程度上决定了学校教师对这项工作的重视程度和学校对这项工作的投入程度。

四、建议

(一)行政干预,呼吁真正的重视

学校对留守儿童之家的重视取决于学校领导对留守儿童之家的重视。尤其在我国,对留守儿童的重视是自上而下的。因此,学校留守儿童之家的发展需要学校领导给予高度的重视。建议把留守儿童之家的建设与发展作为学校领导及学校绩效评估的重要考量,并给予专项经费支持,以确保留守儿童之家的建设与发展规范化、常态化,满足留守儿童身心发展的需求。

(二)强化培训,提升服务能力

在留守儿童之家的管理者缺少专业训练的背景下,开展有针对性的专业培训尤其重要。调查表明大部分留守儿童之家的管理者不仅对教育管理理念培训有需求,还对开展活动的实践技能培训有需求。因此,留守儿童之家管理者的培训不仅要制度化,还要有针对性,且要建立规范的培训制度,开展区别于教师学历进修培训的专门培训。建议以省为单位,每年至少组织一次针对全体留守儿童之家管理者的培训;以市为单位,每年至少组织2次留守儿童之家的教研活动。同时,在"国培计划"中要连续开展针对留守儿童之家的教师培训项目。此外,"国培计划"中针对"留守儿童"的教师培训项目均为短期集中培训项目,建议培训项目的安排要有计划性和连续性,避免随意性;培训的主题要有针对性和可操作性,避免大而全;培训的方式要注重榜样的示范和引领,提高培训的实践性和动态生成性;培训的评价要注重过程性,保证培训的实效性和长效性。

(三)加强督导,确保活动常态化

通过建设留守儿童之家解决留守儿童问题还处于探索阶段,留守儿童之家的管理者们也是在摸索中前进，难免会有一定的盲目性。[①] 因此，督导制度的建立和完善是留守儿童之家持续发展的必要保障。没有完善的督导制度，留守儿童之家工作就可能会遇到许多障碍，发展的速度也会受到影响。结合我省的实际情况，可以从 3 个方面建立和完善督导制度，为留守儿童之家的良性发展打下坚实的基础。一是上级主管部门要不定期地监督和检查学校留守儿童之家的工作（如学期初的工作计划、每月活动开展的情况及总结、每月活动开展的实录及网上宣传报道、工作计划的执行情况等），确保留守儿童之家的活动常态化；二是加强积极的同业督导意识，即通过组织留守儿童之家管理者专题研讨会，让他们在与同行的讨论、交流中增加实践经验；三是聘请驻地督导或巡回督导，即依托省内外高师院校，聘请同行专家担任本校留守儿童之家的督导，让他们为留守儿童之家的管理人员提供及时、高效的帮助。

（四）多方联动，整合社会资源

留守儿童之家建在学校并不意味着参与留守儿童之家建设与管理的人就局限在校园内。社会各界都希望留守儿童问题能在校园内得到很好的解决，这给学校带来极大的压力。[②] 学校承担的任务过多过重，且学校又存在经费与资源不足、缺乏对教师的动员机制、个别教师（如班主任）工作难度过大等问题，严重影响了留守儿童之家活动的广度、深度、力度和效能。可见，单靠学校或教师自身的力量是不行的。学校领导或留守儿童之家的管理者要有开放的心态、合作的意识，努力争取社会各界人士积极参与留守儿童之家的建设与发展工作。目前，已经有一些留守儿童之家的管理者争取到企业、事业单位及热心公益事业人士的支持，他们为留守儿童之家捐食品、学习用品、生活用品等。但就调查结果来说，涉及的受益留守儿童数量还很有限，这需要政府、媒体、企业协同合作，共同营造一个良好的关爱留守儿童的社会

① 叶敬忠、杨照：《关爱留守儿童——行动与对策》，北京：社会科学文献出版社，2008。

② 樊富珉、黄蘅玉、冯杰：《心理咨询与治疗工作中督导的意义与作用》，载《中国心理卫生杂志》，2002(9)。

环境。首先,政府与媒体要加大宣传力度,吸引具有社会责任感的行为主体参与、支持;其次,以学校留守儿童之家为阵地,借鉴其他地方开展留守儿童关爱活动的成功经验,通过“一帮一”“托管家庭”“代理家长”“校外辅导站”“团聚活动”等形式,使留守儿童感受到社会的温暖和关爱,形成全社会共同关注留守儿童健康成长的良好氛围。

[宋志英,安庆师范大学教授;程三五,安庆市五横中心校教师。]

安徽省农村留守儿童心理健康与安全保护状况调研报告*

陈启刚　戚嵩

【摘　要】安徽农村留守儿童数量多、分布广。农村留守儿童的心理健康与安全保护问题已成为一个较为突出的社会问题。本文基于对安徽省4377名留守儿童的基本类型、年级分布、与父母见面的次数、居住情况、家庭生活条件、内心独白、学习状况、课外生活情况、心理健康与安全教育接受情况等方面进行实证调查发现,农村留守儿童存在情感缺失、人格缺陷、价值观与人生观偏差、行为习惯与学习成绩较差、学习兴趣缺乏、家庭教育不当、安全缺乏保障等主要问题。而解决这些问题的有效路径是整合多元力量,制定倾斜政策,搭建关爱农村留守儿童身心健康的基础平台,探索关爱农村留守儿童身心健康的长效机制。

【关键词】留守儿童;心理健康;调查研究

* 本文系安徽省政府妇女儿童工作委员会办公室委托的调研项目研究成果。

安徽省是一个劳务输出大省,农村留守儿童[①]数量多、分布广,其心理健康与安全保护问题已逐渐成为一个较为突出的社会问题。毋庸置疑,近年来在各级党委、政府以及社会各界的高度重视和关爱下,农村留守儿童成长环境不断优化,整体发展状况趋于良好。但由于农村留守儿童长期与父母分离,在生活照顾、心理健康、安全保护等方面尚存在诸多突出问题。为进一步了解我省农村留守儿童的心理健康和安全保护现状,科学有效地解决农村留守儿童成长过程中的心理健康与安全保护问题,2015年10月至2016年1月,安徽省教育科学研究院牵头,组织开展了安徽省农村留守儿童心理健康与安全保护状况调查研究。

一、研究目标、对象与方法

(一)研究目标

一是准确把握安徽省农村留守儿童的基本现状;二是全面分析农村留守儿童成长在心理健康与安全保护方面存在的主要问题及产生根源;三是针对问题探究解决方法,提出解决问题的措施和方案,为健全留守儿童关爱服务体系、构筑留守儿童关爱服务网络、有效解决留守儿童面临的突出问题建言献策。

(二)调研对象

考虑到安徽省的人口分布情况及区域经济发展的不平衡性,本次调查从皖北抽取太和、固镇、怀远、埇桥4个县区,从皖中抽取肥西、定远2个县,从皖南抽取当涂、和县2个县,共抽取8个县区作为样本。计划每个县区抽取农村留守儿童500名、教师100名,同时对留守儿童、教师、留守儿童的家长(或其他监护人)进行随机访谈。问卷调查实施时间为2015年12月至2016年1月,实际收到的有效调查问卷中留守儿童的为

---

① 本研究对农村留守儿童的界定:父母双方或一方从农村流动到其他地区,孩子留在户籍所在地(农村地区),由父母之外的其他监护人陪护,一年中至少有半年以上不能和父母双方共同生活在一起,年龄不超过18周岁的儿童。

4377 份，教师的为 754 份。

(三)研究方法

本研究采用定量和定性相结合的方法。通过问卷调查、实地访谈以及文献研究，精准把握农村留守儿童的基本现状，客观分析农村留守儿童在心理健康与安全保护方面存在的主要问题，并进一步提出解决方法与建议。

二、农村留守儿童的基本现状

(一)农村留守儿童的年级抽样分布情况

抽样统计数据显示，从农村留守儿童的绝对数量上来看，处在六、七、八、九年级的最多，占 53.41%；高中阶段次之，占 24.59%；三、四、五年级最少，占 22%(结合样本县区留守儿童年龄段分布的实际状况抽取，小学低年级即一、二年级因为留守儿童量少未抽取)。由此可见，农村留守儿童低龄化状况有所改善。

(二)农村留守儿童的基本类型

本次调查基于问卷调查来判断留守儿童的基本类型。具体而言，对于“目前你的______在外打工”这一问题，有 4377 名留守儿童作出了回答。统计结果显示，“父亲在外打工”的留守儿童数量为 1678 人，占 38.34%；“母亲在外打工”的留守儿童数量为 389 人，占 8.89%；“父母都在外打工”的留守儿童数量为 2310 人，占 52.78%。不难看出，从所占比例来看，父母都在外地打工的留守儿童数量最多。有专家分析调查数据发现，与父亲外出相比，母亲不在家对留守儿童心理、安全等方面产生的负面影响更大。

(三)农村留守儿童与父母见面的次数

调查统计结果反映了农村留守儿童与父母见面次数的情况。数据显示，在 4377 名农村留守儿童中，有 50.54%的留守儿童与父母半年左右见一次面，有41.63%的留守儿童每年只能在过年时才能见父母一面，还有 7.83%的留守儿童一年以上时间都见不到父母。(如图 1 所示)如果根据 7.83%这个比例测算,全省有近40万农村留守儿童一年都不能与父母见面。

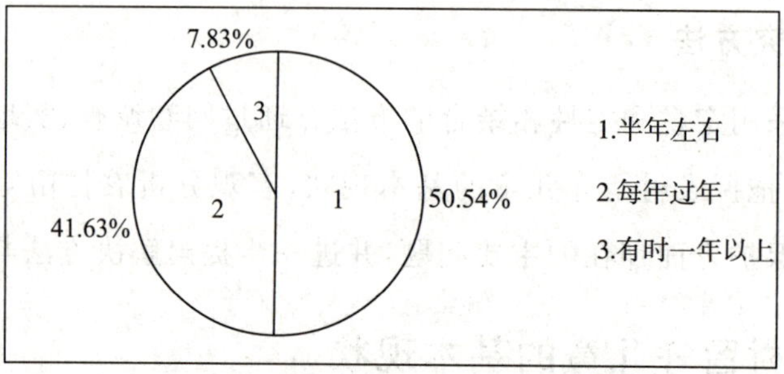

图1 留守儿童与父母见面时间间隔情况

(四)农村留守儿童多数与祖辈住在一起

调查结果显示,在各种类型的农村留守儿童中,与祖辈(爷爷、奶奶或外公、外婆)一起居住的比例最高,达73.89%,与祖辈之外的其他人一起居住的占19.81%。值得注意的是,单独居住、处于监护缺失状态的留守儿童所占比例为6.31%。虽然这个比例不大,但由于我省农村留守儿童基数大,对应的农村留守儿童人数为30万左右,这一状况应引起各方关注。

(五)农村留守儿童的家庭生活条件

对于农村留守儿童的家庭生活条件的调查结果表明,有37.56%的留守儿童感到很满意,有54.69%的留守儿童感到基本满意,感到不满意的仅占7.75%。可见,目前农村留守儿童的家庭生活条件确实已经得到根本改善。但是,物质生活条件的改善消除不了父母不在身边给留守儿童带来的心理、安全等方面的负面影响,诚如受访教师所说的那样,“打工一代,挣了钱,解决了目前的生活问题,但是对第二代的影响是未来的问题,是用钱无法弥补的”。

(六)农村留守儿童的内心独白

调查显示,对于“父母常年不在你身边陪伴你,你的感受”这一问题,有7.93%的留守儿童回答“高兴,因为没有人管着我了,我很自由,想干嘛就干嘛”,有84.65%的留守儿童回答“不高兴,他们不在身边我觉得很孤独,很多话都没办法和他们说，很多困难都没办法和他们一起解决”，有7.42%的留守儿童感到“无所谓，只要他们定时汇钱给我就可以了”。（如图2所示）

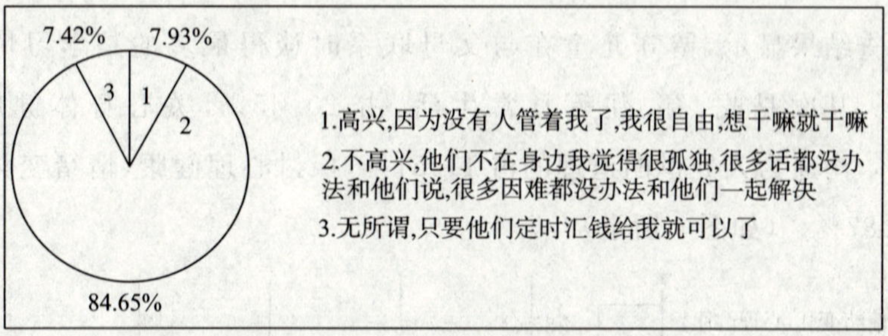

图2　父母常年不在身边的留守儿童的感受

对于“你觉得现在令你最不开心的事情是什么”这个问题，有40.21%的留守儿童回答“学习用功了，成绩仍然没有进步”，有21.64%的留守儿童回答“父母每天很辛苦，家庭经济情况没有改善”，有28.97%的留守儿童回答“平时不能和父母、教师、同学很好地沟通、交流，别人不理解自己”。（如图3所示）

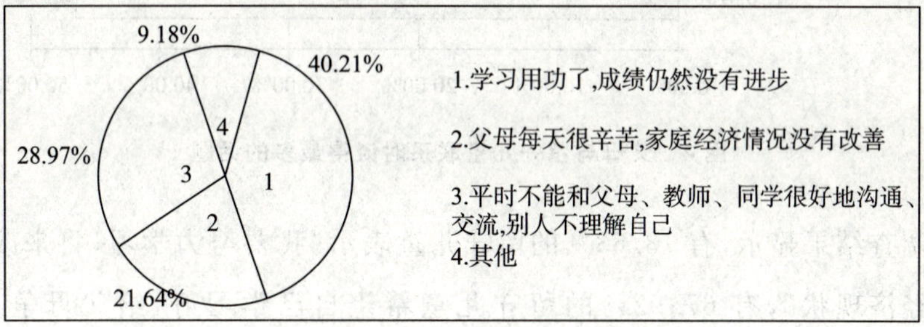

图3　令留守儿童最不开心的事情

另外，有36.81%的留守儿童感到因为父母不在身边，自己的生活和学习遇到了一些困难，如果父母在身边，自己可以学得更好，心情也会好很多。有81.8%的留守儿童希望“父母回家和自己一起生活”，“因为一家人团圆了，我再有什么困难都可以找到他们”。有69.66%的留守儿童为了可以和父母在一起而愿意和父母一起进城生活，他们觉得幸福就是和父母生活在一起。留守儿童最想对父母说的一句话是：“爸爸、妈妈，我想你们。”有38.27%的教师觉得“留守儿童大部分很可怜”。可见，多数留守儿童的内心是孤独的，他们非常渴望得到父母的呵护。

(七)农村留守儿童的学习状况

调查结果显示,留守儿童在与父母联系时谈得最多的是学习情况,占46.24%,其次是吃、穿、住等日常生活,占20.45%,关心身体健康的占16.93%,沟通为人处世的道理的占11.51%,探讨心理健康(情绪变化)问题的占4.87%。(如图4所示)

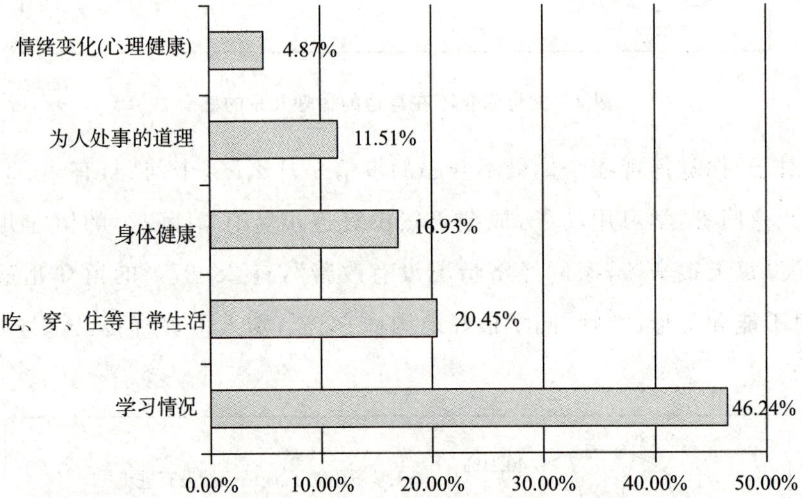

图4　父母与留守儿童联系时谈得最多的话题

调查结果显示,有73.63%的留守儿童表示"我要努力学习,将来改变自己的经济现状",有67.92%的留守儿童希望自己学习好,给父母争光,有68.27%的留守儿童希望自己的学习能得到更多的指点、辅导,有48.69%的留守儿童希望自己的父母能够在身边指导自己学习,有46.72%的留守儿童希望得到教师更多的关注,有27.99%的留守儿童希望有更好的经济环境、更多的学习资料。可见,留守儿童普遍希望自己学习好。但调查数据同时显示,有59.26%的留守儿童认为自己最不满意的地方就是学习成绩,有40.21%的留守儿童认为最令自己不开心的事情是"虽然努力了,但是学习成绩没有进步"。针对留守儿童在学习方面存在的主要问题的调查结果显示,有30.48%的留守儿童注意力不集中,有28.51%的留守儿童没有坚持学习的恒心和毅力，有 18.48%的留守儿童基础比较差，有 22.53%的留守儿童存在其他方面的学习问题。（如图 5 所示）

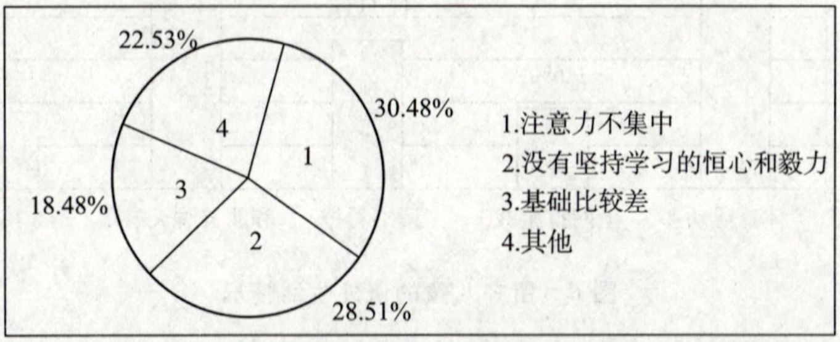

图 5 留守儿童在学习方面存在的主要问题

针对对留守儿童学习影响最大的因素的调查结果显示，有 78.02%的留守儿童认为是学习方法、情绪，有 6.63%的留守儿童认为是教师授课水平，有 15.35%的留守儿童认为是学习环境。调查结果还显示，留守儿童普遍感觉课业负担过重，学习压力太大，有 30.43%的留守儿童感觉作业太多，认为学习压力来源于家长的占 26.66%，认为学习压力来源于教师的占 23.76%。留守儿童还存在学习焦虑、考试焦虑以及网瘾较重等问题。调查结果显示，有6.47%的留守儿童表示每天都玩网络游戏，有 65.07%的留守儿童表示偶尔玩玩网络游戏，仅有 28.46%的留守儿童表示没有玩过网络游戏。有 22.92%的教师认为留守儿童学习压力过大，有 24.37%的教师认为留守儿童普遍存在厌学情绪。

综上可见，在学习方面，留守儿童一方面希望自己学习好，另一方面又因为受多种原因特别是父母不在身边、学习监管缺失的影响，学习成绩较差。

(八)农村留守儿童的课外生活情况

调查数据显示，在留守儿童中，课外时间开展体育活动的占 32.28%，上网、打游戏的占 9.5%，读书看报的占 17.11%，和朋友聊天游玩的占 31.99%，其他的占 9.12%。（如图 6 所示）分析这些数据可以发现，大部分留守儿童的课外时间是在活动或娱乐，用来阅读的时间较少。

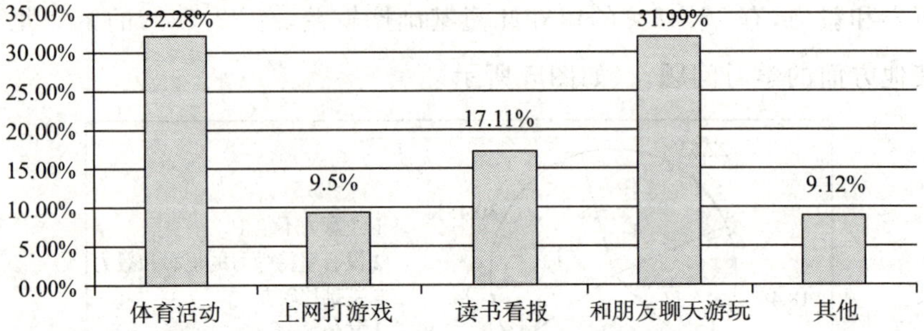

图6 留守儿童的课外生活情况

(九)农村留守儿童的心理健康教育接受状况

调查结果显示,过半学校每周或每两周开设一节心理健康教育课,有18.03%的学校学生一个学期才上2～3节心理健康课,还有28.03%的学校从来没有开设过心理健康教育课。(如图7所示)而与此形成鲜明对比的是,有54.81%的留守儿童表示喜欢学校的心理健康课,不喜欢的仅占10.92%。就师资情况而言,近三成学校没有心理健康教师,有专职教师的占47.68%,有27.8%的学校的心理健康教师由其他任课教师兼任。可见,农村留守儿童的心理健康教育不系统、不规范,心理健康教育专职教师的质量有待提高。

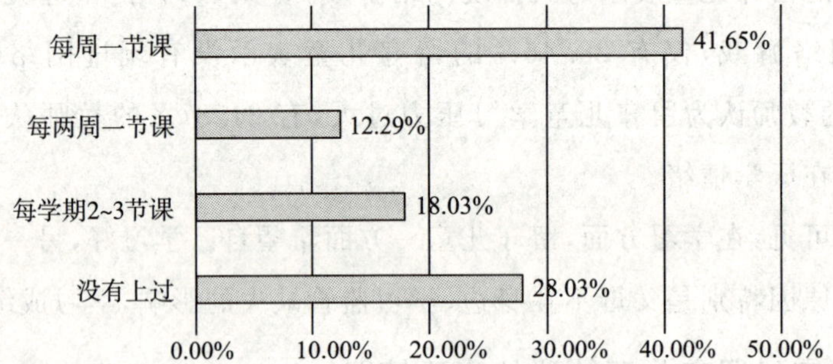

图7 学校开设心理健康教育课情况

(十)留守儿童接受安全教育的状况

以人为本,最根本的就是要以人的生命安全为本。但目前,农村留守儿童意外伤害事故时有发生。在对留守儿童的安全教育状况进行调查时发现,对于“在学校,老师告诉过你关于安全防范和急救方面的知识吗”这一问题,有59.26%的留守儿童回答“经常”，有 17.39%的留守儿童回答“偶尔”，有16.86%的留守儿童回答“有过几次”，还有 6.49%的留守儿童回答“从来没有”。显然，留守儿童的安全教育工作有待进一步加强。有关部门调查结果显示，中国每年有近 5 万名儿童死于意外伤害，其中大部分是留守儿童，有近五成留守儿童遇到过不同程度的意外伤害。① 有专家指出，通过安全教育提高中小学生的自我保护能力，80%的意外伤害可以避免。

三、农村留守儿童存在的主要问题

(一)家庭和社会支持较弱

农村留守儿童的家庭支持弱化。调查结果显示，有 72.93%的农村留守儿童“和同学在一起，感到快乐”，有 45.28%的留守儿童愿意把自己心中的秘密告诉好朋友，有 31.99%的留守儿童课外最喜欢和朋友聊天游玩，有70.09%的留守儿童希望有好朋友帮助自己、和朋友一起分享快乐。由此可见，来自同学、朋友的支持已经成为农村留守儿童最重要的社会支持，而来自父母的支持较弱；教师对留守儿童的支持则更多地体现在学习辅导上，情感支持相对欠缺。此外，还有 58.58%的留守儿童希望自己照顾自己，需要注意的是，有 8.11%的留守儿童想逃离痛苦的世界，这表明这些留守儿童已经完全感受不到来自社会的支持。

有专家指出，社会支持状况是儿童心理健康水平的重要预测变量，社会支持弱化会使留守儿童消极情绪更多，导致心理健康问题比较突出。

(二)情感缺失，人格方面存在缺陷

处于长期留守的状态，使一些留守儿童过早地体验到世态炎凉、人情冷暖，以至于缺乏同情心、情绪不稳定、多疑且敏感、不善与人交往、冲动又叛逆。个别留守儿童甚至存在仇恨社会的不良心理。很多留守儿童遇到困难

---

① 全国妇联课题组：《全国农村留守儿童城乡流动儿童状况研究报告》，载《中国妇运》，2013(6)。

不愿和祖父母沟通,显得柔弱无助,久而久之会变得不愿与人交流,不自觉地封闭自己,变得孤僻偏执。调查结果显示,留守儿童焦虑和抑郁的比例明显高于非留守儿童,近三成留守儿童表示自己心中的秘密"对谁也不说"。受访教师也反映,只有少数留守儿童能和同学和睦相处,大多数留守儿童沉默寡言,不善与人交往,有的甚至表现出很强的攻击性。令人震惊的是,竟有18.6%的留守儿童认同"有些学生的自杀行为是一种解脱,可以理解"。这是一个需要全社会共同关注的现象。有的留守儿童还存在严重的自卑感,对自己学习成绩的满意程度明显偏低。

(三)生活行为习惯较差

调查数据显示,有25.27%的教师认为"留守儿童自控能力很差,容易受到外界和其他人的负面影响",有34.48%的教师认为"留守儿童的行为习惯较差",有26.9%的教师认为"留守儿童违反校纪的更多",有39.71%的教师认为"留守儿童更容易出现不良嗜好",有20.76%的教师认为"留守儿童更容易去干坏事",有30.14%的教师认为"留守儿童更容易出现早恋问题"。在访谈中,教师普遍反映由于缺少父母监督,留守儿童与非留守儿童相比,自律能力不强、生活行为习惯较差。

(四)学习成绩较差,缺乏持续浓厚的学习兴趣

调查数据显示,虽然农村留守儿童普遍认为学习重要,也希望自己学习好,但是受农村学校培养目标单一与留守儿童教育需求多元化的矛盾突出,留守儿童缺少有效监督和应有的学习辅导,以及自我约束和管理能力较差等因素影响,留守儿童总体学习成绩较差。受访监护人普遍反映孩子对学习不感兴趣,学习成绩不理想。教师问卷结果显示,认为留守儿童的学习积极性不高的占26.71%,认为留守儿童学习态度一般的占26.71%,认为留守儿童绝大多数厌学的占24.37%。受访教师普遍反映,留守儿童在班级、学校开展的各项活动中,小到课堂发言,大到学校组织的朗诵、联欢等活动,都显得参与意识淡薄、热情不高。有的留守儿童逃避一切,游离于班集体之外。接受调查的教师认为如果父母在家,孩子们的学习成绩会更好,也就是说,父母

外出打工对孩子们的学习成绩产生了一定的负面影响。受访教师反映，农村学校初中段生源流失现象非常严重，在校率急剧下降。可见，受情感缺失、习得性无助、人际交往不良、师生互动不足等因素的影响，留守儿童学习自我效能感普遍偏低，甚至厌学、弃学。

（五）家庭教育问题比较突出

父母是孩子的第一任教师。家庭教育对孩子性格的形成、自我保护意识的提高等具有决定性影响。在调研中，我们发现留守儿童的几种监护类型都存在较多的家庭教育问题，其中隔代监护的问题最大。监护人的受教育程度很低，体力、精力不足，文化程度不高，思想观念落后，家庭教育内容过于狭窄，监护人与儿童沟通交流不足，家庭教育方式严重不当。他们或溺爱孩子，对孩子无原则地迁就，或简单粗暴地体罚孩子，只关注孩子的衣、食、住、行，忽视与他们进行思想交流。受访监护人普遍表示，“小孩不听话，不好好学习，管不了”“小的时候主要吓唬和打，大了就随他去了”是他们普遍的做法和想法，“不会教育孩子”“面对孩子的问题不知道该怎么办”是他们最大的困惑。可见，留守儿童的家庭教育面临很多的问题和挑战。

（六）学校心理健康教育工作亟待加强

调查发现，农村中小学心理健康教育存在的问题集中表现在以下4个方面：一是心理健康教育专职教师缺乏、兼职教师（如班主任）缺乏心理健康教育知识和技能的培训，对心理有困惑的学生不能进行有效的疏导；二是部分农村中小学校心理健康教育工作流于形式，在心理健康教育活动课的课时安排、心理辅导室建设等方面不能达到要求，心理健康教育活动课未被正式纳入教学计划，课时无保障；三是心理健康教育形式单一，制度不完善，档案管理欠缺，心理辅导室设施简陋、设置形式化，不能发挥应有的作用，有的学校甚至没有心理辅导室，有心理辅导室的则存在开放度较低、开放时间不足、学生咨询者少等问题；四是领导重视程度不够，经费投入不足。

（七）缺乏安全保障

大多数留守儿童的安全问题令人担忧。很多留守儿童是由祖辈照看、监护的,而这些监护人大多年高体弱,有些要同时照顾好几个小孩,明显精力不足。受访监护人普遍反映在照顾孩子方面,“最大的负担是孩子的管理难,生活费用不是问题,自己没有能力帮助孩子学习,没有能力指导孩子写作业,担心孩子外出乱跑出问题”。同时,祖辈本身缺乏安全常识和防范意识,所以孩子的人身安全缺乏足够的保障。受访老师普遍认为,在留守儿童的安全问题上,接送孩子方面存在非常大的安全隐患。留守儿童的监护人普遍害怕的事情就是孩子受到伤害,而在实际生活中,留守儿童受意外伤害的比例明显高于非留守儿童。调查结果显示,在留守儿童受到的各种伤害中,溺水事故占34.7%,触电事故占20.22%,烧伤、烫伤占52.39%,交通事故占50.42%。

四、农村留守儿童问题的成因分析

(一)从社会角度看,进城务工人员的弱势地位是农村留守儿童问题形成的根本原因

20世纪80年代中期以来,伴随着我国经济体制改革的持续深入和城市化进程的不断推进,大量农村剩余劳动力离开自己的家乡,进城务工,形成了蔚为壮观的“民工潮”。而这些进城务工人员所从事的工作,所领取的薪酬,所享受的教育、医疗、住房、社保等社会福利,都不如其他社会阶层,甚至有时还被拖欠工资,基本权益都得不到保障,在社会之中处于弱势。绝大部分进城务工人员无法在城市定居,更无力带孩子进城上学,从而产生了大量的农村留守儿童以及随之而来的一系列问题。[①] 不难想象,如果进城务工人员都能够在城市安身立命,也就不会存在留守儿童问题了。

---

① 邬志辉、李静美:《农村留守儿童生存现状调查报告》,载《中国农业大学学报(社会科学版)》,2015(1)。

(二)从家庭角度看,亲情和教育的缺失影响了留守儿童的身心健康发展

调研中发现,大约一半的农村留守儿童父母在孩子上幼儿园或者更早的时候就外出了。从小缺少父母的关爱,使留守儿童成为某种意义上的"孤儿"或"单亲孩子"。美国心理学家约翰·鲍威尔对亲子依恋的研究结论是:心理健康最基本的要求在于婴儿应该有与母亲(或稳定的代理母亲)之间的连续不断的温暖、亲密的关系。他深信,早期依恋特征对个体后期发展有重要影响,而且早期依恋的发展是不可逆的,一旦错过关键期,儿童依恋难以重新建立,个体会出现情感不稳定的状况,面对挑战时也容易发怒。

农村留守儿童因为长期与父母分离,缺乏与父母的正常情感交流,对亲情的渴望长期得不到满足,所以难以形成对周围人的信任感,性格逐渐变得退缩、内向或者攻击、易冲动。这种家庭亲情的缺失导致孩子长期得不到父母及时的帮助、鼓励和关爱,缺乏安全感与依赖感。长此以往,孩子就会产生焦虑、敏感、自卑等心理问题。同时,因为无法照顾孩子,很多父母选择用物质补偿感情的空白,使得留守儿童的零花钱数量增加、金钱支配自由度提高,极易形成功利主义价值观和享乐主义人生观,养成好逸恶劳、奢侈浪费、乱花钱、摆阔气的陋习,也容易产生"能读书就读,读不好去打工也能赚钱"的想法。

众所周知,对一个孩子而言,人生开始阶段的家庭教育极为重要。家庭教育在人的一生中起着奠基作用,家庭教育是人生教育的基础和起点。然而,调查结果显示,很多留守儿童由祖辈抚养,而这些监护人的文化程度和教育水平普遍不高,没有能力对留守儿童的学习进行辅导,无法满足孩子精神上的需求,无法担负起抚育儿童健康成长的重任。受访老师也普遍认为,留守儿童的教育主要落在祖父母和教师身上,教师的监管有限,而祖父母对孩子的心理安全教育严重缺失。

(三)从学校角度看,对心理健康教育重视不够

留守儿童需要更多精神上的关注。但是长期以来,我国的教育尤其是农

村学校的教育仍然以应试教育为主,教师看重知识的传授,忽视对孩子内心世界的关注。受诸多因素影响,农村学校很少开设专门的心理健康教育课程,多数学校没有针对留守儿童的特殊的教育机制。一些学校甚至连品德课都没有开设。农村学校在设备、师资等方面确实薄弱,教师的工作压力也很大。在学校时,有教师在,孩子表现出来的问题较少。可一离开学校,他们的问题都会暴露出来。初中的孩子处于“第二心理断乳期”,他们有太多的成长困惑,如果得不到及时的疏导,就容易出现心理问题。

(四)从政府角度看,关爱农村留守儿童的政策、制度、机制尚需进一步完善

政府主导、统筹规划、家校联动、社会参与、形成合力,共同关爱广大农村留守儿童的全社会、立体式的关爱服务体系至今尚未完善。关爱农村留守儿童的经费保障制度和工作保障制度也有待完善。比如,寄宿制学校是目前解决好农村留守儿童教育问题的有效方式,但是寄宿制学校在经费投入、人员配备等方面缺少相应的政策支持。某些部门仍然存在对关爱留守儿童问题认识不足、工作持续性不够、有“标签化”的倾向。

调查结果发现,有69.66%的留守儿童希望能和爸爸、妈妈一起在城市生活。尽管各级政府制定了相关政策,以消除进城务工人员随迁子女就学障碍,使其与流入地子女享有同等的就学权益,但是大部分进城务工人员家庭在工作时间、工作环境、居住地点、经济状况、健康保障等方面存在较大阻碍。

五、几点建议

党和政府历来高度重视农村留守儿童工作,关心他们的健康成长。党的十八大明确提出要加快户籍制度改革,有序推进农业转移人口市民化,努力实现城镇基本公共服务常住人口全覆盖。安徽省委、省政府及相关部门高度重视,专门成立工作协调组织,明确工作目标,制定出台相关政策措施,扎实

推进农村留守流动儿童关爱服务体系建设，使农村留守儿童成长环境不断优化。笔者针对发现的突出问题，提出如下建议。

（一）强化地方政府的主导作用

成立关爱留守儿童工作协调组织，上下联动、统筹协调。以农村义务教育阶段为重点，探索建立党委领导、人大监督、政府统筹、政协参与、部门联动、社会协同的工作机制；形成属地管理、分级负责、部门牵头的工作责任制度；强调以加强农村公共服务、建立全面保障机制、改善学校生活学习条件、营造全社会关爱的环境为基本途径，逐步建成系统化、网络化、全覆盖的关爱体系。搭建平台，通过政府购买服务等方式，构建政府主导、社会参与的留守儿童工作格局，提高非政府组织和群团组织在社会事务中的地位，形成整体功能。统筹经费保障机制，将关爱留守儿童经费列入财政预算，确保必要的经费投入，同时出台激励政策，营造有公信力的慈善环境，提供简便易行的模式、流程，吸引更多的企业和公益组织参与关爱留守儿童的活动。

（二）强化家庭、社会、学校三方职责

强化父母或者其他监护人的监护责任。按照《未成年人保护法》有关规定，建立农村留守儿童家庭监护责任监督制度，督促外出务工人员妥善安排好留守儿童的学习与生活，切实履行法定监护责任。加大对农村留守儿童父母或者其他监护人的培训和教育力度，把关爱农村留守儿童作为各类农村劳动力转移就业培训的重要内容，引导监护人转变教育观念和教育方法，切实提高监护留守儿童的法律意识和能力。对不依法履行监护职责或者侵害留守儿童合法权益的，予以教育、劝诫、制止，构成违反治安管理条例的，由公安机关依法给予行政处罚。社会各界应积极关注留守儿童。留守儿童是弱势群体，应该引导全社会共同关怀和帮助他。多形式、多渠道宣传做好关爱农村留守儿童工作的重要性、必要性，营造全社会重视、关心、支持、关爱农村留守儿童工作的氛围。

(三)制定有利于解决留守儿童问题的系列倾斜政策

以农村留守儿童为本,进一步完善关爱农村留守儿童的政策和相关机制。按照《未成年人保护法》有关规定,制定农村留守儿童家庭监护责任监督制度,督促外出务工人员妥善安排好留守儿童的学习与生活,切实履行法定监护责任。针对父母双方外出的,建议家庭协商尽量不安排母亲外出。逐步修订建立在二元结构基础上的相关政策,制定与户籍管理相联系的住房、教育、卫生、社会保障等一系列政策法规,保证进城务工人员及其子女能够平等享有公共服务资源。“统筹农村地区生源递减和留守儿童动态变化的关系,解决乡村学校规模发展与平等就学的矛盾”。[①] 加大对《中华人民共和国劳动法》等已有法律法规的执行力度,制定并落实进城务工人员带薪休假等制度,切实保证他们更好地履行监护责任。提高外出务工人员的待遇与地位,改善进城务工人员的生活状况,为从根本上解决留守儿童问题奠定基础。

(四)搭建关爱农村留守儿童身心健康的基础平台

进一步丰富农村学前教育资源,扩大公立托幼机构的规模,同时建立灵活简便的托幼机构,并加强规范管理,使更多的留守儿童接受学前教育。全面推进实施办学条件标准化、信息化建设,优化师资配置,提升农村教师的整体素质,为保证农村留守儿童平等接受义务教育奠定坚实的基础。加大农村寄宿制学校建设力度,按照适当比例配备生活教师及心理健康教育教师,以不断满足农村留守儿童的寄宿需求。继续将“留守儿童之家”建设纳入省民生工程,使留守儿童“校内有监管、课外有去处”。积极探索示范性综合社会实践基地建设,拓展农村留守儿童校外活动的重要阵地,充分发挥图书馆、少年宫、文化馆、文化站的作用,开展各类艺术培训、动手操作和传统文化体验等活动,以丰富农村留守儿童

---

① 钱立青、郑德新:《省域统筹教育资源均衡发展研究》,载《中国教育学刊》,2015(9)。

的节假日生活。

(五)探索关爱农村留守儿童身心健康和安全成长的长效机制

第一,建立和强化家校联系制度。学校与留守儿童家长或监护人定期进行联系沟通,建立师生结对帮扶、学生互助协作制度,组织学校教职员工对口帮助双亲外出、无人监管的留守儿童,建立长效的帮扶和管护机制。

第二,针对长期处于监管真空状态的留守儿童,除了要建立长效的帮扶和管扶机制,政府还应该依据相关法律法规责成家长明确相关亲属代为履行监管职责,协调各方力量关爱留守儿童,形成关爱留守儿童的合力。

第三,开展关爱留守儿童志愿者服务活动,建立志愿者服务组织联系乡镇和学校制度。

第四,关注农村留守儿童的心理健康问题。经常性地开展心理健康教育指导,明确心理健康教育专职和兼职教师的配备标准,建立学校心理援助制度,提升留守儿童心理辅导质量。

第五,加强留守儿童安全教育和法制教育。学校要加强安全教育,定期组织安全演练,增强留守儿童的防范意识,提高他们的自救自护、应急避险能力。在留守儿童集中的地区,要充分考虑留守儿童数量和分布状况等因素,合理设置学校或教学点,优先保障留守儿童能够就近走读入学,降低交通风险。[①]

同时,学校要开展法制宣传,普及法律知识,及早发现和纠正个别留守儿童的不良行为。

第六,建立和完善流动儿童学籍管理制度和学籍管理信息系统,实行动态管理,做到人数清、底细明。

第七,做到完善关爱服务机制与构建减量化机制并重。解决农村留守儿童问题,最根本、最有效的途径在于减少留守儿童的数量。路径有二:一是加

---

① 张旭东、孙宏艳、赵霞:《为留守儿童守住一片天——关于农村留守儿童群体存在问题及对策的调研报告》,载《光明日报》,2015 年 6 月 19 日。

快新农村建设和小城镇建设,吸引进城务工人员返乡就业、创业,使留守儿童能够与父母团聚;二是解决进城务工人员随迁子女入学问题。按照“以流入地政府管理为主、以全日制公办中小学为主”的要求,坚持“一样入学、一样就读、一样免费”的基本要求,完善进城务工人员随迁子女就学办法,奠定保障进城务工人员子女平等就学权的制度基础。

[陈启刚,安徽省教育科学研究院教研员;戚嵩,安徽省社会科学院副研究员,博士。]

性别视角下安徽省域留守儿童教育问题研究

顾　辉

【摘　要】留守儿童教育问题已成为社会关注的热点问题，但留守儿童研究的性别视角往往被忽视。本文从性别视角对安徽省域内留守儿童教育问题进行研究，明确男女留守儿童可能面临的不同问题，为采取有针对性的政策和措施提供依据。

【关键词】性别视角；留守儿童；教育问题

近年来，留守儿童教育问题成为社会关注的热点之一。2013 年，全国妇联根据全国第六次人口普查样本数据推算，我国有 17 岁及以下的留守儿童 6102.55 万。根据安徽省统计年鉴测算，2015 年我省留守儿童的数量约 215 万，占 0～17 岁农村儿童总数的 12.5％。《国务院关于加强农村留守儿童关爱保护工作的意见》指出，农村留守儿童是祖国的未来和希望，需要全社会共同关心。做好农村留守儿童关爱保护工作，关系到未成年人健康成长，关系到家庭幸福与社会和谐，关系到全面建成小康社会的大局。加强农村留守儿童关爱保护工作、维护未成年人合法权益，是各级政府的重要职责，是全社会共同的责任。

留守儿童研究的性别视角往往被忽视,郭少榕等学者的研究表明,留守女童与非留守儿童、留守男童相比,存在较为严重的心理健康问题和言语偏差,缺乏自我保护意识和相关的性健康知识。[①] 留守儿童研究的性别视角有利于明确男女留守儿童可能面临的不同问题,为采取有针对性的政策和措施提供依据。

本文采用的数据来自于中国妇女社会地位调查安徽数据库。中国妇女社会地位调查由全国妇联和国家统计局统一组织实施,由各级妇联具体操作,自1990年以来每10年进行一次。第三期安徽妇女社会地位调查是由安徽省妇联和安徽省统计局联合组织实施的,是第三期中国妇女社会地位调查的组成部分。调查问卷的对象是在调查时间内(2010年12月1日至2010年12月30日)安徽省境内居住在家庭户内的18岁至64岁男女两性公民。本次还针对儿童群体进行了专题调查。儿童调查对象为随机选择的年龄为10~17周岁的儿童。本次调查中共发放607份儿童问卷,其中女童250份,占41.2%,男童357份,占58.8%;14周岁及以上儿童306人,16周岁及以上儿童60人。

一、女童的生存发展状况

家庭是儿童成长的重要场所,家庭成员状况和家庭关系会在很大程度上影响儿童的发展。家庭是儿童社会化发展的重要场所。家庭通过亲子关系、家庭结构、父母行为、婚姻关系等方面作用于儿童的发展。良好的父母支持与儿童的认知发展、内控、道德行为、自尊和学业成绩等有着非常显著的正向联系,而父母支持的缺乏与儿童的低自尊、偏差行为、轻微违法犯罪行为、药物滥用以及其他不良行为有明显的关系。家庭结构中的父母离异或长期离居对儿童心理发展影响很大。有研究指出,不管是小学阶段的流动儿童,还是初中阶段的流动儿童,或是学龄前阶段的流动儿童,抑或是专门的流动儿

① 郭少榕:《农村留守女童:一个被忽视的弱势群体——福建农村留守女童问题调查分析》,载《福州大学学报(哲学社会科学版)》,2006(3)。

童学校里的流动儿童、公办学校里的流动儿童，他们心理健康问题的流行率或得分均高于同龄的城市儿童。[①] 这也就表明，流动儿童已经成为心理健康问题的高危（high－risk）群体。范兴华在比较不同监护类型留守儿童与一般儿童情绪差别后发现，与由父母监护的一般儿童相比，由祖辈监护的双留守儿童、由母亲监护的单留守儿童和由父亲监护的单留守儿童的总体幸福感低、积极情感少、消极情感多、孤独感强，上述差异在男生和初中生中表现得较明显。上述三类留守儿童中情绪良好的人数比例明显低于一般儿童。[②] 可见，家庭教育的缺乏和亲情的缺失确实会对留守儿童情绪适应造成难以弥补的伤害。

(一)被调查儿童家庭基本状况

1. 儿童与父母的生活状况

在所有的被调查儿童中，有 78.5%的儿童与父亲一起生活，有 6.9%的儿童仅在周末或是放假时与父亲一起生活；有 85.2%的儿童与母亲一起生活，有 5.3%的儿童仅在周末或是放假时与母亲一起生活。有 79.3%的男孩与父亲一起生活，有 77.5%的女孩与父亲一起生活，有 5.7%的男孩仅在周末或假期与父亲一起生活，有 8.5%的女孩仅在周末或假期与父亲一起生活。有 84.3%的男孩与母亲一起生活，有 85.9%的女孩与母亲一起生活，有 4.8%的男孩仅在周末或假期与母亲一起生活，有 6%的女孩仅在周末或假期与母亲一起生活。根据留守儿童的界定，我们将长期不与父母亲双方或者一方共同生活的农村户籍儿童视为留守儿童，共 140 人，占所有被调查儿童对象的 23.1%，其中男童 73 人，占 12%，女童 67 人，占 11.1%。

2. 父母的受教育程度及在业状况

留守儿童(父亲和母亲都长期不在身边)父母的受教育程度偏低，尤其是母亲受教育程度非常低。母亲是小学文化程度的占 50%，是初中文化程度

---

① 马锦华：《性别刻板印象与性别教育》，载《教育评论》，2000(6)。

② 范兴华：《不同监护类型留守儿童与一般儿童问题行为比较》，载《中国临床心理学杂志》，2010(2)。

的占44.7%,没有具有高中以上学历的。父亲是小学文化程度的占36.8%,初中文化程度的占52.6%,高中文化程度的占2.6%,中专中技文化程度的占2.6%,没有有大学本科学历的。从整体上看,父亲就业状况好于母亲,父亲在业的占93.9%,75%的母亲在业,父亲在业的比例较母亲在业的比例高18个百分点。

3. 留守儿童监护人情况

留守儿童的主要监护人是祖父母或外祖父母,这些监护人年龄较大,受教育程度低。统计显示,14.7%的留守儿童父亲长期不在身边,8%的留守儿童母亲长期不在身边。97.7%的监护人是祖父母或是外祖父母,2.3%的监护人是哥哥、姐姐。69.4%的监护人受教育程度是小学或是不识字或识字很少。监护人年龄低于60岁的只占20.5%,监护人年龄70岁及以上的占20.5%。90.9%的留守儿童与监护人一起生活,还有9.1%的留守儿童不是与监护人一起生活,其中84.6%的女孩与监护人一起生活,低于男孩8.6个百分点。

4. 相较于男孩,女童多处于多兄弟姐妹的境况

多数女孩都有兄弟姐妹,而且在兄弟姐妹中排行靠前或者是排行老大。没有兄弟姐妹的男孩占59.7%,没有兄弟姐妹的女孩占38.4%。高达23.6%的女孩有2个兄弟姐妹,在兄弟姐妹中排行第一的女孩占67.1%,是男孩的2倍,在兄弟姐妹中排行第三的男孩占15.5%,是女孩的3.8倍。留守儿童的兄弟姐妹数量较多,女童的兄弟姐妹数量较男童多。没有兄弟姐妹的占39.5%,有1个的占36.8%,有2个的占15.8%,有3个的占7.9%。(如表1所示)。

表1 留守儿童兄弟姐妹数的性别比较(%)

	0	1	2	3	合计
男	57.7	26.9	11.5	3.8	100
女	—	58.3	25.0	16.7	100

(二)学校教育获得情况

衡量教育地位的指标不仅在受教育机会,而且还要体现在受教育的过程和受教育的结果上。留守女童比留守男童入学率高，100％的留守女童在上学，而留守男童有 7.7％的辍学率。留守男童的学习成绩两极分化明显，而女童学习成绩较稳定，处于中等水平的较多。（如表 2 所示）

表 2 留守儿童学习成绩的男女比较(％)

	中等以上	中等	中等以下	说不清
男	33.3	41.7	20.8	4.2
女	18.2	81.8	—	—

相对于留守男童，家庭对留守女童教育的重视程度低。无论是父亲还是母亲，对女童的学习重视度均逊于男童，父亲较母亲来说对女童的学习成绩重视程度稍高些。（如表 3 所示）

表 3 父母对留守儿童学习重视程度的男女比较(％)

		非常重视	比较重视	一般	不太重视
父亲对留守儿童的学习重视程度	男	54.5	45.5	—	—
	女	50.0	25.0	16.7	8.3
母亲对留守儿童的学习重视程度	男	50.0	50.0	—	—
	女	33.3	33.0	25.0	8.3

(三)留守儿童的身心健康

留守女童在食品营养获得方面较留守男童差。每天能够获得奶制品的女童占 66.7％，而男童占 84.6％，男童高近 18 个百分点。每天能够获得肉、鱼的女童占 83.3％，而男童占 96.2％。留守儿童与父亲的心理距离很远，在心理不痛快时，他们不会选择父亲作为诉说对象。母亲也不是留守儿童的主要倾诉对象，当心理不痛快时，有 3.8％的男童选择向母亲诉说，有 8.3％的女童选择向母亲诉说。朋友和同学是这些孩子最好的倾诉对象，超过一半的女童将同学和朋友作为主要倾诉对象。与留守男童相比，留守女童更愿意把心里话说出来，心里话跟谁也不说的留守男童是留守女童的近 3 倍。男童跟监护人的沟通比女童好，高约 5 个百分点。（如表 4 所示）

表4 留守儿童心里话诉说对象比较(%)

	母亲	祖(外祖)父母	朋友同学	兄弟姐妹	跟谁也不说
男	3.8	30.8	34.6	7.7	23.1
女	8.3	25.0	58.4	—	8.3

(四)女童的家庭参与权

留守儿童家庭参与权较弱,差异显著。(如表5所示)留守女童的参与权大部分较男童弱,仅在朋友交往方面的参与权比男童略高。留守男童在参与讨论父母是否到外地工作方面的参与权明显高于女童,高了14.1个百分点。留守男童在学习上的参与权也显著高于女童,无论是选择课外补习,还是升学择校,男童的参与权都比女童高10个百分点以上。

表5 留守儿童参与权的男女比较(%)

参与权	性别	不能	能
在家里能否参与讨论决定买衣物	男童	26.9	73.1
	女童	33.3	66.7
在家里能否参与讨论决定课外补习	男童	16.7	83.3
	女童	27.3	72.7
在家里能否参与讨论决定升学择校	男童	22.7	77.3
	女童	40	60
在家里能否参与讨论决定与朋友交往	男童	12.5	87.5
	女童	8.3	91.7
在家里能否参与讨论决定父母到外地工作	男童	60.9	39.1
	女童	75	25

(五)留守儿童家务劳动

在留守儿童中,女童的家务劳动量更大。与非留守女童比较,留守女童的家务劳动量明显较重。留守女童在家从不干活的仅占8.3%,而留守男童在家从不干活的占42.3%。随机抽取一天调查可知,留守男童做家务的时间均值为13分钟,留守女童做家务时间均值为49.17分钟,留守女童的家务量显著高于留守男童。(如表6所示)

表6 留守儿童一天生活时间均值表(分钟)

活动内容＼平均时间	留守女童	留守男童
做作业时间	224.58	194.40
看电视时间	37.50	78
做家务时间	49.17	13
玩的时间	75.42	92.40
上兴趣班/课外补习	0	13.80
睡觉(含午觉)时间	524.17	540

相对于留守男童来说,留守女童的家务劳动频次较高。(如表7所示)从不做家务的留守男童占42.3%,而女童则仅占8.3%,每周干活3~4次的男童占3.8%,而女童则占41.7%。留守女童每天做家务的时间是男童的3倍多。

表7 留守儿童家务劳动情况(%)

	从不	每周一两次	每周三四次	每天都有
男	42.3	46.2	3.8	7.7
女	8.3	50.0	41.7	—

(六)留守儿童的网络活动

留守儿童每天上网时间明显较少,男童上网时间多于女童。(如表8所示)从不上网的女童占91.7%,男童占84.6%;上网1~3小时的男童占3.8%,女童中没有人每天上网超过半个小时;上网半小时以内的女童占8.3%,男童占11.5%。留守女童上网有时是利用网络学习,偶尔利用网络玩游戏和交友聊天,经常利用网络浏览新闻资讯和发表言论,而男童中有25%的人从不利用网络学习,利用网络玩游戏的男童多于女童。

表8 留守儿童网络活动的性别比较(%)

活动分类\行为频率	从不		偶尔		有时		经常	
	男	女	男	女	男	女	男	女
学习	25.0	—	50.0	—	25.0	100.0	—	—
玩游戏	—	—	50.0	100.0	25.0	—	25.0	—
浏览新闻资讯	25.0	—	25.0	—	50.0	—	—	100.0
发表言论	75.0	—	—	—	25.0	—	—	100.0
交友聊天	29.3	—	50.0	100.0	25.0	—	25.0	—

(七)留守儿童的安全认知

留守儿童对安全保护的认知度明显较低、差距较大。(如表9所示)从性别比较来看,对社会和法律认知都比较了解的女童占比高于男童,但对于日常生活安全知识,女童不如男童了解得多,对《未成年人保护法》和《儿童权利公约》的认知,不了解的女童占比均高于男童。

表9 留守儿童对法律和社会认知的性别比较(%)

认知内容\认知程度	不了解		了解一点		比较了解	
	男	女	男	女	男	女
日常生活安全	15.4	25.0	69.2	50.0	15.4	25.0
生理卫生/性安全	31.7	21.5	52.9	54.9	15.4	23.6
性别平等/男女平等	7.7	16.7	65.4	58.3	26.9	25.0
《未成年人保护法》	15.4	50.0	73.1	33.3	11.5	16.7
《儿童权利公约》	50.0	58.3	42.3	25.0	7.7	16.7

(八)留守儿童的性别态度

在留守儿童中,女童较男童更加认同"女人的能力不比男人差",男童较女童更加认同"男人以社会为主,女人以家庭为主",不太同意"干得好不如嫁得好"的女童比例高于男童,女童较男童更加认同"领导岗位上男女比例应大致相等"。(如表10所示)

表 10 留守儿童性别态度的男女比较(%)

		非常同意	比较同意	不太同意	很不同意
女人的能力不比男人差	男	18.2	54.5	18.2	9.1
	女	57.1	42.9	—	—
男人以社会为主,女人以家庭为主	男	9.1	36.4	18.2	—
	女	—	28.6	57.1	—
挣钱养家是男人的事情	男	18.2	18.2	36.4	9.1
	女	—	28.6	42.9	14.3
男人也应该承担家务	男	36.4	36.4	9.1	9.1
	女	42.9	57.1	—	—
干得好不如嫁得好	男	—	18.2	36.4	18.2
	女	—	14.3	71.4	—
领导岗位上男女比例应大致相等	男	27.3	36.4	—	—
	女	42.9	14.3	—	—

二、留守儿童发展面临“五缺失”

家庭不仅是社会的基础细胞,更是儿童社会化的重要场所。父母是儿童的第一任教师,儿童的身心能否健康发展与父母有很大关系。不可遏制的外出务工潮导致许多农村孩子短期或长期地失去直接监护人,形成事实上的“单亲家庭”或“隔代教育”现象。本部分把父母都长期不在身边一起生活的儿童作为我们的考察对象。本次调查中总计有 40 个符合条件的留守儿童,其中男孩 29 个、女孩 11 个。

(一)留守儿童的监护缺失,监护人在年龄、教育程度上均表现出监护能力不足

祖父母或外祖父母是留守儿童的重要监护人,有 97.7%的留守儿童的监护人是祖父母或外祖父母,有 2.3%的留守儿童的监护人是哥哥、姐姐。这些监护人的年龄都较大,而且受教育程度较低。因为留守儿童的监护人受到自身年龄和文化程度的限制,所以他们偏重于对留守儿童生活上的照顾,在思想品德教育学习指导方面存在很大欠缺,难以承担起教育的责任。

(二)留守儿童的家庭教育缺失,尤其是女孩缺少与父母的沟通

调查数据显示,经常与父母联系的留守儿童只占68.7%,有20.1%的留守儿童是有时跟父母联系,分别有6.7%和4.5%的留守儿童与父母偶尔联系或没有联系。从性别来看,父母经常跟男孩联系的占70.4%,父母经常跟女孩联系的占63.6%,父母与男孩几乎没有不联系的,有18.2%的女孩几乎与父母没有联系。

(三)留守儿童的心理关怀缺失,女孩心理沟通情况呈两极分化,男孩的心理较女孩脆弱

调查数据显示,留守儿童的孤独感较强,心理沟通与交流的主体缺失,有20.3%的留守儿童目前最需要解决的问题是孤独,仅有57.1%的留守儿童与监护人经常沟通和交流,有23.9%的留守儿童偶尔与监护人交流,有2.7%的留守儿童从不与监护人沟通。与男孩比较看,女孩与监护人交流和沟通的情况呈两极分化状态,与监护人经常沟通的女孩占63.6%,男孩占57.1%,但是从不与监护人沟通的女孩占9.1%,而没有一个男孩从不与监护人交流。从调查分析看,留守男孩更加需要父母的关爱。有24.1%的男孩认为自己目前最需要解决的问题是孤独,而只有8.3%的女孩认为自己目前最需要解决的是孤独问题。相关调查研究也表明,留守儿童心理问题是父母教育缺失的最显著表现,由于长期寂寞空虚,这些孩子不仅性格孤僻内向,有自卑心理,而且具有反抗或逆反心理、怨恨父母的心理等。

(四)留守儿童的学校教育缺失

目前,我国中西部地区的部分农村学校受办学条件、师资力量、教学理念的制约,难以做到为留守儿童提供有效的教育。一些学校的教师对留守儿童缺乏思想上、生活上、学习上的关心和帮助,疏于有效管理,使得留守儿童的行为习惯普遍存在一些问题。一是饮食卫生习惯较差,生活没有规律。二是自控能力较差,懒惰、乱花钱。三是学习习惯较差,厌学者较多,成绩不理想。四是存在心理障碍,性格孤僻、冷漠、固执、倔强等,严重影响其健康成长。调

查数据显示,有31.2%的留守儿童存在学习困难。在儿童问卷中,从所有儿童的学习成绩统计分析来看,仅有9.7%的孩子学习成绩处于中等以下水平,中等以上的比例为43.2%,而从留守儿童的学习成绩统计看,有16.2%的孩子学习成绩处于中等以下水平,中等以上的占27%。

(五)留守儿童的社会关爱缺失

家庭温暖的缺失对部分留守儿童的心理产生了很大的影响。不同程度的抑郁和孤僻,使他们很难融入同龄人群体。加之目前很多家庭的社会活动和人际关系是以家庭和亲缘关系为纽带展开的,对于自己家庭及亲缘关系之外的其他人的困难处境,人们虽感到同情,却也无可奈何。

三、保护留守儿童的政策建议

目前,针对留守儿童问题,全国各地已经采取了很多积极有效的措施。2010年,安徽省政府将留守儿童活动室建设纳入民生工程,划拨6000万财政专项经费,计划用3年时间依托农村中小学校,建设2万个农村留守儿童之家,努力做到让留守儿童校内有监管、课余有去处。从统计分析看,性别文化和性别刻板印象对儿童的发展有显著影响。留守儿童的教育还存在诸多问题,需要家庭、社会和学校共同努力,形成有效的社会保护网。

要建立和完善留守儿童社会支持网络。家庭既是社会的基本组织,又是儿童社会化的重要承担者。当前,家庭结构随着经济社会不断发展而不断变化,尤其是很多父母不得不外出工作,把孩子交给其他监护人,导致儿童社会化功能削弱,在家庭社会化过程中出现了教育者与被教育者关系模糊甚至颠倒的"反向社会化"现象。[①] 相关研究表明,亲情关系对孩子的心理健康、行为习惯、人格与智力发展具有直接而重要的影响。由于父母不在身边,留守儿童长期缺乏亲情的抚慰和关怀,往往感到焦虑、紧张,他们缺乏安全感、人际交往能力变差,变得内向、自卑、孤僻、悲观。本次调查结果表明,监护人对

---

① 徐安琪:《家庭和谐社会建设中的功能变迁和政策支持》,载《社会科学》,2006(4)。

留守儿童的心理健康问题介入较少,关注不够。留守儿童的情绪问题无法及时解决,容易产生感情脆弱、焦虑自闭、自暴自弃、缺乏自信、悲观消极等畸形心理。

当前针对留守儿童建立的无论是关爱模式、自强模式,还是赋权模式,都不能给予儿童亲情。儿童需要的是一个完整的家。社会支持网络的核心,就是要进行政府动员、企业动员、社区动员和媒体动员,以争取政策改善和相对固定的投资,尽量缩短儿童与父母的空间距离。而建立社会支持网络,需要家庭、学校和社会三方共同努力。

一是父母作出外出决定时要慎重,不得已要出去打工的,要定期与孩子进行"温馨对话"。父母外出打工需三思而后行,要多考虑孩子的前途。如果家庭经济确实困难,可让文化程度稍高的一方留在家中监护子女。在外打工的父母,一定要及时了解子女的情况,一方面,可利用书信或电话定期与孩子进行交流沟通,让孩子感受到父母的关爱;另一方面,要及时向教师和临时监护人了解孩子的学习、生活等情况。

二是学校负责进行留守学生普查登记,营造健康向上的校园文化氛围,开展心理咨询活动,注重监护人培训。中小学在新学期学生报到时,应及时登记父母外出情况和家庭成员情况,建立留守儿童档案。通过在中小学校实行教职工结对帮扶或学生结对帮扶留守学生制度,建立"留守儿童之家",使留守儿童切实感受到关爱。健全教师家访和留守儿童访谈制度,定期召开帮扶教师、留守儿童、临时监护人参加的座谈会。开设亲情电话,加强学校、家长和孩子之间的联系与交流。在学校举办的各种活动中,多把机会留给留守学生,帮助他们克服心理障碍,改正不良的行为习惯,及早树立正确的人生观和价值观。建立学校心理咨询辅导站,班主任要注意及时发现学生的心理问题,多与有心理障碍的学生进行交流,引导他们形成健康、积极向上的心态。班主任还要适时尽可能地给临时监护人介绍一些教育常识,并充分利用春节外出务工人员返乡的"黄金季节",召开家长会,让父母了解孩子的情况。

三是加大强宣传力度，加强调查研究，做好农村留守儿童监护工作。充分发挥媒体的舆论导向作用，宣传保护儿童的方针政策、法律措施，宣传解决留守儿童问题的成功经验。同时，要表扬优秀的留守儿童和监管科学的监护人，并宣传他们的做法。加强调查研究，首先要及时了解留守儿童成长发展的问题，再根据了解的情况，分析问题产生的原因，最后再探索解决的办法。

四是进一步加强失学儿童教育，切实保护儿童的合法权益。部分失学儿童因长期缺少亲情关怀和家庭教育，以自我为中心，任性、放纵、自卑，心理承受能力和分辨能力较差、缺乏爱心。如果缺乏有力的监督和管理，将会引发一些社会问题。如失学儿童容易产生网瘾，容易染上赌博、吸毒等坏习惯，一旦不能抵制诱惑，就会走上自暴自弃甚至犯罪的道路。对此，政府需要加强政策法规的宣传和落实，进一步加强《未成年人保护法》《义务教育法》《妇女儿童发展纲要》等相关法规条例的宣传工作，以保证留守儿童的合法权益深入人心。同时，需要针对相关法律和制度，确保资金落实到位，责任落实到人。

政府除了要加强政策法规的宣传和落实，还要在失学儿童的再教育上做文章。第一，要规劝失学儿童复读，补习文化知识。失学复读的学龄儿童多为 6～14 岁，与同龄孩子相比，他们知识水平低，接受能力差，容易产生畏难情绪和焦虑心理，从而丧失学习的兴趣和动力。教育者可以根据失学复读儿童的年龄和知识水平，分层次、系统地讲授文化知识。第二，发挥各种组织的作用，对失学儿童进行基本技能训练。失学儿童很多处于无所事事或是流浪的状态，艰难的生存环境使他们没有机会学习各种技能，不劳而获的生活方式泯灭了他们学习基本技能的热情。这不仅会给他们眼下的生活带来困难，而且会使他们将来的人生黯然失色。因此，需要及时教给他们生存技能，提高他们的人文素养。第三，帮助失学儿童克服心理障碍，步入生活、学习的正轨。失学儿童经历特殊，容易产生各种心理障碍：有的在歧视和冷遇中自卑自贱，丧失自尊；有的在动荡的生活中惊恐不安，烦躁焦虑；有的在世人的嫌恶中自暴自弃，玩世不恭……对此，应通过耐心细致的思想工作，了解每个失学儿童的家庭背景和生活经历,找到他们心理障碍的根源,再请专业的心理辅导教师进行疏导,最终使其不良情绪得到宣泄。

[顾辉,安徽省社会科学院社会学所副研究员,博士,硕士生导师。]

农村初中留守儿童的班级教育原则与策略*

——基于生态系统理论的视角

翟 莉

【摘 要】农村初中留守儿童易在学习、心理健康和社会性发展等方面产生问题。教师，特别是班主任应遵循无病假设原则、助人自助原则、家校合作原则等教育原则，对初中留守儿童进行教育。在班级教育管理过程中，教师应给予留守儿童亲情化教育，构建和谐的师生关系；渗透全人教育思想，关注留守儿童身心健康；开展多样化班级活动，构建良好班集体；丰富家校联络渠道，家校联手，促使留守儿童健康成长。

【关键词】农村初中留守儿童；班级教育；亲情化教育；全人教育

在我国，农村留守儿童规模庞大。“全国有农村留守儿童6102.55万，占农村儿童37.7%，占全国儿童21.88%。与2005年全国1%抽样调查估算数

* 合肥师范学院基础教育改革与发展协同创新中心研究项目（2013JCJY）、合肥师范学院教师教育研究中心规划项目（2015YSJY07）阶段性成果。

据相比,五年间全国农村留守儿童增加约242万。"[①]农村留守儿童的社会现象伴随着我国城市化进程而出现。大量青壮年农村人口作为农村剩余劳动力向城市转移,成为进城务工者,他们将子女留在老家,由此形成一个特殊的群体——农村留守儿童群体。"农村留守儿童是指因父母双方或一方进城到经济发达地区务工,而留在老家的那些孩子。"[②]

农村留守儿童的教育问题已经成为政府、学校、家庭等普遍关注的热点问题。2014年10～11月,笔者参加了国培2014年安徽中西部农村初中寄宿制学校骨干班主任培训,与来自安徽省各地的近200名学员,就农村初中留守儿童的班级教育管理问题进行了访谈。调研结果发现,初中留守儿童在农村乡镇中学所占比例较大,一般达到50%以上,有些地区甚至达到80%。本文就农村初中留守儿童的教育问题展开分析,并针对班级教育原则与策略提出建议。

一、农村初中留守儿童的教育问题

初中生一般处于12～16岁的少年期,是学生从童年期到青年期过渡的时期。这个时期的儿童身心发展迅速,加上留守的处境,在生活、学习、心理发展等方面容易产生问题。以下着重从初中留守儿童的学习、心理健康和社会性发展方面分析初中留守儿童身上易出现的教育问题。

(一)学习问题

初中处于九年义务教育阶段的后段,从某种意义上来说,初中阶段是学生个人学业发展过程中承上启下的关键时期。然而在现实中,很多初中留守儿童存在学习动力不足、学业成绩不良的问题,在学习上缺乏主动性和自觉性,经常迟到早退、做作业拖拉甚至逃学、旷课。在进入初中后,留守儿童在

---

① 全国妇联课题组:《我国农村留守儿童、城乡流动儿童状况研究报告》,载《中国妇运》,2013(6)。

② 范先佐:《农村"留守儿童"教育面临的问题及对策》,载《国家教育行政学院学报》,2005(7)。

校率急剧下降,“留守儿童在完成初中教育方面存在比较明显的问题”。[①]

究其原因,一方面,“‘留守儿童’家庭环境的恶化是导致其学业下降的重要原因”。[②] 缺乏学业督促和辅导是留守儿童家庭教育环境不良的主要表现。留守儿童的父母双方或一方远在他乡,造成亲子教育缺失、父母监管和照顾缺位,取而代之的往往是隔代监护(如爷爷奶奶、外公外婆监护)或上代监护(叔伯等亲戚或朋友监护)。另一方面,打工者的乡土文化在一定程度上造成了初中留守儿童学习动力不足、职业生涯期望值不高。近年来,大量农村人口进城务工,获得了“可观”的劳动报酬,这使得很多农村地区形成了“不读书也可打工挣大钱”的乡土文化。在这种文化环境中,不少初中留守儿童不愿在艰苦的学业中付出努力,而是怕学、厌学,甚至形成新的“读书无用论”思想。

(二)心理健康问题

“心理健康是一种心理上的完全康宁或完好状态,在这种状态下,一个人充满生命活力,有积极的内心体验(主观幸福感)、良好的社会适应,能够有效发挥个人的潜能与社会功能。”[③]有研究表明:“留守初中生与非留守初中生在心理健康水平上存在显著差异,留守初中生出现更多的孤独倾向、自责倾向、过敏倾向和身体症状。”[④]初中生多处于青春期。在这个时期,身体变高、第二性征出现、自我意识发展等“突如其来”的变化往往给他们带来不安、紧张等情绪。因此,初中生极需父母及时给予生活上的呵护、思想上的引导、行为上的规范和调节。然而,对于初中留守儿童而言,其父母恰恰在这样的成长关键期“不在场”。“与父母分离,缺少父母的关爱和情感交流是导致留守儿童安全感下降的一个重要因素。”[⑤]因此,初中留守儿童相较非留守儿童,

---

① 周福林、段成荣:《留守儿童研究综述》,载《人口学刊》,2006(3)。

② 范方、桑标:《亲子教育缺失与“留守儿童”人格、学绩及行为问题》,载《心理科学》,28(4)。

③ 刘华山:《心理健康概念与标准的再认识》,载《心理科学》,2001(4)。

④ 郭文姣、黄俊伟:《农村初中留守儿童心理健康问题研究》,载《社会心理科学》,2001(1)。

⑤ 杨元花:《初中生安全感发展的家庭动因研究》,湖南师范大学,2006。

更易出现紧张、焦虑、忧郁、孤独、心烦意乱、冲动多怒等负面情绪,缺乏心理安全感。

(三)社会性发展问题

初中阶段是孩子们的身心发生急剧变化的时期。他们的社会性发展也经历着诸多变化。“社会性发展是指儿童在与他人的关系中表现出来的行为模式、情感、态度和观念以及这些方面随着年龄而发生的变化。”[①]一般认为,个体社会性发展的整体结构中包括自我意识、社会性情感、社会认知、人际关系发展、社会适应性、道德品质等内容。这些成分不是完全独立,而是相互作用、相互影响的,构成社会性发展的多维度、多层次结构。下面以初中留守儿童的自尊水平和社会适应性为例,分析初中留守儿童的社会性发展问题。

一般来说,初中生开始追求独立,内心体验中出现了明显的成人感,自我意识发生强烈变化,表现为自我价值感增强、自制力和坚持性有一定发展等。然而,因为初中留守儿童得不到父母足够的心理支持和亲子教育,所以他们在社会性发展方面,容易自卑拘谨,表现为乐群性差、害怕与人交往。他们往往会因留守处境而感到无法控制自己的命运,不能成为生活的主人,导致自尊水平下降。在社会适应性发展方面,研究数据显示,留守儿童与非留守儿童相比,在人际交往、行为表现、情绪控制、心理支援和生活信心等5个社会适应性分量表中,“人际关系和行为表现这两个分量表上留守儿童和非留守儿童的差异不明显,在其他社会适应性方面,非留守儿童都明显高于留守儿童”。[②] 总之,“留守儿童在自尊以及社会适应性上都处于明显的劣势”。

二、初中留守儿童班级教育原则

作为个体社会化重要场所的学校应关注留守儿童这一特殊群体,力求发挥学校教育的正向功能。在学校的组织结构中,“班级不仅是以社会化学习

---

① 俞国良、辛自强:《社会性发展(第2版)》,北京:中国人民大学出版社,2013。

② 郝振、崔丽娟:《自尊和心理控制源对留守儿童社会适应的影响研究》,载《心理科学》,30(5)。

为中心的社会关系体系，而且也是一种为社会需要培养未来人才的社会组织”。[①] 教师，特别是班主任应关心班级里的留守儿童，遵循科学有效的教育原则，为他们的身心健康发展创造良好的成长环境。教师应遵循的原则主要有以下几个方面。

(一)无病假设原则

无病假设原则指的是教师不能将留守儿童视作问题儿童、问题学生。这个原则既是留守儿童教育的逻辑起点，也是非常重要的实践原则之一。对于初中留守儿童的处境和教育问题，教师应该有理性的认识，即留守儿童群体是一个弱势群体，因父母呵护的不足和亲情教育的缺失容易产生心理问题。但就某一位具体的初中留守儿童而言，其留守的处境并不必然带来种种问题。积极乐观、自立自强、身心发展良好的初中留守儿童在现实生活中也不少见。

“问题学生是指那些与同年龄段学生相比，在学习、行为、心理等方面偏离常态，需要在他人帮助下才能解决问题的学生。”[②]这个概念的界定说明问题学生的问题具有相对性，是和同年龄段的学生相比而言的，同时只有在其他人的帮助下才能解决。

应该认识到，很多成长过程中的问题是有普遍性的，并非是留守儿童特有的。处在青春期的初中生，往往因身心发展的剧变产生焦虑、紧张、叛逆等情绪，这些现象会伴随着青春期的到来而出现，也会随着青春期的结束而消失。因此，班主任和任课教师应避免简单地将初中留守儿童视作问题学生，而应该实事求是、理性客观地分析初中留守儿童遭遇的问题，应该审视问题的性质，考虑“留守儿童出现的问题是否具有相对性(相对于同一年龄段的非留守儿童)”“是不是留守的处境造成的”等问题。

现今社会，不少人将留守儿童标签化，似乎留守儿童就是问题儿童。大家都知道教育领域内的“皮格马利翁效应”，即教育工作者对学生的期望、看

---

① 鲁洁:《教育社会学》,北京:人民教育出版社,1990。

② 关文信:《问题学生教育指南(中学班主任版)》,北京:首都师范大学出版社,2012。

法等会通过种种途径传递给学生,积极的期望会给学生带来积极的变化,反之亦然。倘若教师戴着“有色眼镜”看待初中留守儿童,那么留守儿童就会感受到教师的“另眼相看”,容易产生消极的自我评价,失去自信心和自我价值感,其结果往往是教师的消极“预言”变成现实。这是每一个有责任感的教师都不愿看到的。

(二)助人自助原则

助人自助原则包含两层含义,一是初中留守儿童困难的解决需要借助一定的外力,二是初中留守儿童困难的解决最终需要依靠他们自己。在班级教育过程中贯彻这一原则,意味着教师要尽可能地为初中留守儿童创造良好的外部条件,同时要始终以初中留守儿童为主体,激发他们的主体性,使他们能够自助、自强。

教师要认识到自己是学生发展过程中的“重要他人”,是学校情境中促进初中留守儿童健康成长的责任人。教师,特别是班主任要将对留守儿童的关爱和教育看做自己本职工作的一部分,而不是额外工作。在班级教育管理中,班主任应有高度的责任感和高尚的师爱,走进初中留守儿童的内心,积极建立良好的师生关系,帮助留守儿童排除生活、学习和心理上的困扰。

外部力量的帮助无疑是初中留守儿童走出困境的强大支持力量,但更重要的是初中留守儿童自己主观能动性的发挥。初中生的自我意识已经明显增强,认识能力飞速发展,理想、信念和价值观开始形成。在班级教育过程中,教师不能忽视初中留守儿童自身的力量。初中留守学生如果能在教师的引导下,正确地看待自己的处境,那么留守生活将带给他们坚强、独立和自信等精神财富。

教师,特别是班主任要鼓励初中留守儿童发挥主观能动性,赋予他们一定的责任,使留守儿童感到自己有责任也有能力安排好自己的生活和学习。同时在具体的班级教育管理活动中,要有意识地赋予留守儿童一定的选择权(如提供机会让学生参与班级事务的策划和问题的解决、由学生决定家访的具体形式和内容等)。被赋予责任和选择权时,初中留守儿童的心理控制感会提升。而心理控制感的提升有助于留守儿童形成积极的生活态度。“‘心理控制感'的概念来源于Rotter的社会学习理论，它是指可以用来解释为什么有些人会积极主动的应付困难处境而另外一些人则表现出消极态度的一种内心状态。"①

(三)家校合作原则

家校合作原则指的是在初中留守儿童班级教育过程中，学校要紧密联系留守儿童的家庭，谋求家校充分合作，共同关爱留守儿童。留守儿童问题是一个突出的社会问题，解决这个问题，必须借助政府、社会、学校、家庭的力量。在各方力量中，学校在初中留守儿童成长过程中应承担主要作用，而班主任作为留守儿童除父母亲属之外接触最多的人，是留守儿童教育的核心力量。初中班主任应利用多种渠道，了解班级中留守儿童的生活、学习、行为、心理等情况，因材施教，促进留守儿童身心健康成长。

正如苏霍姆林斯基所说："最完善的教育是家庭教育和学校教育的结合。"班主任要通过各种形式使学校和留守儿童家庭之间建立密切的联系。不仅如此，班主任教师要利用自己的知识引导初中留守儿童的父母和监护人形成正确的家庭教育观，强化留守儿童父母的教育和监护职责，使留守儿童父母在儿童成长关键期发挥应有的作用。

三、初中留守儿童班级教育策略

(一)给予留守儿童亲情化教育，构建和谐师生关系

教师，特别是班主任是帮助初中留守儿童走出学习、心理等困境最有效的资源。在初中留守儿童得到的亲子关爱、亲子教育不足的情况下，教师要本着对学生的爱心，主动关心留守儿童的生活起居、学习动态和心理发展等，给予自己班级的留守儿童亲情化教育，积极走进学生的精神世界。

苏霍姆林斯基说："用心灵来认识你的学生的心思集中在什么上，他想些什么，高兴什么和担忧什么。这是我们教育事业中的一种最细腻的东西。"教

---

① [美]L. A. 珀文著，周榕等译，黄希庭审校：《人格科学》，上海：华东师范大学出版社，2001。

师对留守儿童在生活上贴心地嘘寒问暖、在学业上耐心地为其答疑解惑,并细心地排除他们的心理困扰,就是在付出一种教育者的大爱。同时,留守儿童能够体会到教师的慈祥和关爱,从而拉近与教师的心理距离。作为学校人际关系中非常重要的一种形式,良好的师生关系会增强初中留守儿童的心理安全感和人格尊严感。“师生关系是留守生活影响儿童自尊的调节变量,良好的师生关系可以缓解留守对于自尊的负效应。”①

(二)渗透全人教育思想,关注留守儿童身心健康

全人教育体现了以人为本的教育思想。“全人教育对传统教育只重视知识传授和技能习得的培养目标提出批评,倡导教育培养完整的人,使人在身体、知识、技能、道德、智力、精神、灵魂、创造性等方面都得到发展,成为一个真正的人、一个具有尊严和价值的人,一个作为人的人……”②

当前,不少农村初中学校仍是应试教育。若学校和教师只关注学生的知识习得和考试排名,便远离了基础教育的使命、背离了“全人教育”的育人理念。基础教育的使命并非选拔精英、甄别学生,而是为每一位学生的德、智、体、美等方面的发展奠定基础。初中阶段是奠定学生终身发展基础的重要阶段,学校既要教给学生必要的知识和技能,也要培养其稳定而积极的情绪和情感,使之形成正确的人生观、世界观,学会做事、做人。这就要求初中教师通过课堂教学、班级活动等途径,使留守学生“在身体、知识、技能、道德、智力、精神、灵魂、创造性等方面都得到发展”。

对于处在青春期的留守儿童,教师还应特别关注他们的生理、心理、性道德、性法纪的教育。比如,利用班级集体活动,开展安全常识教育、青春期心理辅导,或是人际交往训练等。总之,教师要以全人教育为目标,引导留守儿童正确认识自己、他人和世界,形成健康的个性。

---

① 宋淑娟、张影:《班级人际环境对留守儿童自尊的影响》,载《教育研究与实验》,2009(2)。

② 刘宝存:《全人教育思潮的兴起与教育目标的转变》,载《比较教育研究》,2004(9)。

（三）开展多样化班级活动，构建良好班集体

班级活动是实现学校教育目标的主要途径之一。学生的社会化过程正是在活动和实践中形成和发展起来的。对于初中留守儿童而言，丰富多彩的班级活动更具有现实意义。在文艺体育活动、辩论赛、读书会和各种社会实践活动中，留守儿童既可以排遣父母不在身边的孤单寂寞情绪，感受到集体的温暖，又可以施展才华和发展兴趣，得到多方面的能力锻炼，获得自信心和乐观的人生态度。这些都有利于初中留守儿童良好个性的形成。

除此之外，丰富多彩的班级活动有助于形成具有支持性的心理气氛。支持性班级心理气氛的典型特征是，学生身处班级心情愉悦，并有良好的生生关系、师生关系等。在丰富、有意义的班级活动中，班级成员加强互动，增进了解，易于形成人际关系和谐的班集体。具有支持性心理气氛的班集体将有利于留守儿童"积极情感的培养，并能增强对自身的积极看法"，[①]从而提高初中留守儿童的自尊水平。而自尊心强的留守儿童将"很好地缓解不利环境带来的心理压力，在困境中保持轻松愉快的心情"。[②]

需要强调的是，在班级活动的策划、准备、组织和实施中，教师应是引导者、辅助者和合作者的角色，切莫忽视了初中生自主性的发挥。班主任应敢于并善于放权给学生，在班级活动的内容、程序、方法和形式等方面让学生自己担起责任，使学生通过自身的实践活动提升心理控制感和责任感。

（四）丰富家校联络渠道，家校联手创造良好成长环境

父母是留守儿童的法定监护人，在孩子成长过程中发挥着不可替代的作用。留守儿童的诸多问题就是因为其缺少父母的细致关爱。因此，学校要将帮助初中留守儿童营造良好的家庭成长环境看作教育工作的重要内容。教师，特别是班主任，应本着高度的责任感和同理心，丰富家校联络沟通的渠

---

① 宋淑娟、张影：《班级人际环境对留守儿童自尊的影响》，载《教育研究与实验》，2009(2)。

② 郝振、崔丽娟：《自尊和心理控制源对留守儿童社会适应的影响研究》，载《心理科学》，2007(5)。

道,提高家校合作的效果。

一方面,班主任可以运用传统的联络方式,如家访、家长会、“家长热线”、“给家长的一封信”等来了解初中留守儿童的家庭情况,引导其父母和看护人开展家庭教育。另一方面,班主任应充分利用现代化的通讯手段,如QQ、网络视频、博客、微信等,实现远程对话,方便学校与留守儿童父母以及留守儿童与父母定期和不定期地交流。“父母与留守儿童的经常性的通讯联系会提高其自尊水平。”[①]亲子交流便于家长了解留守儿童的学习生活情况,方便他们及时为孩子排忧解难。父母都疼爱自己的孩子,留守儿童家长并不缺少对孩子的爱,但他们却不知道如何让孩子感受到自己的爱。在这种情况下,教师,特别是班主任应当利用自己教育人的学识和人格魅力,引导和帮助留守儿童家长进行科学有效的家庭教育,促使留守儿童家庭和学校形成教育合力,为留守儿童营造良好的成长氛围。

“针对初中留守儿童教育的现状和问题开展班级教育管理工作”是摆在每一位初中教师,特别是班主任面前的教育新课题和新挑战。希望本文提出的农村初中留守儿童班级教育原则与策略能够对广大初中教师有所帮助。

[翟莉,合肥师范学院教师教育学院副教授。]

① 程黎、王寅梅、刘玉娟:《亲子分离对农村留守儿童自尊的影响》,载《内蒙古师范大学学报(教育科学版)》,2012(2)。

XUEXIAO GUANLI CHUANGXIN

学校管理创新

教师发展与学校组织变革创新

李继秀

【摘　要】学校不仅是学生成长的地方，也是教师发展、教师生命价值实现的场所。"自我更新""主动发展"是教师发展的动力，而教师发展是在学校组织中进行的，但是现在的教师发展研究缺少对教师发展的外在保证机制——学校组织层面的深入研究。基础教育学校组织应当实现从价值标准到组织形式、运行机制的变革，以保证教师的发展，使学校实现真正意义上的转型。

【关键词】教师发展；基础教育；学校组织；变革；转型

一、问题的提出

当代中国，基础教育学校组织需要变革。基于变革的思考：一是社会转型，导致原有学校组织出现诸多不适宜和弊端；二是教师的生命价值实现，健康主动发展；三是学校变革的内在动力问题。相对于教育体制、教育政策法规等宏观教育改革和课程、教学模式、方法、手段等课堂教学微观改革而言，学校组织重建属于中观层面的改革。长期以来，教育改革或是从宏观层面上将学校作为一个整体组织单元进行,或是从微观层面深入课堂教学和课程改革进行,却有意无意地忽略了学校内部组织形态和运行机制。20世纪80年代以来,人们逐渐意识到:"学校改革必须从教育教学层面,提升到学校组织层面,学校结构系统、管理风格及相应类型成为改革对象"。[①] 这反映了改革理念的变化:在为教育发展创造一定的条件之后,认识到教育的长足且良性的发展动力必须来源于学校自身,来自学校的内部组织、管理者和教师。

同样,在已有的教师发展研究中,研究者的视角虽然已由教师社会地位、经济地位向教师专业成长、教师发展转变,已由将教师看作学校人力资源开发、管理对象转向教师自我完善、自我发展的研究,已由教师理想信念研究转向教师教学行为的研究,但是仍缺少对教师发展的学校组织层面的研究。

教师发展与学校组织变革是对教师发展的学校组织层面的思考,是在分析现行学校组织存在的问题基础上,提出教师发展对学校组织的诉求,进而思考有利于教师发展、教师职业生命价值实现的组织核心价值、组织形式、运行机制问题。

二、教师发展对学校组织的诉求

(一)现行学校组织对教师发展的不适宜性

在我国,一般中小学基本上采用的是校级组织(校长、书记办公室)—中层组织(工会、团支部、学生处、教务处、政教处、教研处、总务处)—以年级组、教研组(备课组)、班主任为学校基层组织的管理模式。从当代社会转型背景来考察,这种组织结构形式对教师发展、教师职业生命价值的实现有诸多的不适宜。

其一,强调教师对学校行政命令的服从,按"校长、教导处、年级组、教研组意志"行事,学校用行政手段推动工作,是一种自上而下的管理,忽视了自下而上的民意,忽视了教师团队组织之间的横向沟通与协调,教师没有多少时间来考虑、规划自己可能和想做的事,影响了教师的自觉性和积极性的

① 毛亚庆:《应重视学校为主体的校本管理》,载《教育研究》,2002(4)。

发挥。

其二，注重等级制度，强调学校组织的权威性、等级性以及各种行为的规范性，忽视了教师发展、生命价值实现的内在因素，如情感、道德、尊严等。学校等级分明，办事不越级，以保证统一指挥、统一领导，在各种评价、管理制度下，教师总是处于被检查、被管理的地位，处于等级的最底层。

其三，严格规章制度，强调学校建立规章制度的至高无上性，要求教师必须依照规章制度办事。在管理方式上，繁琐的检查、评估、量化管理过多、过滥，既增加了教师的负担，又束缚了教师的创造性。特别是那些不宜量化的工作被量化了，硬性量化后的指标使本来具有丰富性和多样性的教育教学活动变得呆板、沉闷，成为缺乏活力的机械程序；那些缺少个性化的评价指标体系，将能力、兴趣、爱好、特长、需求各异的教师发展统一为固定的模式的机制，限制了教师的发展。

其四，以“成事”为学校的唯一价值取向，追求高效地完成事务性目标。教师工作被程序化、技术化，强调服从、听话、按部就班，服从于事务性的工作安排，不关注，甚至忽视自己的具体感受和创造能力的培养。学校管理者和教师都沦为活的工具，整个学校组织呈现物化状态，被动地应付着各自的上级布置下来的任务，高能耗、低效率地维持着运转，而教育教学必需的创造性智慧则被追求完成上级指令的价值导向压抑。

（二）学校组织的特性是生命性存在

学校的根本使命是实现人类文化的传承和创新，实现社会文化的自我更新，在知识的传播、发现、物化的过程中，行政的约束力不大，更多的是要受教师专业权威的影响，表现出非行政性。这就意味着学校组织虽然是在现代社会的精心策划和安排之下的组织，但是本质属性上并非典型意义上的行政制式的组织。教师的专业工作直接面对学生的生命，是教师与学生之间的生命与生命、灵魂与灵魂的碰撞，正像叶澜教授所指出的那样：“在一定意义上，教育是直面人的生命，通过人的生命，为了人的生命质量的提高而进行的社会活动,是以人为本的社会中最体现人文关怀的一种事业。”[①]这是学校组织核心活动领域对生命本体地位的清醒意识,正是因为有了这种清醒意识,从事生命事业的教师自身的生命主动健康发展就成为学校组织的核心价值。因此,学校组织必须意识到自身的这种特殊性及对于促进教师生命成长的巨大可能,有意识地将自身最富价值的一面开发出来,使自身成为教师生命成长的资源。这样,人就应该成为学校组织关注的中心、服务的中心,学校组织对待生命,不应该是“压抑”,不应该是漠不关心,也不应该仅仅是出于自然性的“良知”,而应该是一种积极的支持、鼓励,是对个体成长的积极介入,是学校组织主动而自觉地影响个体生命成长,这就是人与人之间新型关系形态确立的学校组织。

但是,一项问卷调查的结果表明,教师的主动意识、生命内在价值的追求、成长的体验和愉悦在现行的一般基础教育组织内部是被遮蔽、销蚀的:80%的教师认为,“我们处在学校管理的最底层”“只是在完成学校布置的任务”;75%的教师认为,“教学工作机械、单调令人倦怠”;82%的教师认为,“教研活动只是例行公事”“教师间的竞争大于合作”“孤独和焦虑经常出现”。[②]

(三)教师发展对学校组织的诉求

研究表明,教师发展主要是在任职学校进行的,是以个体生存方式为基础,通过教育、研究活动,不断提高专业水平,实现职业生命价值的过程。在现行的一般学校组织中,教务处、教研处、年级组、教研组各部门虽然各司其职,分别从师德、工作量、教研、评估等方面,制定了看似详细、具体、到位、严格的要求和评价标准,但是这些规章制度对教师发展的限制大于促进,很多只是表面条文,对教师的发展起不到保证作用。教师是一个复杂的群体,一方面长时间处于“工具”状态的劳动,导致其依赖于学校的行政管理,缺少自我发展意识;另一方面,他们又是有知识、有能力、有智慧、有个性的生命个

---

① 叶澜、郑金洲、卜玉华:《教育理论与学校实践》,北京:高等教育出版社,2000。

② 调查对象为162名中小学教师。其中中小学教师占70%,农村教师占65%,政府管理下的学校占85%,平均年龄为34岁,男教师占60%。

体,有丰富自己的生命资源和主宰自己生命价值实现的强烈愿望,他们往往不满意一些量化的考核制度,不愿意甚至轻视学校行政的指手画脚。因此,处于这种矛盾交织下的教师一方面需要带有共性的常规制度规范;另一方面需要建立一种符合学校组织特性,有利于教师积极参与学校改革和个体自主、主动、个性化发展的学校组织核心价值、组织形式和运行机制,从而整体转换教师的生存方式,唤起生命激情,“使师生在学校的生存方式由消极被动的适应性生存方式向积极主动、不断自我更新的发展性生存方式转化”。①

教师发展视野下的学校组织变革创新就是探索如何在中小学内部把原本收缩到组织顶部的权利逐级下放,扩大处于基层组织中教师活动的空间。教师能够拥有主动创造、自主发展的空间,在组织中表现出一种主动的生命情态、积极活泼的生存方式,得以自由发挥智慧和能力。

三、基础教育学校组织变革创新

学校组织功能是通过学校各种上下关联、左右相通的组织实现的。因此要想使教师发展,“成人、成事”的价值标准得以实现,而且是“主动”实现,必须变革创新学校组织。

(一)提升学校组织的价值:促进教师主动健康发展意识和能力的形成

教师是自我发展的推动者和承担者。教师被推到自我发展的前沿,这是对教师发展的一种全新的认识。教师的发展可以有效地促成其他外在目标的达成,如实现教育目的、提高学生成绩、推进课程改革、提高学校地位等,更重要的是可以体现教师生命发展的内在价值,这是着眼于作为“人”的教师发展的真正内涵,可以唤醒教师的专业自觉,促进教师的角色重建,提升教师的人生追求和生命意义。这些是优质学校教育不可缺少的要素,也是新世纪新

---

① 叶澜:《把个体精神生命发展的主动权还给学生》,载郝克明著《面向21世纪我的教育观:综合卷》,广州:广东教育出版社,1999。

型学校应有的重要特质。

首先是教师要实现自我观念的更新。教师的观念除了我们通常所提到的有关教育、教学、课程和学术观念,更重要的是教师对自己发展需要的感受和理解,对自己职业生命的体验和感悟。教师的内在的需要、个人的意志、对专业及专业发展活动的情感投入,构成教师发展与进步的内在动力。教师必须不断提升自己需要的层次,要有一种清晰的自我需要不断发展、不断提升的意识。

其次是教学行为方式要转变。教师通过改变自己而转变自己的教育教学行为,转变了的教育教学行为会直接影响学生发展。

变革唤醒教师的自我意识、发展意识、生命意识,教师就愿意改变自己和自己的教学方式方法,愿意面对自己的问题,愿意寻找自己的发展空间。而当每个人都认真面对自我,积极更新自我,积极地思考自己的工作,积极地探索和实践,积极地反思,不断地重建,教师便能成为自我发展的推进者和承担者。一批批积极进行自我更新的教师,在研究性变革实践中不断涌现,学校组织变革也就会呈现出一种开放与发展状态。

(二)实施组织变革,致力于形成有利于教师发展的学校组织形式和运行机制

学校内部的权力包括行政权力和专业权力。学校组织特性分析表明学校并非典型意义上的行政制式的组织,更应当重视专业权力。专业权利,更确切地讲,属于一种权威,意味着自愿依存,并且是支配者和被支配者在目标取向上协调一致。一个学校的专业权力应主要集中在教师、教研组和年级组方面,这些个人和集体在学校的教学和教研事务中具有决定性权力,也广泛参与学校其他事务。因此学校内部管理重心下移、淡化行政权力的高度集中使用、还给教师专业权力并适当给基层管理者部分主动权,应是教师发展视野下学校组织变革——形成有利于教师发展的学校组织形式和运行机制的重点。

管理重心下移首先是学校领导把大量的教育教学专业学术管理、具体事

务管理的权利下放，基本格局是撤销原来的教导处和政教处这类“中层机构”，校长及校长室直接面对年级组和教研组，形成“二级管理”“级部制”的“扁平化”组织形式和运行机制。

其次是原来担负学校行政管理重担的中层职能处室转变职能和运行方式，由过去的“上传下达”变为咨询、参谋、指导。逐步下放学科发展的规划权、具体的教研组织权、教师发展策划权等，由直接行政管理、过程管理转变为目标管理、过程监控，主要任务是组织协调、宏观调控、咨询服务和检查监督。如在“新基础教育”基地学校内出现了校长、部门负责人、教师主业团队负责人（教研组长、年级组长、备课组长、课题组长等）的“第一责任人”系列，从而使管理重心落到了“根”上，蕴藏在师生中的智慧和力量自下而上地被调动起来了。①

最后是形成网络化运作的结构形态。管理权所下放到的基层团队，如备课组、教研组、年级组，它们直接受学校的整体运转政策、机制、价值取向等一整套“游戏规则”的制约。在发展上则维护学校的整体利益，把握好自身拥有的专业发展权和学校整体发展的相关行政权的度，既重视增强本团队内教师主动发展的内动力和原动力，又淡化小团体的边界，促进学科之间、教研组之间和年级组之间的协作与交流。一些充满活力的非行政性组织涌现出来，如叶澜教授主持的“新基础教育”基地学校——上海新基础教育实验学校尝试的就是非行政性组织的探索，实行由骨干教师领衔，即由骨干教师组织部分教师组成课题组，提出所在学科、年级、部门遇到的焦点问题及其研究计划，经学校的“学科委员会”（同样是“民间组织”，由学科带头人和教研组长组成）审批立项，组成工作站。工作站因问题的发现而产生，因问题的解决而完成使命，因新问题的发现而重新组成……在有些学校，年轻教师也可能凭着个人兴趣、才能，申请到某一项教科研项目，形成以自我为中心的研究共同体，此时他们可以像“项目经理”一样召集相关教师共同商讨，也可以凭自己的特长参与他人的教科研项目。网络“结点”上的教师可以上、下、左、右“移动”，

---

① 杨小微：《转型中学校组织变革与制度》，载《基础教育月刊》，2006(3)。

形成灵活的组织。这样,教师的研究热情、体面和尊严就树立起来了。

管理权的下放,意味着基层团队要承受相应的责权利。管理权下放到基层,权利的内容和运作机制也相应地发生变化。教研组等基层团队拥有的是专业发展的自主权,教师们要强化目标意识,要强化发展规划的制定和实施监督检查机制,还要强化个体主动发展的责任意识和责任追究。这才是真正意义上的由教师发展引发的学校组织变革。

(三)激发基层组织活力,努力促成教师发展可能性的形成和实现

扁平化特征的组织形态,有利于激活基层组织(如教研组、年级组、备课组、课题组)的活力,使基层组织成为教师发展的重要资源。

1. 基层负责人要增强主动工作的意识

首先,要表现出强烈的主动策划意识,创造性地规划自己所在小组的发展。以"新基础教育"基地学校常州第二实验小学为例,该校实行的二级管理(级部制)体制激活了基层管理者和教师的积极性、创造性。具体做法是:其一,开展年级组长负责制的学生发展研究。学校下放管理权限,各年级组在"三部"(学生发展研究部、课程管理与研究部、综合服务部)的指导下,组织日常教学、教育科研、教师培训、学生发展、文化建设等工作的实施与评价。职能部门实施质量监控,各司其职,提高了管理的针对性和有效性。特别是年级组在关心学生成长,策划组织符合本年级学生年龄特点和认识水平的成长系列活动中发挥了优势。其二,开展学科主任(组长)负责制的课堂教学研究。大学科组以教师发展需要为主线策划系列活动,如学科组规划的制定、大组教学沙龙、研讨、专题报告等,学科主任平时重在协调和指导,而小教研组长则负责并参与集体备课和课间、午间同年级自发的闲谈式研究,小教研组活动不论时间、不选地点、不拘形式,可随时发生、结束。大小教研组交替开展活动,有分有合,较好地"把日常教学工作与研究融为一体",满足了教师提出的"活动要贴近日常教育实践"的要求,激活了基层管理者和教师的积极性、创造性,教师处于真实的成长状态。①

---

① 杨小微:《转型中学校组织变革与制度》,载《基础教育月刊》,2006(3)。

其次，要有主动沟通意识。基层组织负责人是学校中层，既要与校长沟通，也要与教师沟通。基层组织负责人主动与校长沟通，能够准确、全面、深刻理解校长的办学理念、发展规划，争取校长对其工作的理解、支持和帮助。另外，他们也要了解组内教师的基本情况，了解组内教师遇到的困难，了解教师的优势、不足及潜力。然后在此基础上加强和本组教师之间的沟通，鼓励每位教师发挥自己的潜能，形成开放、真诚的人际关系和创新的氛围。

再次，要有主动创造意识和文化营造意识。教师的发展意味着教师的自我革新与否定，这一过程是痛苦、冒险、需要勇气的，需要基层组织负责人主动去创造，树立良好榜样，使教研组成为教学创新和学术争鸣的舞台，营造创新型文化氛围。

2. 基层组织要为教师拓展发展可能空间提供资源

基层组织可以有机地整合组内资源，充分挖掘和利用其他资源，为教师发展提供“营养”。组长要组织教师进行学习，鼓励教师积极参加各种培训活动，为教师提供各种学习机会。组织内部可以充分发挥老教师的带头作用，通过新老教师结对，以老带新，投身实践和研究，不断发掘和激活教师发展潜能，帮助教师梯次前进，获得持续的发展。同时，组长还可以积极地与校长沟通，争取其他教育资源，如请校外专家帮助、指导等。

3. 基层组织可以形成新型组织文化来满足教师需求

基层组织要注重创建新型的学习、创新文化。例如日常的评课研课，应追求说真话，要多提问题和建议，使评课成为发现问题、发现经验、发现创造的活动，成为教师之间相互讨论、交流的活动。研讨交流时，要保证活动开展的有效性，使活动多而不滥，能满足不同教师的需要。在科研上，要做“真科研”，鼓励教师从自己在教育教学中遇到的问题入手寻找科研课题，引领、鼓励教师体验科研的真实过程，使组织文化真正成为促进教师转型的内在力量。

教师发展与学校组织变革需要重建教育的生命理念。学校变革与转型、学校文化生态的建构，归根到底是为师生的生命发展服务，并要落实到生存方式的转变上的，叶澜教授称之为实现从“近代型”学校向“现代型”学校的转变，由价值的重建开始进入到动力内化的学校整体转型的过程。学校的根本性转型意味着学校整体的变化，其中许多问题有待深入研究，包括学校组织诸多独特的内涵和品质，学校的制度结构、制度创新，转型后学校组织系统的更新与运行机制，等等。

［李继秀，合肥师范学院教师教育学院教授，硕士生导师。］

以科学育人观引领学校优质高效发展

张道琼

【摘　要】一所学校教育教学质量的高低，取决于学校是否把促进学生的全面发展、注重品德与能力培养作为学校育人的目标，作为学校课程改革的立足点，作为教学管理工作的出发点。只有确立了科学的育人观，才能不断优化教学管理机制，才能促进学生的全面成长，才能引领学校优质高效地发展。

【关键词】质量观；课程观；评价观；轻负高质

衡量一所学校教育教学质量的高低，要看这所学校是否把促进学生的全面发展，注重品德与能力培养作为学校育人的目标，作为学校课程改革的立足点，作为教学管理工作的出发点。因此，只有确立了正确的质量观、课程观、评价观，才能不断优化教学管理机制，从而通过刚柔相济、虚实结合的有效管理成就教师，培育主动发展的学生，促进学校高质量办学。

一、树立科学质量观，促进学生轻负高效学习

学校教学管理的一个重要方面，是培养引导教师学会进行教育思考，思

考实现有效教学与提高教育质量的问题。通过明确学校的育人目标,认识教育教学质量的内涵,达到科学理性地设计、实施自己的教育教学的目的。这不仅需要教师的自觉学习和领会,主动参与和践行,还需要学校从管理上建章立制,营造氛围,通过自上而下环环相扣的督促提醒,让科学的质量观渗透到教师工作的各个环节,既帮助教师提高自身教学效果,也促进学生有效学习。

(一)建立教学过程全程管理机制

首先,建立有效的教师备课管理模式。备好课是课堂增效提质的基础和前提。多年来,学校一直存在集体备课流于形式、备课组的作用和价值弱化的问题。教师课堂低效高耗的关键是教师对教材、教学、教法缺乏深层次研究与探讨的单向封闭的备课方式。要将教师的集体智慧与教师个体的教学素养和个性进行有机的融合,就需要以集体备课为依托,整合团队优势资源,营造协作攻关、切磋琢磨、开放自我的氛围,通过开展对教材、学法、学情的专题研究或问题探讨,形成大统一小不同的教学思路,进一步促进教师特色互补,将差异变为财富,向多样化教学风格努力,形成多样化发展。要建立这样一种既竞争又协作的关系,制度的落实是保证。我校在备课管理中对学科教研活动的组织及安排进行了研讨和统筹,实行"四定"(定时间、定地点、定人员、定主题)。围绕"四定",各学科根据学科特点,制定活动计划。以"主题+课例研讨"为研究模式,分备课组或学科组开展教研活动,从过程与评估方面积极促进教师的主动投入、多元化方法的交流分享和备课活动质量的提高。

其次,形成一日督导跟踪调研机制。对教师常态课堂的科学管理是关系学校整体教学质量的重要一环。行政推动课堂是提高教师教学执行力的重要手段。因此,学校需建立行政人员定期蹲点课堂调研制度,加大针对学科教学中质量问题的个别化跟踪力度。它能有效地帮助教师转变观念,排忧解难,增强课堂教学效果。我校由校级领导、中层干部、教研组长组成督导调研团队,深入各校区,采取随机抽签方式确定督导班级,对年级组和班级的各项教育教学活动进行全方位跟踪调研,发现问题,解决问题。督导调研团体也可以对口某学科教研组或备课组展开调研,还可集中调研某教研组问题引领式的专题研讨课活动情况，这都是促进教师常态教学水平提升的有效途径。这种调研促使学校从行政领导到部门中层到教研组长、年级组长、备课组长层层落实岗位责任，让他们关注教师教学目标的设置、关注学生学科素养的形成、注重减负增效的真正落实、注重质量分析、注重问题整改等。调研组成员带着管理中的问题听课评课，在听课评课的过程中发现新的管理问题，进而不断调整、优化学校的管理，同时也促成互相监督、互相配合、强化责任的良性循环。

最后，形成教学、教科研、课题一体化的管理模式。教学即研究，问题即课题，校本教研提倡教师成为实践研究者。在教学管理中，我们要善于引导教师聚焦课堂、关注学生，将真实的教学问题专题化、课题化，不仅包括具体的教学问题，还包括怎样备课、评课、反思教学。教学、备课、评课等问题直接关系教师的日常生活，让他们找到了研究的抓手，使实践和研究不再是“两张皮”。如我校将承担的各级教科研课题与教师日常教学和校本教研进行了精心的整合，从各学科教学普遍性问题入手进行专题提炼。各学科小组结合本组特点，围绕切口小、实效大、价值高的问题做文章。我们立足一线教学，提高教科研的实效与针对性，以课题促教研管理，以课题促课堂教学改革，形成教学、教科研、课题一体化运行的闭合结构，最终回归课堂，服务教学，提升教学质量。

(二)建立学生课业负担全程监测机制

首先，在学生作业设计与布置方面，建立以学科备课组为单位的作业研讨机制，促使备课组在开学初就对作业内容和种类进行商讨。同时提倡各班级因生而异，在教的层面，设计生活化、实践性、创新型作业；在学的层面，强调学生自主选择、自主完成、自主检查，从而使各备课组在作业设置上形成“大统一小特色”的格局。

其次，在作业量的控制方面，建立监督协调机制。充分发挥班主任的协调作用，由班主任负责各科作业量的评估和教师之间的相互协调，防止出现某学科作业过多，或只布置单一书面作业，或机械重复抄写过多等情况。如我校在各班设置“作业公示栏”，采取值班领导每日巡视和教导处每周抽查并及时监督反馈调整的方式，对那些学科作业均衡、关注学生差异、重视分层作业,以及重视学生动手操作能力、社会问题调查、阅读信息交流等实践性作业的设计的班级加大宣传与激励力度,起到以点带面、启发借鉴的作用。

最后,在作业的评改方面,建立跟踪反馈机制。通过每月教学常规检查对作业评改进行跟踪调研,要求教师有布置必评改,有评改必反馈。引导教师重点对学困生的作业进行分层指导反馈,尤其重视对学生作业订正后的二次甚至三次批改,将发现教学疏漏、培养学习习惯、指导学法作为评改重点。在及时的反馈整改和教师创新批改方式的过程中,学生也能不断改变对作业与考试的态度,提高作业完成质量。

二、树立大课程观,提升学生综合素养

课程是学生学习成长最重要的载体。建构大课堂需要将学校的核心价值观、文化建设相融合,使课程充分体现学校特色并服务于育人目标。这就需要学校管理者立足于学生的真正发展,以改革家的睿智、勇气和真诚,确立宽视野、真本质的大课程观、大校本观。学校要挖掘利用多方资源,开发多样化的课程,为学生提供开放性、选择性、综合性,适宜不同学生各自发展的多元空间和研究领域。我们认为,应该用国家课程夯实学生学科基础知识,用礼仪课程传播传统文化,提升学生文明素养,用多彩的少年宫课程启迪学生智慧、活跃学生思维、开发学生潜能,用多种社会实践体验课程,丰富学生阅历、开阔视野、感知责任,以课程设置的多样性、学生参与的广泛性,确保每个学生的选择权和自主权。

(一)国家课程校本化,夯实学生基础知识与技能

学校应立足课程标准,开足开齐国家课程,重点是提升课堂效率,确保教学质量。同时,各学科教师应立足本学科,通过课题探究、专家引领等方式,探索开发微课程,把国家课程校本化。如语文学科的戏剧课程、经典诵读课程,英语的外教课程,学校合唱团、鼓管乐团与音乐相结合的课程,体育学科分年级开设的游戏与跳绳、游泳与羽毛球、足球与篮球等课程。各学科还可通过多种方式开展丰富多彩的活动,如我校举办的读书节活动、体育学科节、英语学科节等。生动活泼的活动内容和过程,会丰富学科教学的容量、信息

量、内涵，激发学生的学习兴趣，更进一步强化学生的技能、发展学生的智慧，增强他们的学习主体意识。

（二）活动课程多样化，挖掘学生潜能

学校可以根据学生的年龄特点和兴趣爱好，打破班级界限，开设体育类、艺术类、语言类、科技探究类等课程，学生自愿选择、申报活动项目，全员参与，在兴趣和特长培养方面有效地弥补了课内教学活动的局限性，极大地丰富了学生的课外生活，挖掘了学生的潜能。

如我校基于学校发展的定位、教师的兴趣特长，立足学生多元发展需求，依托少年宫，针对不同年级学生，开设40余种课，其中有统一开设的课程，有年级组课程，有班级个性化课程，有竞赛类课程，有普及类课程。如艺体课程中的鼓管乐团、合唱团；科技探究课程中的机器人班、科学DV班、3D创客班等。这些课程含竞技和普及两个层次，覆盖面广泛，课程设置合理，满足了学生的需求。

（三）重行为习惯养成，积淀文明礼仪素养

一个人良好的文明礼仪素养是通过自觉的行为习惯表现出来的，学校可以通过开展生动活泼的实践体验课程、仪式课程，让学生参与体验，将校内要求外化为校外行为，对学生的礼仪、行为在实践中进行正面强化，让学生从心灵深处意识到校内外言谈举止要文明，待人接物要有礼貌，与人交往要讲礼节等。

如我校以养成教育为土壤，以《小学生文明礼仪习惯养成教育的实践研究》课题为抓手，把养成教育细化为“六好”——读好书、写好字、说好话、做好操、扫好地、走好路，并根据学生的年龄和心理特征，分年级、有侧重地提出习惯养成目标，以此让学生逐步达到文明礼仪素养的各项标准。为了把文明礼仪习惯养成教育渗透到教育教学的各个方面，除了每年的少先队入队礼、每学期的主题开学典礼、每周的主题升旗仪式，学校还根据学生生理、心理成长特点，开设三大仪式教育课程：开智启蒙的入学礼——蒙正；立志重信的十岁礼——力行；明礼担当的毕业小成礼——约定。通过仪式课程对学生与家长

开展传统礼仪和文化教育,使家长和学生通过庄严的仪式教育明白成长的含义,也让公民道德素养从小植根在学生心里。

(四)重社会实践体验,培养“社会人”

学校教育要让学生走出校门,多角度、多层面地接触社会,切切实实地当一回“社会人”。学校和教师可结合学校地域环境的资源优势,通过开展“走进社区”“走进大自然”“走进场馆”“主题夏令营或冬令营”“修学旅行”等实践活动,将单一封闭的课内书本学习、校园生活延伸至校外,丰富学生的生活与情感体验,在体验中将知识转化实践能力,更引导学生关注社会、关注民生、关注国家命运,开阔眼界,构筑生命发展的新空间。

如我校的孩子们走进社区,参加“低碳过年,拒绝雾霾”的环保活动;元宵节组队去看望孤寡老人;在学雷锋日,学生组成多支志愿宣传小队,向路人讲述雷锋故事、畅读雷锋语录、宣传雷锋精神;暑假的“寻红记”慰问小队走进老红军家中,给老红军带去精彩的慰问节目;在合肥创建全国文明城市期间,学生们走上街头,表演自创的社会主义核心价值观童谣,秀手语操,用实际行动宣传文明创建;在纪念中国人民抗日战争暨世界反法西斯战争胜利70周年之际,五年级的师生来到安徽肥东县青龙厂新四军纪念园,缅怀革命先烈……在实践体验活动中,学生们体验着不同角色,加深了对活动的认知,懂得了感恩父母与身边的人,增强了辨识能力,逐渐树立起正确的人生观与价值观。

三、树立动力评价观,达成教育共识与目标

正确客观地评价教师教育教学成效和学生的学业水平与能力十分重要。以考试成绩为单一标准来评定无疑是不科学的,反而会损害学生的身心健康,阻碍学生创新能力的发展。建立多方参与的教育教学质量评价机制,探索有利于教师和学生发展的多元评价方式,才能从根本上唤起师生成长的原动力,才能从源头上避免教育的急功近利和舍本求末。

(一)学生评价体现多元发展性

学生在成长过程中,不仅要获得知识、形成能力,更重要的是要健康阳光、富有爱心地生活。因此,学校不仅要营造宽松民主的氛围,给予学生自主成长的安全感,还应通过多元立体的评价体系的建立,引导教师将评价的关注点落在学生学习兴趣、合作探究能力、创新意识等方面,评价的时间贯穿学习成长的全过程。

如我校不仅建立了课堂教学评价机制,还在努力探索学生德育素质评价手册。评价内容从个性展示到学习、健体、交往、劳动、集会、创新等习惯养成的方方面面,分年级采用教师评价、同伴互评、个人自评、学期评价等多种评价方式,对学生开展多元化评价,引领学生主动向前发展,体现了学生的全面发展高于考试,学生的个性健康重于成绩的导向。

(二)教师评价注重激励促进

对教师课程实施能力、教育教学绩效的考核评价导向直接影响教师的工作状态。学校需努力完善对教师的评价机制,本着激励、促进、推动的原则,创新评价方式,发挥评价功能,促使教师遵循教育教学规律,落实科学育人观,不断提高自身教育教学水平。如我校的教学质量分析会,淡化分数高低比较,强调从差异中找到问题的症结和解决办法,引导教师以开放的心态听取建议,以平和的心态修正教学行为,以专业化发展的视角审视得失,提高自身素养。

观念引领行动。科学的育人观会引领一所学校优质高效地向前发展。从教学质量入手,促进学校的教育教学管理良性循环;从课程入手,搭建一个完善科学的课程体系,提升学生的综合素养;从评价入手,为师生的成长确立成长目标,更促进师生共同成长。

[张道琼,合肥市六安路小学校长,合肥市第七批专业技术拔尖人才,合肥市课改先进个人。]

创新绩效评价，构建农村高中教师培养新模式

汤永胜

【摘　要】什么样的管理模式塑造什么样的教师队伍。构建绩效评价管理模式是对教师管理、班级管理和学校发展的最有效导向，是对农村教师人力资源的最有效整合，也是培养乡村教师的有效手段之一。

【关键词】绩效评价；课程改革；教师管理

阿基米德说："给我一个支点，我就可以撬动地球。"那么，推动新课程改革的支点在哪里？我们要如何优化、整合农村教师人力资源？笔者以为可以构建一套符合新课程思想的绩效评价管理模式，实施绩效评价管理。

绩效评价管理模式是学校管理者根据教育规律和学校实际将教师管理与教师业绩评价挂钩，以激励教师工作而构建的管理形式。绩效评价管理模式的核心是建立并实施一系列规范、完善、实用的绩效评价标准。好的评价标准使学校对每位教师的每项工作都有具体的量化评价，更使学校管理工作有"抓手"。改革评价标准、构建绩效评价模式是对教师管理的最有效导向，是对教师人力资源的最有效整合。那么，学校应怎样构建绩效评价管理模式呢？

一、基于教育民主背景下的绩效评价改革的思考

推进绩效评价管理，实际上就是对教师管理评价的改革。改革自然会遇到阻力，消除阻力的主要方法就是推进民主管理，让教师做主，即评价的标准必须经教师认可，评价的内容必须经教师同意。那么应该怎样去改革评价模式呢？

（一）变革评价制度：变单一的定性评价为系列多元的绩效定量评价

构建绩效评价模式的关键有两点：一是使制度标准绩效化，二是使制度系列多元化。“系列多元”才能“全面”。建立系列多元且绩效化的评价制度不仅有利于全面评价教师的教育教学工作，还能使评价尽可能公正客观。因此，实施绩效评价管理模式，一定要健全学校各项考核管理制度。这里有两个层面，首先是要建立一系列绩效化管理制度，其次是针对教师执行制度的具体情况进行绩效量化考核评价。学校可以结合实际，科学合理地制定相应的评价标准。例如评价某一年度教师教科研工作，“能申报省级以上课题并发表相关教科研论文”或“公开发表教研论文的或论文在省市级获奖”的为第一层级成绩；“能撰写经验总结”或“积极参与学校教科研工作并带头实践”的为第二层级成绩；“能不断学习新理论，积极参加教科研实践工作”的为第三层级成绩。3个层级标准实际上是3个层次的目标。鼓励教师积极申报省级教科研课题，积极参加教科研工作，积极撰写有质量的论文，在教学评价中执行这些标准必将推动学校的教科研工作。因此，学校在制定各类评价标准时，可以结合原有标准作相应拔高，以激励和推动教师在工作中投入更大精力。例如在制定课堂教学评价标准上，南京市曾举办全国语文课堂教学大赛，评课专家对教学效果的反馈评价就要求“体现创新精神”“体现情感态度价值观”，对教学能力的展现评价要求“师生平等互动”，对教学过程的组织评价要求“有探究性”“板块清楚”，对教学方法的运用评价要求“富有发展性”，总体印象评价突出了“体现教育理念”。

(二)变革评价者:变领导专断式的评价为多方参与的民主评价

成功的教师评价应有全体教师、学生、家长及相关社会人员的参与。全员参与能保证相对公正。教师本人的参与是有效的自我教育过程,家长和学生的参与能有效制约教师的工作,使其切实对学生负责。

1.让教师全员参与绩效评价

首先,让教师全员参与学校绩效评价标准的制定工作。全员讨论,求大同,存小异,在讨论中统一思想认识。其次,全员参与的绩效评价还表现在评价环节上,即让每个教师都有机会在不同评价阶段当“评委”。让人人都来评价自己所在教研组的教师乃至全校教师的工作,评价行政领导的教育教学工作。这样的评价群众认可,教师服气,领导执行起来也无阻力。再次,让教师全员参与表现在教师的自我评价上。学校可明确自我评价标准,让教师给自己评分。让教师自评,就是在帮助教师反思自己的教育教学工作,及时发现问题、改正不足。

2.让学生和家长成为教师评价的重要参与者

学生和家长是学校的“顾客”。学生对教师的教育教学工作很有发言权。所在班级班风如何、学风怎样、教师上课态度怎样、方法如何、效果如何,教师对学生是否关心,等等,都可以细化为评价标准。学生的评分不一定准确,但评价的倾向性意见可以作为学校评价教师的重要依据。而家长的评价常常是不够全面的,因为家长对教师的教育教学的印象是间接的,往往源于学生的反映,因此让他们参与评价要尽可能避免量化。

3.努力实现评价过程公开化

教师评价的公开化不仅包括前面已述的制定标准公开化、使用标准公开化,还包括过程评比量分公开化。对班主任,可及时公开每周每班学生听课、作业、上课纪律等得分情况;对一般教师,可及时在一定范围内公开其公开课得分、教学检查得分、学生征询得分等情况。全程公开,让教师不仅对自己教育教学工作心中有底,还能自选竞争对手,比学赶超,有利于激励教师精通业务、公平竞争,从而推动新课程改革。

(三)变革评价形式:变固化的结论式评价为互动化的艺术评价

新的绩效评价模式不能只是单调的、量化的表格,还应该追求艺术化、人性化。就是说,在制定评价方案时,应考虑教师这一特殊群体的接受心理,以人为本,创新形式。

第一,我说我课。教师上完一堂课,不妨让他自己对众人说说自己的课,说说构想,讲讲优点,谈谈不足,这也许会比一味地让别人评价效果好。

第二,备课小组谈心得。让每个教师都有足够的时间介绍自己的工作情况,小组成员之间推心置腹,以心换心。

第三,"闪光点"评议。一个阶段下来,各教研组、年级组成员坐下来评议,专找一些需要帮助的教师的闪光点,增强其信心。

第四,"露一手"活动。让有特长的教师都来"露一手"。如在文艺汇演上唱一曲、在茶话会上朗诵自己创作的作品、在教职工会上发表一番演讲、在教研会上演练自己的课件制作展示一下个人主页等。让特长的教师都有表现的机会,都能"露一手",使他们增强信心,这是评价的主要目的之一。"露一手"活动的结果也要纳入考核范围。

二、构建教育民主背景下的绩效评价管理模式

绩效评价管理的关键是为学校各类工作人员搭建事业成功的平台。实施的关键就是制定群体普遍认可的评价标准,构建群体共同参与的评价模式,要把学校每一个成员的共同愿景变成评价的追求目标和标准,把管理者成熟的管理思想理念变成标准制定的参考因素。换句话说,群体想怎么评价,标准就要怎么定;校长想让教师达到什么高度,标准就要怎么定。

(一)学科教师:搭建教师业务能力发展平台,推动教学管理,进而推动教师专业成长

搭建教师业务能力发展平台,就是制定教师的绩效评价标准。而如果教师在科学的绩效评价基础上获得了很高的评价,也就意味着他在专业上获得了很大进步。科学的绩效评价要多方面、分档次评价。

1. 学期绩效评价

学期绩效评价主要分师德、教学工作、教育工作、教学实绩和考勤等5个方面,每一个方面又分为ABCD 4个等次,每一个A项都包含多个标准,达到其中的任何一个标准,都是教师的一次成功。

2. 任期绩效评价

任期绩效评价主要涉及对教师职称评聘前一个任期或者若干学期的全面评价。其基本方式就是将各学期的考评分数作为基础分累计在一起,然后加上考评期限内各类附加分。附加分的确认,是由教师群体确定、教代会通过的。任期绩效评价很有用,直接涉及教师的职称评定、职称聘任和任期评优等重要事项。处理得好,学校就人心齐、工作畅、事业顺、环境和。

(二)班主任:建立班集体绩效评价机制,推动班级管理,进而推动学生能力培养

班集体建设是学校管理的重要工作。一个班集体就是一个管理单元。为进一步适应现代学校管理要求,优化班级管理,激励先进,打造优质教育品牌,必须制定班集体绩效评价管理方案和标准。

1. 要明确班集体绩效评价方式

实行绩效积分制。绩效是成绩的累积。班集体绩效评价需要将每个班级在每学期的各类活动中的成绩进行积分管理。各个学校做法不同,但均突出常规检查项目,实行周统计、月公布,期末各项得分累加,分年级排出班集体绩效名次。然后在绩效名次基础上推选出先进班集体、先进团支部,评选出优秀班主任、优秀辅导员。

2. 要因校制宜,科学设定绩效评价细则

评分细则各校不一,但推进绩效评价管理都必须根据学校实际,在征求广大班主任意见的基础上形成切实可行的具体班集体和团支部评价标准。绩效评价要有奖有惩(扣分),以奖为主。

(三)行政领导:厘清管理职责,推动高效管理,推进学校和谐发展

好校长必须善于管理、善于调动中层积极性,推动层级管理。层级管理

主要由副校长一级实施,首先要明确他们分管的部门和年级,制定科学的行政管理考评方案,对他们管理的部门和年级实施绩效评价。在规模较大的中学,推行职责分明的年级分管制非常有必要,由副校长担任年级分管,全面负责本年级的教育教学常规工作,及时处理本年级存在的问题,使各年级教学管理工作人人有压力,个个有平台,班班有任务,领导有担子,分管有竞争,形成高效的激励竞争管理模式。

三、发挥绩效评价作用,营造和谐校园氛围

绩效评价的作用就是建立评价机制,引领教师专业成长,引领班级科学管理,引领学校可持续发展。具体到教师队伍管理,就是让教师人人有方向,个个有追求,发展有希望。再具体到教师的切身利益上,就是以绩效评价来划分教师的利益分配,从根本上推动学校和谐发展。

(一)明确评聘顺序,调解评聘矛盾

职称是教师最关心的核心利益之一。职称评比排名如何确定在学校管理中是一个非常敏感的问题。解决的办法就是推进绩效评价管理,在绩效积分基础上确定。职评排名办法也可以作为职称聘任办法。教师想评职称,或者晋升职称等级,就要瞄准目标,依照标准与规章,早准备,早努力。可以说,基于绩效评价管理的职称评定办法牵引着教师的专业发展。

(二)推进保优争先,减少班班矛盾

农村高中因为升学压力大,班级与班级之间竞争激烈。在这种情况下,为真实反映班主任的工作水平,切实调动班主任工作的积极性,可以制定班主任“保优争先”绩效考评方案,明确导向,将各年级总评成绩第一名的班主任直接评定为校优,将所带班级学生在高考中取得相对较好成绩的班主任直接推评为县市级以上先进。这样的考评公平、公正,绩效标准非常明确,班主任之间也不会产生矛盾。

(三)公开评优办法,推进和谐竞争

评优也是学校管理者非常重要的工作之一。评优评得对不对,是一个导

向问题,要确保奖罚分明。评优也要基于绩效积分,绩效积分公开了,孰优孰劣,一目了然。在事业单位特别是高中学校,应该坚持以绩效考核为基础,规范各类评优程序,提高评优透明度,鼓励教师向工作要分数,以促进教师的专业成长。在实施这些评优办法的过程中,只要公平、公正、公开,教师就会支持,评优工作就会好做,学校管理就会顺畅,学校气氛就会和谐。

总之,绩效评价管理模式是推动课程改革的一个支点,是全面实施素质教育的保证,也是促进教育评价公平的手段之一。什么样的评价模式塑造什么样的教师队伍,什么样的教师队伍塑造什么样的学生。要想培养有创新精神的新时代的建设者,中小学就必须实施适应时代需要的教师绩效评价管理模式。

[汤永胜,巢湖市槐林中学校长,中学高级教师。]

九年一贯制学校如何落实核心素养的培养

王明云

【摘　要】教育部 2014 年印发的《关于全面深化课程改革落实立德树人根本任务的意见》首次提出了“核心素养体系”这个概念。自此，从事教育教学一线工作的教育工作者围绕如何落实核心素养问题进行了积极的探索。本文以合肥市海顿学校为例，从理论研究和实践探索两方面探索核心素养培养的落实问题。

【关键词】九年一贯制；核心素养

合肥市海顿学校是一所九年一贯制公办学校，学校一直以“研究型、艺术味、国际范的九年一贯制样板校”为办学目标，始终把培养“品质佳”“举止雅”“视野广”“学识高”的“雅真少年”作为育人目标。自 2013 年以来，学校借助于北京师范大学和合肥师范学院专家团队对学校文化创建工作指导之机，加强教师队伍建设，促进学生全面发展，学校进入了快速发展的轨道。

2016 年 9 月 13 日，《中国学生发展核心素养》(以下简称《核心素养》)正式颁布后，学校在核心素养的理论研究和行动落实上积极跟进，加强宣传，重视培训，聚焦课堂，加强研究，协同落实，取得了初步成效。

一、加强宣传,提高认识

明确核心素养的具体内涵是贯彻落实的第一步。核心素养总体框架以人的全面发展为核心,分为文化基础、自主发展、社会参与3个方面,综合表现为人文底蕴、科学精神、学会学习、健康生活、责任担当、实践创新6种素养。

目前,核心素养已成为教育界热词,学校要不断创新宣传方法,如通过校园网、宣传栏、广播站、微信公众号等途径,提高宣传效果;通过教师会、家长会、主题班会等形式,扩大核心素养的知晓度,更新全体师生和家长的人才培养观,为落实和发展学生核心素养凝聚共识。要让全体师生和家长明白,培养和发展学生核心素养是全面贯彻党的教育方针、落实立德树人根本任务的迫切需要,是适应世界教育改革发展的趋势、提升我国教育国际竞争力的迫切需要,是全面推进素质教育、深化教育领域综合改革的迫切需要。更要让全体师生和广大家长知晓,中国学生发展核心素养是深入回答"立什么德、树什么人"的教育核心问题,是对素质教育内涵的丰富与深化。

二、注重培训,创新举措

因为教师在教学中起主导作用,所以他们是推动课堂变革与核心素养落地的最大力量与决定因素,在学生核心素养的发展过程中扮演着重要角色。我校刘昌福校长将核心素养作为学校办学的战略指导,将其与学校的文化、办学理念和办学目标紧密地联系在一起,根据学校、学生的实际情况和需求出发,通过加大教师培训力度等,切实落实核心素养。在"核心素养"正式通过文件发布后,学校积极响应,立刻组织教师集中学习核心素养总体框架和相关理论,并分批派出不同学科的老师外出学习或听专家报告,同时邀请专家到学校来做报告,对核心素养提出的政策背景、意义及核心素养研究的国际共识等进行深度解读,分享北京等先发地区推进核心素养校本化的实践成果。学校通过"走出去"和"引进来"等方式,使培训取得了明显效果。此外,学校还推出了基于核心素养的教师专业发展的培训计划和实施举措,如组织教师认真学习北师大林崇德教授编写的《21世纪学生发展核心素养研究》，组织开展撰写以“教育教学实践如何落实核心素养”为主题的论文比赛，在每位教师自主命题的基础上，全体教师集中参加课程标准和《中国学生发展核心素养》知识竞赛，组织召开“落实核心素养”教师论坛和总结表彰活动等。相信随着培训工作的不断深入，核心素养的落实力度会进一步加强。

三、聚焦课堂，推进变革

课堂是学生学习的地方，是学生必备品格养成和关键能力提高的地方，是学生由自然人向社会人发展的重要场所。不同的课堂生态决定着学生生命成长的质量。我们不能不承认，在当下的课堂教学中，知识灌输和技能训练仍然是教学的基本方式，过度关注固定解题过程和标准答案的现象非常普遍。学科育人的实际效果与目标还是存在差距，学生除了做题，在做人、做事方面并没有完全体现科学精神。因此，落实核心素养需要教师转变观念，澄清角色，重塑教学行为，树立以“全面发展的人”为核心的理念，要把“知识为本”的教学转变为“核心素养为本”的教学，聚焦课堂，切实落实“自主探究、合作交流、充分表达、全面发展”的课堂核心价值观，大力推进教学模式和学习方式的变革，在课堂教学中要强调问题化、情境化学习，增强学生的成长自信，涵养学生的智慧和人格，从而达成对核心素养的培育。

四、加强研究，把握方向

从目前我国的教育实际来看，培养学生核心素养成为学校关注的重要问题。而核心素养总体框架的发布给学校教研工作带来了挑战。因此，教研工作转型升级成为必然趋势。学校教研工作只有以核心素养为指引，加大对现行课标和学科素养的研究力度，才能为教师落实核心素养教育指明方向和路径。

研究表明，当前课标对不同核心素养的重视程度存在明显的差异。各学科的课标都相当重视学科特色的素养，跨学科的素养较少被提及（如反思能力、自信心、独立自主等），特别是那些与学习任务关系较远但与社会适应、社会生活接近的一些素养(如生活管理能力、生涯发展规划、适应能力、安全意识与行为等)。因此,学校要组织教师开展核心素养和课程标准的比较研究,补短板,提升学科育人能力。

从国际经验来看,日本和我国台湾地区都是将学生核心素养的具体指标直接分解到不同的学科之中,特别强调跨学科的统整性,既让大家看到如何通过不同的学科教学培养学生的核心素养,又让大家看到不同学科在培养学生核心素养方面的侧重点。目前,一线教师主要依托学科教学来培养学生的核心素养,这自然就涉及一个需要关注的问题:如何将核心素养培养落实、细化到学科教学中。若能将这个问题研究好,不但可以保证核心素养的落实,也有利于体现学科的独特价值;如果研究得不好,可能会强化各学科的特色,造成学科和学科之间更清晰的分离,这既不符合现在国际上学科之间融合渗透的趋势,也在客观上将学生发展核心素养变成一个抽象的词语,而非撬动深化课程改革的杠杆。

五、行政推动,协同落实

核心素养既是国家人才发展战略在教育改革领域的主要体现和具体要求,也是培育和践行社会主义核心价值观这一根本任务在教育领域落实的重要措施和必要途径。发展学生的核心素养是社会发展对教育的诉求,也顺应了国际教育改革的共同趋向。它的确定标志着我国新时代教育目标的确立,直接影响我国教育未来的发展方向,意义深远。

当前学校的主要任务在于对核心素养进行校本化转化,形成校本化的表达。首先,核心素养校本化转化需要学校行政推动,需要成立以校长为组长的领导小组,召开专题会议,明确责任分工,从学校管理与文化、课程建设、课堂教学、班级管理、社团建设及社会实践、家校合作等维度,制定和出台落实核心素养的相关顶层设计和探索校本化转化路径。其次,要进一步加大课程开发的推动力度,不断完善和优化课程供给方式,既要调动教师对课程再开发、再设计的积极性,又要赋予教师更多的课程权利。要有效整合学校各部门、各年级组、各教研组的资源,加强校内教育和校外实践的联系,充分调动周边社区和学生家长的积极性，协同推进核心素养落实。据了解，教育部已经启动了高中课程方案和高中课标的修订工作，在修订过程中将会特别增加学科素养和基于核心素养制定出来的学业质量标准。学校也要结合新高考和新中考相关政策要求，逐步建立基于核心素养的学习内容和质量评价标准，进一步完善不同学段、不同年级、不同学科教育评价落实核心素养的体系，突出21世纪学生必备品格和关键能力培养的目标。

落实核心素养是当前学校工作的重中之重，但我们应该看到核心素养的落实是一个长期的过程，需要学校、教师、学生、家长和教育行政等部门共同努力。相信在社会多方面的协同努力下，学校贯彻落实核心素养工作一定会取得显著成效。

［王明云，合肥市海顿学校副校长，中学政治高级教师。］

JIAOSHI FAZHAN YANJIU

教师发展研究

众筹学习:中小学心理教师专业成长的一种路径选择

陈庆华　姚本先

【摘　要】当前,中小学心理教师群体专业化程度较低、角色身份认知模糊等问题依然存在,众筹学习成为中小学心理教师实现专业发展的现实路径。中小学心理教师众筹学习的实践探索主要体现在网络平台与现实场域两方面,教师通过分享教学经验与成果,实现专业成长。而发挥众筹学习实效性最为关键的因素是专业自觉与专家引领。

【关键词】众筹学习;中小学心理教师;专业成长

一、众筹学习是中小学心理教师实现专业发展诉求的现实路径

众筹原来是指企业或有创意的个人以互联网平台为载体,面向社会公

众，聚合社会资本、智力等资源的融资模式。[①]这种大众参与、积小流以成江海的众筹模式被应用在很多行业。当前，众筹的理念也被引入教育行业，特别是在教育培训与教师研修领域。显然，这里的众筹并非融资，而是以开阔视野、拓展思维、提升能力、促进成长为目标，采取开放式、发散式的学习形式，集聚众人之力，激发群体智慧。

当前，全面推进中小学心理健康教育工作，为青少年健康成长奠基是中小学的一项重要任务。而开展中小学心理教育工作的关键在于教师的专业成长。近些年来，因为各级教育主管部门对心理健康教育工作越来越重视，所以中小学心理教师队伍建设得到稳步发展。但是，中小学心理教师群体专业化程度较低、角色身份认知模糊等问题依然存在。中小学心理教师专业成长的抑制因素较多，主要表现在以下几个方面。

(一)中小学心理教师多为兼职，学科背景多元

在中小学，心理教师以兼职教师居多，教师的学科背景多元。笔者曾在安徽省部分中小学进行调查，结果发现76%的中小学心理教师为兼职教师，多为语文、数学、物理、生物等学科教师兼任，有心理学专业背景的心理教师非常少，心理学专业加上教育学专业学历背景的教师只有近44%。值得一提的是，很多非专业背景的兼职教师多是出于对心理学的热爱而主动加入这个行列，他们热切希望有团队的浸润与专家的指导。

目前，因为一些中小学存在重视不够、师资不足等问题，所以教师进行心理健康教育工作缺乏足够的推动力。一些兼职教师往往是在承担原本的教育教学工作之余，兼顾学校的心理健康教育工作，时间与精力十分有限，常感力不从心。此外，学校心理健康教育是一项科学性、专业性很强的工作。目前的现实情况是心理健康教育工作在学校中得不到应有的政策支持与条件保障，兼职教师接受培训的机会少，发展后劲不足，在工作中常常缺乏底气，即使是心理专业毕业生或者接受过心理专业培训的教师，虽然在理论知识方

---

① 赵颖、蔡俊英、刘鑫然:《众筹研究综述》，载《重庆工商大学学报(社会科学版)》，2016(4)。

面比较系统,但因为缺少实战磨炼,也常常不知道如何开展工作。所以,心理教师专业成长也是中小学心理健康教育工作进一步发展的必然要求。

(二)中小学心理教师数量偏少,角色认知模糊

目前,中小学心理教师数量普遍较少,不少学校仅有一个心理教师。这常常使得心理教师没有明确的学科归属感。“独学而无友,则孤陋而寡闻。”职业的孤独性在很大程度上影响了职业的满意度与发展,成为心理教师成长的最大阻力。[①] 其他学科的教师可以通过教研组活动在一起交流与讨论,从而共同提高、共同成长,而心理教师一方面工作非常繁杂,除了上课、提供心理咨询,还要组织学生参加心理活动,与其他教师、家长交流等,另一方面在学校里没有伙伴、前辈的经验可以借鉴,单枪匹马,所以感到孤独又有压力。可以看出,我国中小学心理教师先天不足,后天如不能给予充足的营养供给,则会使他们的专业发展存在严重缺陷。[②] 而且面向青少年儿童开展心理健康教育不能一蹴而就,其成效也无法像其他学科那样可通过成绩显现。但并非所有的学校领导都能够做到全力支持这项看上去与学习成绩无关的工作。虽然很多中小学心理教师对心理健康教育工作有着极大的热情,但他们又面临着专业发展中的诸多困难。心理教师最为深刻地感受到专业发展单靠个人力量远远不够,他们对团队力量的渴求比其他学科的教师更为迫切。从挣扎着做一名心理教师到成为有旺盛生命力的教师,[③]这是众多中小学心理教师专业发展的现实诉求。众筹学习的本质是在目标趋同、需求相似的群体中,充分发挥群体智慧,在观念的碰撞与交流中,相互补充,彼此支持,同侪共济。因此,基于心理健康教育的专业特色,众筹学习成为引领中小学心理教师专业发展的精神向度、提升教师专业素养的一种现实路径。

---

① 唐瑛:《浅析心理健康教育教师职业胜任力及发展路径》,载《牡丹江教育学院学报》,2011(4)。

② 刘永福、李保强:《中小学心理教师专业发展问题调查研究》,载《天津市教科院学报》,2008(2)。

③ [美]施密特著,孙菲菲、刘亚菌、喻莉译:《学校心理教师工作指南(第3版)》,北京:中国轻工业出版社,2013。

二、中小学心理教师众筹学习的实践探索

中小学心理教师通过众筹学习共同分享教学经验与成果,实现专业成长,无疑是激发自身持续发展的重要途径。中小学心理教师众筹学习的实践探索主要有以下两个方面。

(一)基于网络平台的众筹学习实践探索

当前,互联网的迅猛发展大大推动了学习生态的改良。中小学心理教师众筹学习的最主要方式就是通过网络建立学习共同体,借助微信群、QQ群等多种形式,实现资源共建互享。教师利用网络进行学习,可保证机会均等,且受空间限制,更有利于教师之间的合作与交流,这对于促进教师专业水平的提升有重要作用。目前,中小学心理教师采用的网络学习方式主要有两个。

第一,构建区域性的网络专业支持系统。在相关教育主管部门的统领组织下,中小学心理教师建了QQ工作交流群,通过网络平台开展了丰富多彩的活动,助推心理教师的专业成长。主要体现在以下几个方面:一是主题教研。心理教师可从教学中的实际问题入手,选取一些有代表性、有价值的内容,聚焦问题,集中研讨,以寻求解决问题的有效策略。二是案例研究。教师通过中小学生心理辅导案例分析与研讨,积累心理咨询与辅导经验。有专家指出:"心理教育案例研究是心理教师专业化成长的路径和阶梯。"[①]通过案例研讨,心理教师可获得解决具体问题的智慧,不断提升专业水平。三是课题研究。随着工作的深入,很多心理教师从任务驱动转向问题驱动,在实践中发现问题,积极主动地开展课题研究,区域间、校际间的协作研究也越来越多,网络则成为教师间协作研究、深度交流的重要场所。

第二,以课程学习为主导的网络学苑。最为普遍的就是中小学心理教师在自发组建的微信群、QQ群里通过语音或群视频直播方式开展心理课程学

---

① 崔景贵:《心理教育案例研究与心理教师专业化发展》,载《思想理论教育》,2009(13)。

习。很多心理学业内专家或中小学心理名师在群里讲授中小学心理健康教育的理论与实务，并与中小学教师互动答疑、共同讨论。群里还可分享课件、视频与文章等学习资料。此外，随着移动互联网技术的不断发展，教师们还可通过网络平台开展心理学知识的学习，很多中小学心理教师积极主动组团学习花椒视频实拍、千聊直播平台、微吼直播平台所提供的心理学课程，内容主要以微课程形式呈现，主题明确、针对性强，能帮助其提升专业素养。因为这些学习具有共享性、即时性、便捷性的优点，所以成为目前很受欢迎的一种方式。

(二)基于现实场域的众筹学习实践探索

教师专业化成长需要借鉴同行的经验。基于现实场域的众筹学习是同行之间面对面的交流，交互性更强，教师们的思想与行为更易保持良好的状态。较之网络学习，这种交流更实在、更深刻，形式也更多样。

第一，教研活动。各级教研室定期开展研讨、心理健康教育优质课观摩及比赛等教研活动。由于很多学校只有一个专职或兼职心理教师，所以教研活动可以校际间的互动为主。来自不同学校的教师们集中在一起，积极探讨中小学心理健康教育实践中的热点与难点问题，相互影响，相互促进。此外，教师在教研活动中得到了专业学习与情感的双向支持，有利于增强职业归属感。近年来，心理健康教育课程观摩与比赛活动也日渐增多，通过实战经验交流，心理教师的专业知识与能力得以迅速提升。

第二，名师工作室。名师工作室建设既是名师成长的探索过程，也是工作室成员共同的学习实践过程。工作室依据科学合理的规划，站在专业发展的高度，指导中小学心理教师关注心理健康教育发展的现状与未来趋势，组织示范课、听课评课、心理读书会、课题研究等。在名师工作室的团队建设中，心理教师将个人自主研习与团队合作研修相结合、理论研习与实践反思相结合、专家引领与自我成长相结合，通过高端引领、团队培养、整体提升，产生“共生效应”，促使工作室成员共同进步。这是培养优秀中小学心理教师的积极途径。

第三，专业培训。因为中小学心理教师多是兼职且没有专业背景，所以专业培训尤为重要。很多研究证明,对教师进行心理健康方面的培训,有助于他们提升处理相关问题的信心与技能。[①] 中小学心理教师能够参加的培训种类很多,有国培与省培的心理教师培训项目,有各市、县(区)举办的中小学心理教师专业培训,有校外未成年人心理健康辅导中心组织的系列培训,还有省市级中小学心理健康教育学会组织的培训。当前的教师培训越来越注重培训的科学性、系统性与实效性。培训形式有专家讲座、学员研讨、跟岗实践、网络研修等,培训内容以实证研究和实践经验为基础,注重理论结合实际,既传授心理健康教育知识,又训练心理健康教育技能。[②] 教师以学员身份一起集中学习,既有助于解决他们遇到的问题,又可与其他人分享资源与经验,这是建立同伴互助专业支持系统、开展众筹学习的良机。

三、中小学心理教师众筹学习的多元省思

诚然,众筹学习实际上就是建构交互学习场,形成共享知识、共享经验、共享智慧的学习。但是这种众筹学习往往参与者众多、形式复杂多样。因而,如何发挥众筹学习的实效性、真正提升中小学心理教师专业素养至关重要,最为关键的因素是专业自觉与专家引领。

(一)专业自觉是中小学心理教师专业发展的根基

专业成长,自觉先行。教师专业发展的前提是专业自觉。教师专业自觉是指教师以积极的态度对待自己从事的教育工作的专业性,明确教师专业的特点和方向,形成坚定的教师专业信念和崇高的专业理想,主动维护教师专业的声誉。[③] 如果中小学心理教师缺乏专业自觉,那么任何形式的活动都只会流于形式,无法真正促进教师专业成长。

---

① Whitiey J, Smith J D. aillancourt T. *Promoting mental health literacy among educators: critical in school based prevention and intervention*. *Canadian journal of psychology*, 2012(1)。

② 俞国良、王勍、李天然:《心理健康教育:中小学专兼职教师和管理者的认知与评价》,载《天津师范大学学报(基础教育版)》,2015(3)。

③ 任亚方:《中小学教师专业自觉的形成》,载《北京教育学院学报》,2012(8)。

专业认同是专业自觉的内在基础。在一些学校，中小学心理教师因为自己的工作与中、高考没有直接关系而不被学校重视：没有课时，需要自己努力争取课时；做着心理咨询工作，又因为涉及保密的问题而无法宣传和体现自己的工作；学校的心理教师人数有限，甚至只有一个人，无法形成有效的支持与协作，等等。这使得一些中小学心理教师无法找到归属感与明确的方向感，从而极大地影响了他们对中小学心理健康教育工作的专业认同。中小学心理教师必须深刻理解学校心理健康教育工作的重要意义与未来趋势，拥有专业自信，热爱并尊重自己的选择，这种专业态度是教师专业发展的内驱力。

专业反思是专业自觉的核心要素。教师只有认同自己的工作、热爱自己的工作，才能够做到审视自己的专业行为，即“反观其身”。而对教学行为的观察、内省、反思与探究是教师成长的有效途径。当教师在实践中自觉地反思时，他们的职业实践就会成为一种“专业”的实践。因此，教师们要通过反思，更好地理解自己、理解自己的实践，并努力实现自身的专业发展。[①] 心理健康教育工作的特殊性、复杂性与专业性，要求中小学心理教师必须提高专业水平。而专业水平提升的关键在于自身。教师在学习理论知识的同时，应坚持实践与总结，逐渐形成问题意识，通过专业社群组织中的众筹学习，最终获得对问题的理性分析与解决的能力，以促进专业发展。

只有实现专业认同与专业反思，教师才能真正形成专业自觉。专业自觉能够使教师理性地直面前进过程中遇到的问题，不断超越，建构自己丰富的精神世界。随着中小学心理健康教育工作的逐步推进，越来越多的中小学心理教师主动学习，积极实践探索。教师们集思广益，基于一定的问题或情境展开交流、沟通与协作，将自己的实践智慧与他人分享，从中获得成就感与幸福感。

（二）专家引领是中小学心理教师专业成长的助推器

中小学心理健康教育工作专业性强，中小学心理教师必须与时俱进，不

---

① 周文叶、崔允漷：《何为教师之专业：教师专业标准比较的视角》，载《全球教育展望》，2012(4)。

断深入学习。所谓“有道无术,术尚可求,有术无道,止于术”。“道”是指导实践的理论,“术”是实践过程中的方法。一线教师往往更关注“术”,但仅限于“术”显然是不够的。在基于众筹模式的学习过程中,中小学心理教师间的交流、分享固然有很多宝贵经验可供学习与借鉴,但是倘若缺乏专家引领,教师间的研讨很难向纵深发展。[①] 这就犹如“盲人摸象”,各说各像,易陷入迷茫。而在“道”的指导下,很多问题便可迎刃而解。

专家引领首先就是提升教师之“道”。来自高校、科研机构的专家有着深厚的理论素养、敏锐的专业眼光、开阔的研究视野,中小学心理名师有着过人的教育实践智慧,专家具有强大的感召力与影响力,他们的指导有助于中小学心理教师全面而清晰地认识学校心理健康教育理论与实践,明确发展方向,科学进行自我规划,加快自我专业发展的步伐。通过专家讲座、课题合作研究等多种形式的指导,可以转变一线教师的心智模式与教学方式,成就教师的专业化成长。

专家引领还在于“道”“术”契合。有效运用心理健康教育的理论知识指导实际教育教学工作,是提升中小学心理教师专业能力的关键所在。从学习心理健康教育工作的艺术性与科学性,到能够艺术地、科学地做好心理健康教育工作,对中小学心理教师而言,是一个极大的挑战。在专家引领的专业发展团队中,可以更好地将理论学习与工作实践结合起来。专家能够为教师释疑解惑,引导教师反思、探索,帮助他们实现专业化成长。

[陈庆华,合肥师范学院教师教育学院副教授;姚本先,合肥师范学院副校长,教授,博士生导师。]

---

① 王震:《构建区域性中小学心理健康教育教师专业系统的实践研究》,华东师范大学论文,2011。

中小学教师专业乐观及其相关因素调查研究

李群

【摘　要】教师专业乐观是指教师个体所具有的一类积极信念的总和，是教师积极心理品质的表现，是影响学生学业成就的重要因素。本研究以“教师专业乐观”和“中小学教师工作压力”量表为研究工具，对合肥市431名中小学教师进行问卷调查。结果发现，教师的专业乐观与教龄、学段和是否是主科教师有关，与压力状况和压力源关系密切，经常锻炼身体、有一些良好的业余爱好、有知心朋友、了解心理保健知识的教师的专业乐观度更高，学校开展的心理保健方面的培训也有助于提高教师的专业乐观度。

【关键词】中小学；教师；专业乐观；压力状态；压力源

一、问题提出

近20年来，随着积极心理学的迅速发展，对教师的专业发展的研究也从对消极的教师职业倦怠的关注转向对教师积极心理品质的研究。

传统观念认为，学生的学业成就在很大程度上取决于学生已有的能力和学习动机，而Seligman(2000)则提出了促使学业成功的第三个重要因素——习得乐观。习得乐观是通过学习而发展起来的一种积极的人格特质，是个体对现实和未来比较积极的、稳定的认知倾向。[①]

如何将积极心理学的理念与学校教育这样特定的领域结合起来？Hoy等人(2006)提出了学校学业乐观和教师专业乐观的概念。

学校学业乐观作为学校组织层面的变量，是由注重学业成就、教师集体效能感及教师对学生和家长的信任三大因素协同作用而形成的一种结构，表现为学校中的教师群体共有的对教与学的积极信念与态度以及由此而形成的有助于提升学生学业成就的良好学校氛围。已有研究结果显示，学校学业乐观作为一个集体属性，不仅可以作为考察学校文化的一个指标，并且能够有效地预测学校学生的学业成就。[②]

学校学业乐观的作用发挥是通过教师实现的。学校学业乐观在教师个体层面上的体现，称为“教师专业乐观”，其内在构成与学校学业乐观相吻合。[③]

教师专业乐观是指教师个体所具有的一类积极信念的总和——教师对自己的教育能力的信心，教师与学生及其家长的信任关系，教师对学生学习的重视程度及由此形成的积极期待。所以，教师专业乐观是反映个体心理状态的潜变量结构，虽然也有学者将其翻译成“教师的学生学业乐观感”，[④]但为了体现教师的学校教育专业性特点，也为了让教师在专业发展中重视培养乐观这一对学生学业有重要影响的特质，本文倾向于孙文梅博士的翻译，即教师专业乐观。[⑤]

与学校学业乐观的结构相一致，教师专业乐观也是由三因子组成：教师

---

① Seligman，Csikszentmihalyi，M. *Positive psychology*：*An introduction American psychologist*，2000(1)。

② Smith，P. A.，Hoy，W. K. *Academic optimism and student achievement in urban elementary schools*. *Journal of educational administration*，2007(5)。

③ 孙文梅：《学校学业乐观：提升学生学业成就的合力》，载《北京师范大学学报(社会科学版)》，2010(6)。

④ 刘幼玲：《国外教师的学生学业乐观感的研究述评》，载《上海教育科研》，2011(1)。

⑤ 孙文梅：《中小学教师专业乐观研究》，北京师范大学博士论文，2010。

效能感、教师对学生和家长的信任、教师对学生学习的重视。已有研究证实了教师专业乐观的三维结构及其对学生学业成就的预测作用(Woolfolk Hoy, Hoy, and Kurz)。[①]

Hoy 等人基于认知因素、情感因素、行为因素 3 个维度来确定教师专业乐观的三因子。

Anita 和 Bear 在 Hoy 的研究的基础上,建立了教师专业乐观的结构模型。(如图 1 所示)

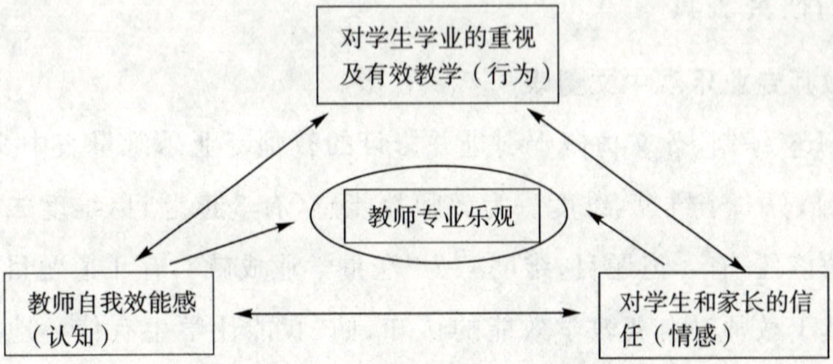

图 1 教师专业乐观模型及三维度的交互关系

教师的专业乐观模型以 Bandura 的三元交互决定论为理论框架。其中,教师自我效能感是指教师对自我是否进行了有效教学的评价,强调认知性;教师对学生和家长的信任是教师工作的一种精神环境,强调情感性;而教师对学生学业重视是一种行为,是认知和情感作用的结果。

国内的研究显示,教师专业乐观在教师不同的教学观、反思状况下存在显著差异。[②]

本研究主要以合肥市中小学教师为对象,调查中小学教师专业乐观的现状,尤其想了解教师的压力状况和应对方式与专业乐观程度的关系,以探讨提高教师专业乐观程度的途径。

---

① Hoy, A. W., Hoy, W. K., Kurz, N. *Teacher. s academic optimism: the development and test of a new construct*. *Teaching and teacher education*, 2008(24)。

② 孙文梅:《中小学教师专业乐观研究》,北京师范大学博士论文,2010。

二、研究方法

(一)研究被试

研究者采取整群分层抽样的方法，以合肥地区为主，选取小学、初中、高中，市区、非市区等不同类型公办学校共8所，发放问卷500份，回收473份，回收率为94.6%，去掉无效问卷12份，有效问卷率为97.4%。

(二)研究工具

1. 教师专业乐观中文量表

由Hoy编制、孙文梅博士引进并修订的教师专业乐观量表中文版，共有11道题目，分3个维度，维度一为教师效能感，有3道题目；维度二为对学生和家长的信任，有4道题目；维度三为“注重学业成就”，有4道题目。维度一的问题基于教师对自我教学效能的认知，如“我能让学生有信心地掌握所学内容”；维度二的角度是教师对学生和家长的信任，属于情感层面，如“我相信学生是有能力的”“我对学生家长是信任的”；维度三的角度是教师对学生学业的注重程度，包括如何执行，属于行为层面，如“我敦促学生取得好的学习成效”“在课堂上我善于向学生提问”。在本研究中，将这3个维度分别简称为“教师效能”“信任关系”“有效行为”，以体现教师专业乐观的知、情、行3个维度。该问卷采用Likert 4点记分法，从“非常不同意”到“非常同意”分别计“1”到“4”分。分值越高，表明专业乐观度越高。

2. 中小学教师工作压力量表

该问卷由北京师范大学石林教授编制，分两部分：压力源和压力反应。压力源原有8个维度36道题目，本研究将其整合为6个维度，将原“教育教学改革”整合到“学校管理压力”中，将“身心反应”与“职业发展”整合为“自我发展”，其余为“工作压力”“学生管理”“社会压力”“家庭压力”。压力反应有4个维度17道题目，4个维度分别为“生理反应”“情绪反应”“认知反应”“行为反应”。该问卷采用Likert 5点记分法，从“没有”到“很大”分别计“0”到“4”分。分值越高，表明教师的压力感越强。

3. 自编教师应对生活方式的问题

本研究还设计了 4 道教师平时生活应对方式的问题，如"您的业余爱好"，被试需在"①很多②一般③很少④没有"中选择一个；"您按计划锻炼身体吗"，被试需在"①经常②不经常③很少④没有"中选择一个。这些问题来自于与教师的座谈和个别咨询，主要涉及业余爱好、健身、心理保健知识、交友 4 个方面。

(三)统计处理

本研究用 SPSS19.0 for Windows 统计软件来处理所有有效数据资料。

三、结果和分析

(一)教师的人口统计学状况与教师专业乐观的总体状况

表 1 被试的人口统计学变量(N=431)

	性别		学历		婚姻状况		学校所在区域		学段		
	男	女	大专及以下	本科及以上	已婚	未婚	市区	非市区	小学	初中	高中
人数	181	250	65	366	372	59	200	231	168	134	129
%	42	58	15	85	86.3	13.7	46	54	39	31	30

对教师专业乐观的各维度及其总分的均值和标准差进行统计，并与孙文梅博士 2009 年的调查进行比较，对比结果如表 2 所示。

表 2 中小学教师专业乐观总均分与各维度的描述性统计结果(N=431,N09=426)

	Min.	Max.	M±SD	M09±SD	t
专业乐观总均分	1.09	4.00	3.00±0.44	3.23±0.38	−6.18***
教师效能维度	1.00	4.00	2.98±0.51	3.04±0.44	−1.24
信任关系维度	1.20	4.00	2.98±0.49	3.46±0.44	−12.73***
有效行为维度	1.00	4.00	3.04±0.49		

注：*表示 $p < 0.05$，**表示 $p < 0.01$，***表示 $p < 0.001$，下同。

从表 2 的结果可以看出，教师的"有效行为"乐观度最高，但比孙文梅博士 2009 年的调查结果低。孙文梅博士 2009 年在安徽、江苏、河南、湖北 4 个中部省份对 533 名中小学教师施测该问卷，其中安徽合肥的中小学教师有

163名。孙博士将Hoy量表修订为两个维度,即“教书乐观”和“人际乐观”,对应本研究就是“教师效能”和“信任关系”。对比这两次调查结果发现,专业乐观总均分的差异达到非常显著的水平,而主要贡献来自“信任关系”,说明现在的教师对学生和家长的信任度远远低于2009年。

(二)教师专业乐观的人口学特点

采用独立样本的t检验,教师专业乐观各维度在性别、婚姻与否、学历高低上均不存在显著差异。

分别将教师专业乐观均值与教师年龄、教龄做相关分析发现,与年龄的相关(r=0.039)不显著,但是与教龄的相关(r=0.141＊＊)达到非常显著水平。再做进一步分析,将教师教龄分为4个阶段,各阶段人数分别为:教龄0～5年79人,6～10年67人,11～20年143人,20年以上125人,缺失17人。通过分析数据发现,有20年以上教龄的教师各指标均显著高于其他教龄组,教龄为6～10年的教师各指标分值都比较低。(如表3所示)

表3　不同教龄教师专业乐观的均值比较

	0～5年 M1	6～10年 M2	11～20年 M3	20年以上 M4	F	事后检验
专业乐观总均分	3.01	2.88	2.99	3.09	3.59＊	M4＞M2
教师效能维度	2.92	2.91	2.96	3.10	3.28＊	M4＞M1、M2、M3
信任关系维度	3.04	2.84	2.97	3.06	3.42＊	M4、M1＞M2
有效行为维度	3.04	2.91	3.06	3.13	2.90＊	M4、M3＞M2

(三)教师专业乐观在工作属性上的特点

第一,不同职称的教师的专业乐观的比较。由于中小学三级教师人数过少(2人),有25人无职称,所以归为“二级及以下”;中小学一级教师和高级教师均归为“一级及以上”,缺失2人。通过分析数据发现,在“教师效能维度”方面,高职称教师显著高于较低职称教师。(如表4所示)

表 4 教师专业乐观的职称差异分析
(中小学二级及以下 114 人,一级及以上 315 人)

	二级及以下 M±SD	一级及以上 M±SD	t
专业乐观总均分	2.94±0.38	3.02±0.46	−1.77
教师效能维度	2.88±0.46	3.01±0.52	−2.35 *
信任关系维度	2.95±0.43	2.99±0.51	−0.90
有效行为维度	2.99±0.47	3.07±0.50	−1.48

第二,不同学段的教师的专业乐观的比较。分析数据发现,小学教师各指标均分最高,其总均分显著高于其他学段教师。进一步分析后发现,导致总量表出现显著差异的原因主要是“信任关系”,小学教师显著高于初中教师,并且非常显著高于高中教师,而初中教师和高中教师之间没有显著差异。(如表 5 所示)

表 5 教师专业乐观在学段上的差异分析
(小学 168 人,初中 134 人,高中 129 人)

	小学 M1	初中 M2	高中 M3	F	事后检验
专业乐观总均分	3.06	2.99	2.94	3.18 *	M1>M3
教师效能维度	3.01	2.98	2.94	0.70	
信任关系维度	3.08	2.99	2.89	6.09 * *	M1> M2、M3
有效行为维度	3.09	3.03	3.02	0.97	

第三,是否当班主任的教师的专业乐观的比较。有 181 位教师担任班主任,非班主任 242 人,缺失 8 人。采用独立样本的 t 检验,两者没有显著差异。

第四,不同科目教师的专业乐观的比较。按照社会上的普遍观念,将考试科目作为主科,非考试(或考试权重比较低)科目作为副科,所以本研究将语、数、外、理、化 5 科作为主科,史、地、生、音、体、美 6 科作为非主科。通过分析数据发现,主科教师的专业乐观显著高于非主科教师,尤其是“教师效能”维度,主科教师非常显著地高于非主科教师。(如表 6 所示)

表 6 教师专业乐观的所教科目的差异分析
(主科 309 人,非主科教师 122 人)

	主科教师 M±SD	非主科教师 M±SD	t
专业乐观总均分	3.03±0.42	2.92±0.49	2.30*
教师效能维度	3.02±0.48	2.87±0.57	2.69**
信任关系维度	3.01±0.48	2.91±0.51	1.96
有效行为维度	3.07±0.48	2.99±0.53	1.53

第五,工作强度不同的教师的专业乐观的比较。本研究制定的问卷中有两题反映教师的工作强度,一题是反映主观感受:“我觉得的自己的教学工作量”,从“很轻”到“很重”有 5 个备选答案;另一题是反映工作量客观值:“平均来说,我每天花在工作上的时间”,有“少于 8 小时”“8～10 小时”“10 小时以上”3 个备选答案。分析后发现,无论是主观感受,还是客观工作量,与专业乐观各维度的相关均不显著。(如表 7 所示)

表 7 教师专业乐观与工作量等因素的相关分析(r 值)(N=431)

	工作量主观感受	工作量客观值
专业乐观总均分	−0.016	−0.017
教师效能维度	−0.012	0.045
信任关系维度	−0.006	−0.057
有效行为维度	−0.028	−0.010

(四)教师专业乐观与教师压力的相关分析

通过分析发现,“信任关系”与“学生管理”“学校管理”“社会压力”达到非常显著的相关,与“自我发展”和“工作压力”相关显著;“教师效能”与来自“学生管理”的压力的相关达到非常显著水平。(如表 8 所示)

表 8 教师专业乐观与教师压力来源的相关分析(r 值)(N=431)

	学生管理	学校管理	社会压力	自我发展	工作压力	家庭压力
专业乐观总均分	−0.212**	−0.144**	−0.130**	−0.084	−0.067	−0.031
教师效能维度	−0.158**	−0.078	−0.060	−0.036	−0.020	−0.051
信任关系维度	−0.286**	−0.203**	−0.202**	−0.117*	−0.118*	−0.069
有效行为维度	−0.090	−0.061	−0.033	−0.051	−0.007	−0.001

通过分析教师专业乐观与教师压力反应的关系发现，教师专业乐观各维度与压力反应的相关达到非常显著的水平。“信任关系”与“情绪反应”的相关达到显著水平。（如表9所示）

表9 教师专业乐观与教师压力反应的相关分析(r值)(N=431)

	症状总值	生理反应	情绪反应	认知反应	行为反应
专业乐观总均分	−0.119*	−0.007	−0.096*	−0.089	−0.173**
教师效能维度	−0.065	0.049	−0.049	−0.066	−0.125**
信任关系维度	−0.132**	−0.039	−0.106*	−0.077	−0.181**
有效行为维度	−0.103*	−0.010	−0.089	−0.097*	−0.132**

(五)教师专业乐观与生活应对方式的关系分析

研究发现，采用不同生活应对方式的教师的专业乐观呈现出明显的差异。“经常且按计划锻炼身体”的教师，其“信任关系”非常显著高于其他组，“有效行为”也高于其他组。（如表10所示）

表10 专业乐观在教师是否按计划锻炼身体上的差异分析
(“经常”82人，“不经常”129人，“很少”148人，“没有”71人)

	经常 M1	不经常 M2	很少 M3	没有 M4	F	事后检验
专业乐观总量表	3.14	2.99	2.97	2.91	3.86*	M1>M2、M3、M4
教学效能分量表	3.07	2.97	2.95	2.93	1.33	
信任关系分量表	3.14	2.97	2.96	2.86	4.57**	M1>M2、M3、M4
有效行为分量表	3.19	3.02	3.01	2.98	3.15*	M1>M2、M3、M4

有很多业余爱好的教师的专业乐观各维度均非常显著地高于其他组。（如表11所示）

表11 专业乐观在教师业余爱好上的差异分析
(业余爱好“很多”75人，“一般”220人，“很少”123人，“没有”12人，缺失2人)

	很多 M1	一般 M2	很少 M3	没有 M4	F	事后检验
专业乐观总量表	3.16	3.01	2.88	2.94	6.84**	M1>M2、M3、M4
教学效能分量表	3.19	2.97	2.87	2.83	6.56**	M1>M2、M3、M4
信任关系分量表	3.14	3.00	2.85	3.03	6.03**	M1>M2、M3、M4
有效行为分量表	3.16	3.07	2.93	2.89	4.36**	M1>M2、M3、M4

非常了解心理保健知识的教师的专业乐观的各维度均显著高于其他组。(如表12所示)

表12 专业乐观在教师保健知识多少上的差异分析
("不太了解"90人,"有些了解"309人,"非常了解"31人,缺失2人)

	不太了解 M1	有些了解 M2	非常了解 M3	F	事后检验
专业乐观总量表	2.88	3.01	3.22	7.44 * *	M1<M2<M3
教学效能分量表	2.86	2.98	3.26	7.28 * *	M1<M2<M3
信任关系分量表	2.88	2.99	3.21	5.29 * *	M1、M2<M3
有效行为分量表	2.90	3.07	3.20	6.28 * *	M1<M2、M3

值得一提的是,为了解教师获得心理健康知识的途径,问卷设计了以下选项:(1)不了解;(2)自学(比如阅读杂志、报纸或者图书);(3)校方渠道(比如学校的宣传或者培训);(4)其他。选择这4个选项的人数分别是:不了解有56人,自学有230人,校方渠道有99人,其他有45人。将这4组教师的专业乐观得分进行均值的单因素方差检验,发现第三组,即通过校方渠道获得心理健康知识的教师的专业乐观各维度分值均比较高。(如表13所示)

表13 专业乐观在教师知识来源途径上的差异分析

	不了解 M1	自学 M2	校方 M3	其他 M4	F	事后检验
专业乐观总均分	2.86	2.98	3.12	3.01	4.89 * *	M3>M1、M2、M4
教师效能维度	2.81	2.97	3.06	3.00	3.03 *	M3>M1、M2、M4
信任关系维度	2.85	2.95	3.13	2.99	4.56 * *	M3>M1、M2、M4
有效行为维度	2.91	3.02	3.18	3.04	4.09 * *	M3>M1、M2、M4

"社会支持"也是教师应对压力的重要方式,有好朋友的教师的专业乐观的各维度均好于无朋友的教师。(如表14所示)

表14 专业乐观在教师有无好朋友上的差异分析

	有好朋友 M±SD	无好朋友 M±SD	t
专业乐观总均分	3.02±0.44	2.81±0.41	3.38 * *
教师效能维度	3.01±0.50	2.75±0.51	3.39 * *
信任关系维度	3.00±0.49	2.82±0.46	2.56 *
有效行为维度	3.07±0.49	2.84±0.44	3.31 * *

四、讨论

(一)中小学教师专业乐观总体状况良好,但"信任关系"大大低于2009年

从整体上看,中小学教师专业乐观均值为3.00,相较于满分4分,虽高于中间值2分,但如果与孙文梅博士2009年的调查相比,则大大降低。进一步分析后发现,教师在"教师效能"和"有效行为"方面差异并不显著,而在"信任关系"和"人际乐观"方面,出现了明显的下滑。

换句话说,今天的教师与学生及学生家长的关系变得紧张了,信任度也变低了,其原因何在?需要进一步调查研究。

(二)中小学教师的专业乐观与人口学特质和工作特点没有太大关系,与教龄、职称、学段等有一定关系

中小学教师专业乐观与教师教龄有一定关系,教龄为20年以上的教师,其专业乐观各维度均显著高于其他教龄组。值得注意的是,教龄为6～10年的教师的专业乐观各维度都是最低的,这一教龄段的教师可能正处于职业倦怠情绪的高发期,所以在教师培训中,应该关注这一教龄段的教师。

(三)中小学教师的专业乐观与其压力的感受关系显著,越是乐观的教师压力反应越小

本研究发现,与教师专业乐观关联度密切的压力源分别是"学生管理""学校管理"和"社会压力"。专业乐观度低的教师,面对学生的学业问题、安全问题、班级管理问题等会束手无策,进而感到压力巨大。同样,对学校的教学改革、检查评比、会议过多、考勤严格等也会感到难以应付,压力很大。如果教师对学生及家长的信任度很低,也会使他们感到压力巨大。

教师专业乐观各维度与压力反应中"行为反应"呈现非常显著相关,"信任关系"与"情绪反应"呈现显著相关。也就是说,如果教师专业乐观度低,就会表现出工作效率低下、对很多事情感到力不从心、对自己工作不满意等。如果教师对学生及学生家长信任度低,就会表现出情绪紧张、爱发脾气、烦躁

不安等。

(四)中小学教师的专业乐观与生活应对方式关系密切,具有高度相关,总体看来,越是拥有积极的生活应对方式的教师,其专业乐观度越高

业余爱好多的教师往往表现为热爱生活、有生活情趣、知识面广、性情比较外向豁达,这样的教师更受学生欢迎,其生活能力也可以迁移到教学上,所以其专业乐观度也会更高。

经常锻炼与教师专业乐观中的“信任关系”和“有效行为”呈现出非常显著的相关。在与教师的访谈中发现,经常有规律锻炼的教师,生活更积极乐观、更自律,有的还喜欢和学生一起打球,师生关系和谐。

对心理健康知识了解很多的教师在专业乐观各维度上的均值均非常显著地高于对心理健康知识了解很少的教师。可见,知识是非常有价值的。值得一提的是,从校方渠道获得这些知识的教师专业乐观各维度均值均显著或非常显著地高于通过其他途径获得这些知识的教师。结合前一个问题,研究发现,对心理健康知识了解很多的教师大多(62%)是通过正规的渠道(比如学校的宣传或者培训)获得心理健康知识,这说明,对教师进行心理健康教育的培训还是有作用、有效果的。

有好朋友的教师在专业乐观的各维度上的均值均显著或非常显著地高于没有好朋友的教师。因为好朋友是一个人重要的社会支持力量,可以反映一个人的心理健康水平。本研究也发现,没有好朋友的教师的专业乐观水平不会高。

五、结论

教师专业乐观是教师专业化发展中重要的人格因素,对教师教育教学的效果、对学生的学业水平有直接的影响。目前的中小学教师的专业乐观状况虽然良好,但比2009年差。

拥有20年以上教龄、职称一级以上的小学学段的教师的专业乐观度要高一些。经常健身、有较多业余爱好、经常阅读心理保健知识、乐于交友的教师的专业乐观度也要高一些。

教师的专业乐观度高可以增强教师的抗挫力，调节教师承受压力时的不良反应，尤其是行为反应和情绪反应，提升教师的主观幸福感。

六、建议

教师应经常进行体育锻炼，多培养一些业余爱好，多交一些朋友尤其是知心朋友，多了解一些心理保健知识，因为这些对教师专业乐观度的提升都是有帮助的。学校也可以经常组织教师开展文体和交友等活动，增强教师应对生活压力的能力。

教育行政部门和学校应重视教师培训，把教师心理健康教育和教师专业乐观的培养作为教师专业化发展的重要内容。正如美国当代著名教师比格勒所说："做教师，就是做一个永远的乐观主义者。""掌握教学策略与技巧，不足以成就一名优秀教师。优秀的教师让人充满希望，让人相信有一千个拥抱生活的理由。"①

[李群，合肥师范学院教师教育学院教授。]

① 李茂编译：《在与众不同的教室里——8位美国当代名师的精神档案》，上海：华东师范大学出版社，2007。

教育均衡视野下县域义务教育阶段教师交流问题研究*

阚逸群　胡海燕

【摘　要】教育均衡发展是义务教育阶段改革与发展的战略性任务，义务教育的均衡发展、教师资源的均衡配置是完成任务的关键。本文通过研究当前县域义务教育阶段教师交流政策和执行问题，为县域内更好地落实教师交流政策提供理论依据和实践参考。

【关键词】教育均衡；义务教育；教师交流

义务教育是我国基础教育的重中之重。由于长期受政治、经济和文化的影响，优质的教育资源流向了重点学校，而弱势学校则缺乏政策干预和保护。优质资源的紧缺一方面导致择校热与大班额，另一方面，很多的农村学校因为学生和教师流失现象严重，面临着生存和发展的危机。资源配置的不均衡使得人们想方设法去获得相对优质的教育资源，导致学区房价格暴涨，学校

* 安徽省教育规划课题2014年度三项改革专项课题(JGZXC201435)。

软环境差距越来越大。而教育资源中最重要的教师资源由于地域性差异越来越明显,出现了一系列的社会问题。

一、教师交流政策的问题

(一)交流政策的目标设置较为宽泛

我国当前实行的教师交流政策主要是鼓励或者组织城镇教师到农村地区或教育落后地区学校去教学、交流。在这样的背景下,交流政策的执行存在着流于形式的风险。主要风险来自三个层面:一是城镇教师虽然在表面上履行了国家的政策,但是前往薄弱学校交流并非出自他们本意;二是缺乏具体的对交流程序、交流时间和对象、交流的义务的规定;三是交流工作缺乏机制保障。国家在制定教师交流政策时,没有将教师交流时的教学质量标准纳入政策当中,造成教师在交流时无心提高自己的教学质量和教学水平,这无疑会导致教师交流的无效性。

(二)交流政策的规定过于刚性

各地政府实施的教师交流政策具有一定的强制性,这一点违背了教师招聘合同中关于平等自愿条规的规定。强制性实行教师交流是一种对人趋利性本质的违背,抑制了人们从事教师职业的热情,也是对教育"优胜劣汰"原则的破坏,容易导致教师择校现象出现。在一定程度上,更容易使教师的交流行为附带一定的功利色彩,即为职称的晋升而参与教师交流政策。

(三)教师交流政策不够人性化

教师作为交流政策的主体,应当拥有适当的话语权。交流政策应该首先满足教师的基本需求,要真正体现包括教师在内的多个参与者的利益和意愿。一味关注政府的利益和意愿,必将导致教师交流政策的无效甚至有害。教师交流政策的主要参与者和任教主体是教师,教师是否具有交流意愿、教师交流的时间、教师交流的教学内容等都应尊重教师的意见。因此,如果教师在交流政策中不被重视,或被无视,那么教师交流一定会收效甚微。

二、教师交流政策执行中存在的问题

(一)义务教育教师交流态度、意愿问题

从教师流动意愿来看,县域内义务教育阶段教师交流意愿并不强烈,真正愿意交流的多为农村地区的教师。数据统计结果显示,只有38.8%的教师愿意参加交流,有30.9%的教师持无所谓的态度。因为国家和地方政府颁布了很多有关促进教师交流的政策,但最后都因为种种原因没有落到实处,所以不少教师对义务教育教师交流政策持怀疑态度。他们强调会在公平公正的程序以及合理的激励、评价机制的引导下加入教师交流行列。

(二)义务教育阶段教师交流政策执行中利益主体的博弈问题

在调研中发现,自愿交流的教师只占教师总数的9.7%,说明教师个人在教师交流政策的执行过程中,发言权是很小的。而且目前教师的交流并非城乡一体化或者大范围的全县交流,有82.1%的交流属于结对帮扶及同等水平学校间的交流。

教师、学校、教育行政主管部门作为利益主体都有自己的考虑,如何在彼此的博弈中找到利益的平衡点,是个值得关注和探讨的问题。

(三)教师参与教师交流政策的动因问题

在调研中发现,关于义务教育阶段教师参与交流政策的最大动因,有17.9%的教师选择了评职称和晋升,有30.8%的教师选择了提高工资,有25.4%的教师选择了促进自身专业成长,有9.6%的教师选择换个环境,有16.3%的教师选择了离家近。教育政策是宏观调控,如何调动大部分参与者的内部动力确实是个难题。

(四)教师交流政策激励、评价机制及编制管理方面的问题

有些区域关于教师交流的激励和评价机制是缺乏的。调研发现,有奖励机制并严格执行的不到1/3,有评价机制并严格执行的刚满1/3。激励机制缺乏是教师交流动力不足的根本原因。

(五)教师交流政策执行中的偏离

第一,非强制、可选择的执行政策。在教师交流政策的实际实施过程中,很多学校是有选择地执行。政策执行者在实际的政策执行过程中会损害一部分人的利益,所以会遇到一些阻碍,致使政策执行有难度。很多执行者会根据自己的意愿执行一部分政策,避难就简,使教师交流政策在实施中变形缩水。通过与教师访谈交流,发现很多片区选择性地对教师交流政策中的福利待遇避而不谈。

第二,政策的执行问题没有切实落实。教师交流政策停留在文件和口头之上,并没有切实地被执行。即使被执行,也没有相应的监管和评估机制,使教师交流效果大打折扣。

第三,执行过程中带有很强的功利性。教师的评优评先、职称评选都和教师交流政策直接挂钩,导致很多人带着很强的功利性参加教师交流。不少教师利用教师交流来谋取利益,这有违国家制定政策的初衷。

第四,执行过程中带有很强的被动性。不少教师对交流敷衍了事,应付交差。因为很多学校和政府只重视自己的意愿和利益,而交流教师也不清楚具体的交流任务和交流职责,大多数是为交流而交流。

义务教育阶段教师交流政策是义务教育均衡发展战略的重要组成部分,执行教师交流政策,是为了解决义务教育阶段教师资源配置失衡问题。然而,在具体的县域内,因为宏观政策的地方适用性不足且执行中的其他具体问题都会影响义务教育阶段教师交流政策的实施效果,所以对具体县域内教师交流问题的研究显得十分必要。

[阚逸群,合肥师范学院助理研究员;胡海燕,合肥市长临河镇中心学校教师。]

信息化背景下的农村中小学教师合作学习

吴清晰

【摘　要】在信息时代，农村中小学利用网络平台构建教师学习共同体，引领教师合作学习，共享学习资源，展示学习成果，实现优势互补，不断丰富实践性知识，共同解决在教育教学实践中发现的问题，帮助农村教师提高教学技能，从而有效提高农村学校的教学质量。

【关键词】信息化；教师；合作学习

学习是教师专业发展的基础和前提，教师专业化呼唤教师学习方式变革。教师专业发展是教师个体持续不断的学习过程，是实践性知识发展、积累的过程。联合国教科文组织发表的《教育——财富蕴藏其中》一文指出，未来教育的四大支柱是学会认知、学会做事、学会共处和学会生存。在学习型社会中，学会与他人合作是人生存和发展的一项基本技能。合作学习是20世纪70年代初兴起于美国的一种教学理论，是一种旨在促进个体在小组中互助合作，达成共同学习目标，并以小组的总体成绩为奖励依据的教学策略体系。教师也应该掌握这种学习方式，即通过与其他教师的合作促进自身专业能力的发展。互联网时代的中小学教师合作学习，打破了时空的限制，教师通过自身努力或外部环境的影响，获得与生成专业知识、专业素养及其他方面的能力。

一、构建学习共同体，引领教师合作学习

有关研究表明，由于工作繁重、职业压力大、工作条件差等原因，农村中小学教师逐渐形成个人主义的工作方式，有较明显的封闭性，缺少与他人的交流与合作，造成教师间无法分享教学实践经验。互联网时代对于教育的影响首先是技术层面，但给教育带来更大影响的是思想上的变革。面对深化教育改革的新形势，教师必须转变观念，把学习当作一种责任，在工作中不断提高自己的专业素养，优化自己的知识结构。教育部发布的《教育信息化十年发展规划(2010—2020 年)》指出：探索现代信息技术与教育的全面深度融合，以信息化引领教育理念和教育模式的创新，充分发挥教育信息化在教育改革和发展中的支撑与引领作用。学习共同体中的资源是决定一个学习共同体是否具有吸引力的一项非常重要的因素。农村教师所面临的教学实践问题常常涉及多种因素和多方面的人员，仅靠教师个人的力量难以解决，而是需要与相关人员进行协商处理，合作解决。这一过程是交往对话、思想碰撞、互学互助、共勉共进的合作学习过程。“只有成员之间能够相互提供富有价值和吸引力的资源，才能够积极吸引共同体成员参与到共同的交流和讨论之中，实现真正意义上的共同学习和交流”。[①] 有效的教师之间的合作学习有利于教师交流经验、更新知识、掌握不同的教学方法和策略，最终带来教学效果的提升。教师合作是教师专业发展的重要向度，教师的专业发展离不开教师间的合作。《教师专业标准(试行)》要求教师不仅要具备终身学习的能力，还要具备团队合作精神、协作与交流能力。在学校中，建立合作学习型文化，将其渗透到学校文化中，形成一种“时时是学习之时，处处是学习之处，人人是学习之人”的学习氛围，真正使学习贯穿于学校组织系统运行的整个过程之中，以学习求生存，以学习促发展。教师通过合作建立学习共同体，与同

---

① 尚茹：《学习共同体：教师成长的新途径》，载《继续教育研究》，2007(1)。

事互动与交流,观察、模仿、请教他人等,借鉴他人经验,共享彼此的思想、观点、资源、经验,有效盘活和合理配置区域教师间、学校间的差异资源,变教师个体教育教学经验“私有财产”为“共享资源”,达到彼此相知、相通、相融。“教师专业发展在本质上是同事间不断经过意见交换、感受分享、观念刺激、沟通讨论等方式来完成的”。[①] 教师通过网络的方式与其他教师分享教学经验,分享理论知识,共同解决在实践中发现的问题,让教师在学习中思考,在思考中碰撞,在碰撞中提升。同时,教师通过网络平台与学生进行交流,从中获得学生的反馈信息,了解学生的薄弱方面,找出学生知识掌握不牢固的原因,再反思自身的教学,改进课堂教学方法,促进学生全面发展。

二、共享学习资源,实现优势互补

在专业成长的过程中,教师的发展与提高不仅是教师个人教学反思的结果,也是教师群体的相互合作和经验交流的结果。教师的知识结构具有个体性差异,但是通过共同体的活动,教师一方面在整合自身知识结构的同时,通过不断的交流和分享,实现知识的个体性和公共性的统一;另一方面又在不断的合作、交流、反思当中,丰富自身的知识结构。学校利用信息技术为教师搭建网络学习平台,如基于Moodle平台的教师博客、RSS阅读、标签Tag、网志Blog、共创WiKi、社会化网络SNS、BBS论坛、Moodle+Lams教师培训课程平台、手机校园APP、协作体邮箱等,为教师提供在线离线课程、答疑辅导、讨论等服务,上传实物资源(如教具、教材、图片等)、电子资源(如优秀课件、音频视频资料、课件素材等)、文本资源(如教案、试卷、教学反思、优秀案例、优秀论文)等教学资源,创建教育资源汇聚、融通、共享、共生的发展平台,突破了传统校园的教育学习环境的时空限制,有利于教师开展开放式学习、个性化学习、多时空学习。中小学教师通过学习平台,考察和了解其他学校的优秀教育成果,学习他人的有效经验,按自己所需取别人之长,不断盘点并刷新知识库的“内存”,为自己的管理、教学、科研所用,相互切磋某一知识点、

① 贺菲:《构建协作式文化,促进教师专业发展》,载《西北成人教育学报》,2005(1)。

训练点、教法，相互讨论教学疑点、热点、难点，了解最新的课改信息，了解各地的教研动态，探讨解决教学过程中出现的问题等。教师围绕教学共性问题进行讨论，交流教改信息、探讨教学方法、切磋教学技艺，促使其反思，寻求切实可行的解决问题的办法、手段或原则，在分析、解决问题的过程中进行学理阐述，在观察、对比、反思、修正的过程中加强专业切磋、协调和合作，使个人的思想在团体中碰撞、融合，实现教师专业的生态发展，带动教学质量的全面提升。

三、展示学习成果，促进可持续发展

教师学习一个是不断积累、发展的过程，其独特之处在于教师学习是在实践中获得并依靠实践来发展。华东师范大学钟启泉教授认为，真正意义上的教师专业发展不是基于行为主义基础之上的教师能力本位的发展，而是基于认知情境理论的实践智慧的发展。在群体动力理论“场论”的指引下，信息化环境下教师的共同学习不仅仅是个体的简单集合，而是一个具有整体意义的“场”，是每个成员在其中获得与自身专业发展紧密联系的强力支持的社会空间。根据建构主义的学习观，学习不是被动的接受信息刺激，而是学习个体通过原有的知识经验与外界环境进行交互活动，主动积极建构新的知识结构。网络平台是教师自我展示的舞台，赋予教师充分的话语权、更多的自主权和自由度，激发其自我发展的需求，使其能够表达自己的愿望、需求和对教育的思考。日本学者佐藤学认为，“教师的专业成长是以其‘课堂经验世界为核心的’‘同心圆’似的发展”。[①] 学校可以有效利用校内教师的“内差”，建立教师博客群、校本专题研究平台、直播课堂、网络赛课、网络评课、微课比赛、教研沙龙等，通过互听互评、教师教育教学经验交流、讲教师自己的教学故事、集体备课、同课异构、示范课、汇报课等活动，使教师在交流实践中感悟，在反思评判中成长，引导他们行走在多元、跨界的课堂教学中，领悟教学的技艺，体味教学的乐趣，改善自己的教学行为，使教师边学习边实践、边应用边

---

① [日]佐藤学著，钟启泉译：《课程与教师》，北京：教育科学出版社，2003。

提升,扩大教师个人反思的范围,加强教师的教学基本功和基本技能的训练,提升他们的专业水平。教育专家黄育珍认为,教师发展既是一种个体的过程,也是一种团体的过程,更是协同成长的过程。“当个体成长到某种程度时,他们的成长会促进整个组织的可持续发展”。① 教师在协作、共享、展示中获取理论知识,改变自己的专业生活方式,开展分层次、多样化的合作,实现自我超越,形成一种促进教师专业发展的团队精神,实现专业化的持续、长久发展,从而带动学校整个团队的专业发展。正如彼得·圣吉所说:“当团体真正在学习的时候,不仅团体产生出色的成果,个别成员成长的速度也比其他学习方式更快。”②

信息技术与教育深度融合的作用越来越大。农村中小学教师借助于网络平台,通过对话、倾听、讨论等多种方式,全方位、立体化、多角度地谈感悟、讲困惑、议策略、找办法,学会自我反思和开放自己,促进教师之间分享专业的知识与经验,共同探索、研讨教学实践,获得自身教育知识的增长和教育技能的提高,从而实现自身的专业发展。

[吴清晰,枞阳县教师进修学校教师。]

---

① 宁学功:《学生评教利弊谈》,载《现代中小学教育》,2001(1)。

② [美]彼得·圣吉著,郭进隆译:《第五项修炼》,上海三联书店,1998。

DIAOYAN YU JIANCE

调研与监测

安徽省义务教育阶段学生课业负担 2016年度监测报告

合肥师范学院基础教育创新发展智库

【摘　要】义务教育阶段学生课业负担过重，既危害学生的身心健康，也影响教育的全面发展。因此，国家和各级教育行政部门多次颁布相应的减负政策与文件，力求减轻学生过重的课业负担。合肥师范学院基础教育创新发展智库依托第三方专业评估机构，对安徽省部分地区义务教育阶段学生、教师及家长进行监测并适时发布我省义务教育阶段学生课业负担总体状况，从而为在全省范围内基本实现规范办学行为，切实减轻学生课业负担，建立起稳定的、适应素质教育要求的教育教学秩序提供咨询参考与决策依据。

【关键词】义务教育；课业负担；调查研究

一、监测目的

为贯彻落实国家和安徽省的中长期教育改革和发展规划纲要，根据安徽省教育改革和发展规划领导小组《关于印发推进安徽省县域义务教育均衡发展等三项改革实施方案的通知》(皖教改〔2012〕1号)精神,依托第三方专业评估机构,通过问卷调查,随机抽取安徽省部分地区义务教育阶段学生、教师及家长,监测并适时发布我省义务教育阶段学生课业负担总体状况,从而为在全省范围内基本实现规范办学行为,切实减轻学生课业负担,建立起稳定的、适应素质教育要求的教育教学秩序提供咨询参考与决策依据。

二、监测对象与方法

(一)监测对象

以安徽省域在籍的在校学生、家长及教师为监测对象,本年度重点监测对象为在校学生的家长,分别从城市学校和农村学校、合肥地区和其他地区实行分类整理取样。

(二)监测方法

自2016年11月15日至2016年12月25日,合肥师范学院基础教育协同创新评测团队主要通过网络问卷的调查途径采集数据,辅以教师、学生及家长访谈的方式进行印证。本次调查面向在校学生家长,共发放6492份网络问卷,其中面向小学段学生家长的网络问卷有4659份,面向初中段学生家长的网络问卷共1833份,有效问卷率为100%。根据学校所在区域,分别对小学段和初中段问卷进行城市学校和农村学校、合肥地区和其他地区分类比较,其中农村学校问卷2535份,城市学校问卷3957份,合肥地区问卷1458份,其他地区问卷5034份。(如图1所示)另外,为了交叉印证,课题组还先后在城市与农村地区发放并回收了604份纸质问卷。

本研究采用SPSS17.0对问卷调查的数据进行统计,予以描述性分析、卡方检验及T检验。SPSS中的描述性分析过程可以生成相关的描述性统计量,如频数、均值、方差、标准差等。通过这些描述性统计量,可以对课业负担的综合特征进行全面了解。卡方检验是对计数资料进行假设检验的方法,主要是比较安徽省城市学校、农村学校、合肥地区和其他地区的样本率(构成比）以及在课业负担多个维度上的关联性。其根本在于比较理论频数和实际频数的吻合程度或拟合优度问题有没有显著差别。

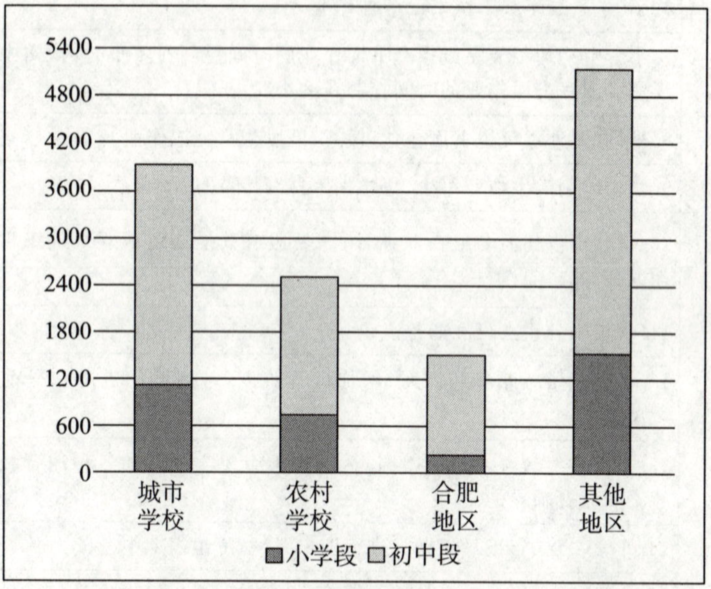

图1 安徽省义务教育阶段学生课业监测抽样人数分布

（三）监测内容

根据国家教育部、安徽省教育厅有关政策及规定，本次监测利用由安徽省基础教育改革发展协同创新中心研制并由省教育厅采纳的“义务教育阶段学生课业负担监测指标体系（2015年版）”来确定监测内容。义务教育阶段学生课业负担指标体系具体如表1所示。

表1 安徽省义务教育阶段学生课业负担监测指标体系（2015）

监测指标	监测指标内容要点
在校时间及安排（T）	1.学生在校学习时间（不含课间休息、课外活动和社会实践），小学生每天不超过6小时，初中生每天不超过7小时。
	2.寄宿制学校晚自习结束时间不超过21点。
	3.学校不组织走读生集体晚自习。
	4.不利用晚自习时间组织文化课补习或学科教学活动。
	5.保证学生每天在校园内至少有1小时的体育锻炼时间。

续表

监测指标	监测指标内容要点
作业量(W)	6.小学一、二年级不留书面课外作业。
	7.小学生平均每天完成家庭书面作业的时间控制在1小时内,初中生平均每天完成家庭书面作业的时间控制在2小时内。
	8.推行"课外零负担书面作业"模式,鼓励当堂完成作业。
	9.学校印制学生作业每生、每学期、每学科不超过1套。
教学及评价管理(M)	10.学校不以任何名目在双休日、寒暑假或其他法定节假日组织学生集体上课或补课。
	11.学校不分重点班和非重点班。
	12.无随意增减课程和课时、增加课程难度、赶超教学进度和提前结束课程现象。
	13.未经省级教育主管部门同意,学校不组织学生参加各种违背教育规律的竞赛和竞赛辅导。
	14.小学一、二年级每学期只进行期末考试,不组织期中考试。
	15.小学、初中推行日常考试成绩无分数评价。
	16.学校、班级不以任何方式公布学生考试成绩或按考试成绩给学生排名次。

以指标体系为依据,设计出安徽省课业负担监测问卷家长卷。家长卷内容包括学生的学校课业负担、家庭压力以及个体反馈3个方面,重点监测内容为学校课业负担,包括在校时间及安排、作业量、教学及评价管理3个方面。

三、监测结果

根据教育评价学和心理测量学基本原理,将本次课业负担监测指标进行加权合成建立课业负担指数(Academic Burden Index,ABI)作为衡量课业负担的综合指标,取值范围为0.1～1.0。主要结论如下:

(一)安徽省义务教育阶段学生课业负担指数状况

1.安徽省义务教育阶段学生课业负担水平处于合理区间

本次监测结果表明,安徽省中小学生课业负担指数ABI=0.424,其中在校时间及安排 T＝0.109，作业量 W＝0.119，教学及评价管理 M＝0.195，均低于0.5。由此可以判断，我省义务教育阶段学生课业负担较为适度，研究理论和教育实践均表明，适度的课业负担水平（指数）有利于激发学生的学习动机，对于提高学习效能和教育质量也是有益的。

表2 安徽省义务教育阶段学生课业负担整体指数（ABI）

抽样总体	课业负担指数（ABI）	在校时间及安排（T）	作业量（W）	教学及评价管理（M）
	0.424±0.129	0.109±0.053	0.119±0.040	0.195±0.088

2. 初中段学生的课业负担重于小学段学生的课业负担

虽然安徽省义务教育阶段学生课业负担指标处于合理区间，但小学段学生与中学段学生的课业负担指数有显著差异。小学段较低，ABI（P）＝0.384；初中段较高，ABI（J）＝0.526＞0.5。可以看出，初中段学生课业负担水平明显高于小学段学生。这一结果可能与初中阶段学科门类和学科内容增多、学业难度增大和学习面临的竞争性要求相关。

表3 安徽省义务教育阶段学生课业负担指数比较（分学段）

抽样总体	课业负担指数（ABI）	在校时间及安排（T）	作业量（W）	教学及评价管理（M）
小学段	0.384±0.108	0.100±0.051	0.112±0.037	0.172±0.076
初中段	0.526±0.122	0.133±0.051	0.139±0.040	0.254±0.087
全部	0.424±0.129	0.109±0.053	0.119±0.040	0.195±0.088
F	301.733	87.416	103.447	209.014
P	0.000***	0.000***	0.000***	0.000***

3. 农村学校学生的课业负担略重于城市学校学生的课业负担

农村学校学生的课业负担指数 ABI＝0.435，高于城市课业负担指数 ABI＝0.417。如果单看作业量（W）指标，则是城市学校学生的作业量略多。

表4 安徽省义务教育阶段学生课业负担指数比较（分城乡）

抽样总体	课业负担指数（ABI）	在校时间及安排（T）	作业量（W）	教学及评价管理（M）
城市学校	0.417±0.133	0.107±0.054	0.121±0.039	0.189±0.089
农村学校	0.435±0.121	0.113±0.052	0.117±0.041	0.206±0.085
全部	0.424±0.129	0.109±0.053	0.119±0.040	0.195±0.088

续表

抽样总体	课业负担指数(ABI)	在校时间及安排(T)	作业量(W)	教学及评价管理(M)
F	5.046	3.348	3.526	9.308
P	0.006**	0.035*	0.029*	0.000***

4. 合肥地区学生的课业负担重于全省其他地区学生的课业负担,但差异不显著

合肥地区学生的课业负担指数 ABI=0.433,高于其他地区学生的课业负担指数 ABI=0.422,也高于全省课业负担指数 ABI=0.424,但差异不显著。这一结果可能与合肥地区的教育资源紧张和竞争压力过大有关。

表5 安徽省义务教育阶段学生课业负担指数比较(分区域)

抽样总体	课业负担指数(ABI)	在校时间及安排(T)	作业量(W)	教学及评价管理(M)
合肥地区	0.433±0.128	0.108±0.053	0.119±0.042	0.206±0.087
其他地区	0.422±0.129	0.110±0.534	0.120±0.040	0.192±0.088
全部	0.424±0.129	0.109±0.053	0.119±0.040	0.195±0.088
F	1.512	0.225	0.021	4.674
p	0.221	0.798	0.979	0.009**

(二)安徽省义务教育阶段学生课业负担具体情况

为了更加具体地了解安徽省义务教育阶段学生的课业负担情况,以下从小学段与中学段两个方面进行分析。

1. 小学段学生课业负担的具体情况

合肥地区小学段的抽样相对其他地区较多。本报告从城市与农村、合肥地区与其他地区两个纬度进一步分析全省小学段学生课业负担情况。

(1)合肥地区小学生课业负担略重于其他地区小学生,农村小学生课业负担略重于城市小学生课业负担,差异均不显著。数据显示,合肥地区小学生的课业负担指数(ABI=0.402)高于其他地区小学生(ABI=0.378),农村小学生课业负担指数(ABI=0.398)高于城市小学生(ABI=0.375)。但进一步统计分析发现,全省小学生的课业负担水平在区域比较及城乡比较方面均无显著差异。将合肥地区、其他地区小学生分别与全省小学生比较，城市、农村学校小学生分别与全省小学生比较，也未发现显著性差异。

表6 小学生课业负担整体指数

样本情况	抽样总体	合肥地区	其他地区	城市学校	农村学校
抽样数	4659	1182	3477	2847	1812
课业负担指数(ABI)	0.384±0.108	0.402±0.108	0.378±0.107	0.375±0.109	0.398±0.105

通过统计分析还发现，从在校时间及安排、作业量、教学及评价管理和学生主观感受、家庭压力等5个方面比较，合肥与其他地区、城市和农村也没有发现显著性差异。

表7 小学生课业负担具体表现

样本情况	抽样总体	合肥地区	其他地区	城市学校	农村学校
在校时间及安排(T)	0.100±0.051	0.101±0.518	0.099±0.051	0.097±0.517	0.105±0.050
作业量(W)	0.112±0.037	0.115±0.039	0.111±0.037	0.114±0.037	0.109±0.039
教学及评价管理(M)	0.172±0.076	0.187±0.077	0.168±0.076	0.165±0.075	0.184±0.077
学生主观感受(F)	0.414±0.238	0.432±0.248	0.408±0.234	0.419±0.238	0.408±0.236
家庭压力(H)	0.294±0.215	0.294±0.215	0.294±0.215	0.319±0.219	0.256±0.203

(2)小学生在校时间适中。监测依据为《教育部关于当前加强中小学管理规范办学行为的指导意见》和《安徽省教育厅关于进一步加强中小学管理规范办学行为的意见》，监测内容是小学生在校学习时间每天不超过6小时。

数据显示，仅有32.58%的小学生每天在校时间不超过6小时，67.42%的小学生的在校时间均超过6小时，其中有11.53%的小学生每天上课8小时以上，有20.99%的小学生是7～8小时，有34.90%的小学生是6～7小时。(如图2所示)

从地区分布来看，在合肥地区，小学生在校上课学习时间不超过6小时所占的比例是34.26%，有65.74%的小学生在校上课学习时间为6小时以上。在其他地区，小学生在校上课学习时间不超过6小时所占的比例是

32.01%,有67.99%的小学生在校上课时间为6小时以上。数据显示,与合肥地区相比,其他地区小学生在校时间偏长。

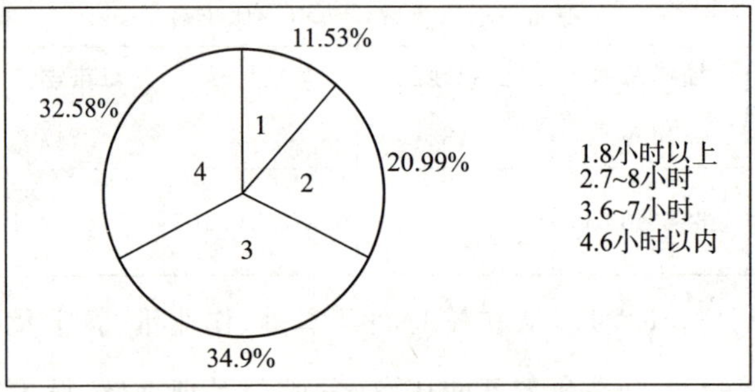

图2 小学生在校学习时间情况

从学校所在区域来看,在城市学校中,小学生在校上课学习时间不超过6小时所占的比例是34.77%,有65.23%的小学生在校上课时间为6小时以上。在农村学校中,小学生在校上课学习时间不超过6小时所占的比例是29.14%,有70.86%的小学生在校上课学习时间为6小时以上。

(3)小学生在校体育锻炼时间不足。监测依据为《国家中长期教育改革和发展规划纲要(2010—2020年)》《国务院关于基础教育改革与发展的决定》和《安徽省规范办学行为减轻学生课业负担改革实施方案》,监测内容是保证学生每天在校园内至少有1小时的体育锻炼时间。

数据显示,有31.42%的小学生每天在校锻炼时间不足半小时,有49.45%的小学生每天在校锻炼半小时至1小时,而只有19.13%的小学生每天在校锻炼时间能达到1小时以上。(如图3所示)

从地区分布来看,合肥地区小学生每天体育锻炼1小时以上的占20.56%,其余79.44%的小学生体育锻炼时间不足1小时。其他地区小学生每天体育锻炼1小时以上的有18.64%,其余81.36%的小学生体育锻炼时间不足1小时。由此可见,合肥地区小学生在校体育锻炼时间较长。

从学校所在区域来看,在城市学校中,小学生每天体育锻炼1小时以上的有19.70%,其余80.30%的小学生体育锻炼时间不足1小时。在农村学校中,小学生每天体育锻炼1小时以上的有18.21%,其余81.79%的小学生体育锻炼时间不足1小时。由此可以看出，相较于农村学校的小学生，城市学校小学生体育锻炼时间稍长些。课题组认为，这与城市学校的体育设施完善、学校对相关教育措施的认真执行密切相关。

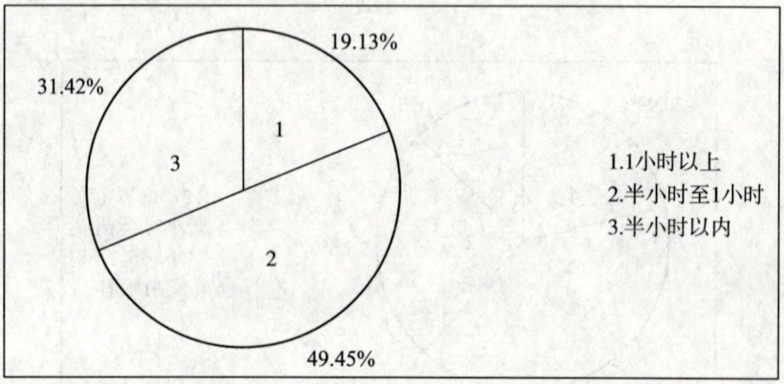

图3　小学生在校体育锻炼时间情况

(4)小学书面作业时间适中。监测依据为《安徽省教育厅关于印发〈安徽省中小学办学行为规范〉等文件的通知》，监测内容是小学生平均每天完成家庭书面作业时间控制在1小时内，其中小学一、二年级学生不留书面课外作业。

数据显示，仅有20.99%的小学生完成家庭书面作业时间为1小时以内，有79.01%的小学生完成家庭书面作业时间超标，其中12.81%的小学生完成作业时间为3小时以上，25.50%的小学生完成作业时间为两三个小时，40.70%的小学生完成作业时间为一两个小时。(如图4所示)

在小学一、二年级，有97.37%学生没有书面课外作业，仅有2.63%的一、二年级学生反映学校布置了书面课外作业。可见，小学低年级课外作业时间控制得较好。

从地区分布来看，合肥地区小学生平均每天完成家庭书面作业的时间为1小时以上的有77.41%，1小时以内的有22.59%。其他地区小学生平均每天完成家庭书面作业的时间为1小时以上的有79.55%，1小时以内的有20.45%。

从学校所在区域来看，城市学校小学生平均每天完成家庭书面作业的时间为1小时以上的有82.30%,1小时以内的有17.70%。而农村学校布置家庭作业较少,小学生平均每天完成家庭书面作业的时间为1小时以上的有73.84%,1小时以内的有26.16%。可见,城市学校小学生的家庭书面作业较多。

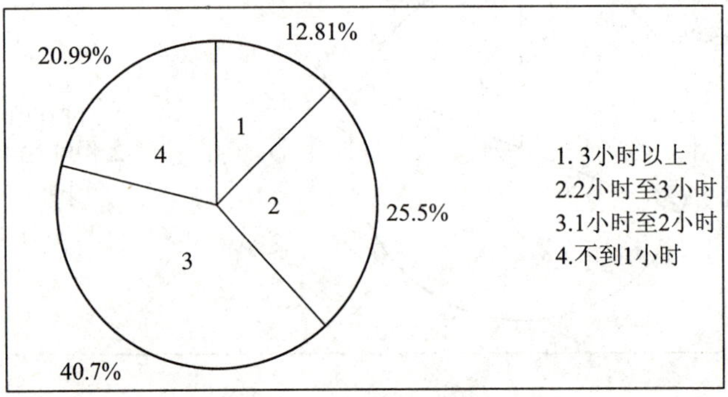

图4 小学生完成书面家庭作业时间情况

表8 小学生在校时间、体育锻炼时间及书面作业时间(%)

样本分布	在校时间		体育锻炼时间		书面作业时间	
	≥6小时	<6小时	≥1小时	<1小时	≥1小时	<1小时
合肥地区	65.74	34.26	20.56	79.44	77.41	22.59
其他地区	67.99	32.01	18.64	81.36	79.55	20.45
城市学校	65.23	34.77	19.70	80.30	82.30	17.70
农村学校	70.86	29.14	18.21	81.79	73.84	26.16

(5)禁止集体补课制度遵守较好。监测依据为《安徽省教育厅关于印发〈安徽省中小学办学行为规范〉等文件的通知》,监测内容是禁止中小学校以任何名目利用节假日组织学生集体补课。

监测结果表明,有78%的小学生在双休、节假日从不到学校上课,只有少部分学校上课,值得注意的是仍有5%的小学生节假日都上课。(如图5所示)

从地区分布来看,在合肥地区,小学生在双休日、节假日偶尔或从不到学校上课的占91.12%,经常或每次都上的占8.88%。在其他地区,小学生在双休日、节假日偶尔或从不到学校上课的占91.11%,经常或每次都上的占

8.89%。

从学校所在区域来看，在城市学校，小学生在双休日、节假日从不到学校上课的占79.45%，偶尔或者经常去上课的占15.49%。在农村学校，小学生在双休日、节假日从不到学校上课的占76.66%，偶尔或者经常去上课的占19.54%。

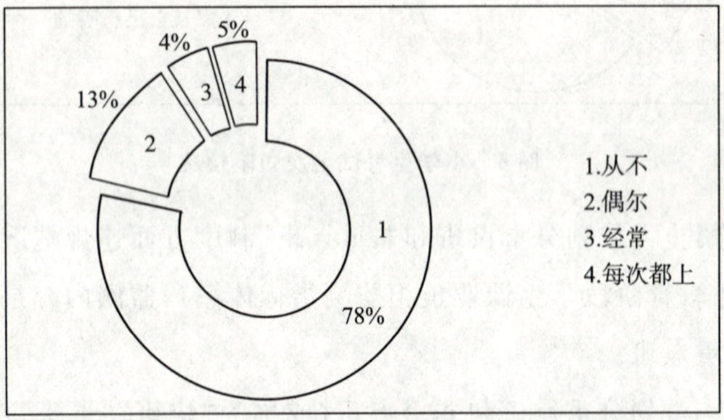

图5 小学生双休日、节假日集体补课情况

(6)考试名次知晓度普遍偏高。监测依据为《国务院关于基础教育改革与发展的决定》和《安徽省中小学办学行为规范》，监测内容是学校和教师不得公布学生考试成绩和按考试结果公开排序。

数据显示，有65.10%的小学生的考试成绩是教师在班级或通过班群公布的，有4.89%是教师私下告诉学生的，有3.35%是教师私下告诉家长的，还有26.66%是家长自己打听到的。(如图6所示)

从地区分布来看，在小学段，合肥地区家长自己打听到名次的占28.24%，有64.49%是教师在班级或通过班群公布的，有7.27%是教师告诉家长或者直接告诉学生的。在其他地区，家长自己打听到名次的占24.17%，有66.06%是教师在班级或通过班群公布的，有9.77%是教师告诉家长或者直接告诉学生的。

从学校所在区域来看，在城市学校，家长自己打听到名次的占22.34%，有69.29%是教师在班级或通过班群公布的，有8.37%是教师告诉家长或者直接告诉学生的。在农村学校，家长自己打听到名次的占28.13%，有

63.68%是教师在班级或通过班群公布的,有 8.19%是教师告诉家长或者直接告诉学生的。

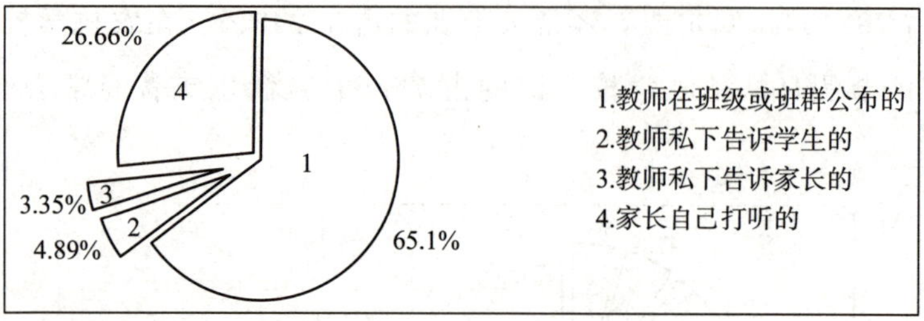

图 6　小学生考试名次知晓情况

(7)在“禁止学校划分重点班和非重点班”制度方面违规情况较少。监测依据为《义务教育阶段学生课业负担监测指标体系》,监测内容是学校不得分重点班和非重点班。

安徽省小学划分重点班和非重点班(或称为“快班”“慢班”)的现象依然存在,但与初中段相比,违规现象并不突出。本次监测结果显示,有 6.70%的小学分重点、非重点班,有 76.24%的小学没有分重点、非重点班。(如图 7 所示)

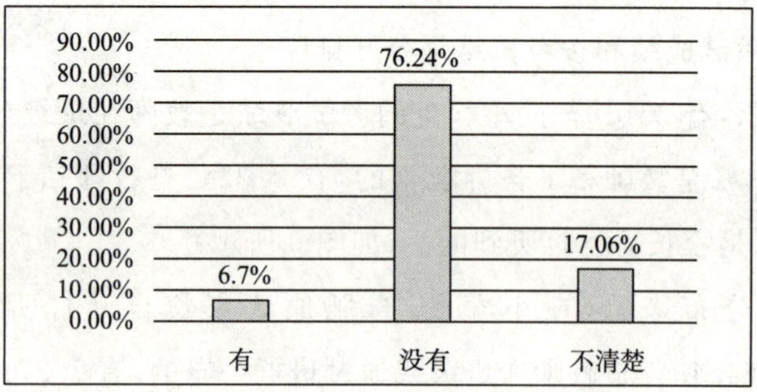

图 7　小学学校分重点、非重点班情况

从地区分布来看,在合肥地区,有 6.11%的小学分重点、非重点班,有 79.14%的没有分重点、非重点班。在其他地区,有 7.62%的分重点、非重点班,有 71.69%的没有分重点、非重点班。

从学校所在区域来看,在城市学校,有 11.68%的小学分重点、非重点班，有64.21%的小学没有分重点、非重点班。在农村学校，有5%的小学分重点、非重点班，有80.33%的小学没有分重点、非重点班。

表9 小学生节假日补课情况、考试名次知晓方式及学校有没有分重点班(%)

样本分布	节假日补课情况		考试名次知晓方式		学校有没有分重点班	
	经常或每次都上	偶尔或从不	教师私下告知或家长打听	教师直接宣布	有	没有
合肥地区	8.88	91.12	35.51	64.49	6.11	79.14
其他地区	8.89	91.11	33.94	66.06	7.62	71.69
城市学校	10.64	89.36	30.71	69.29	11.68	64.21
农村学校	6.13	93.87	36.32	63.68	5.00	80.33

2.初中段学生学校课业负担的具体情况

根据抽样初中学校所在的区域，本报告从城市学校和农村学校、合肥地区和其他地区学校的角度进一步分析安徽省初中阶段学生的课业负担情况。

(1)合肥地区初中段学生课业负担略重于其他地区。数据显示，合肥地区初中生课业负担指数最高(ABI＝0.564)，高于其他地区和全省初中生整体水平，农村学校初中生的课业负担指数略高于城市初中生，但差异不显著。另外，将城市学校、农村学校、其他地区学校分别与全省初中生比较，也未发现显著性差异。(如表10所示)

表10 初中生课业负担整体状况

样本情况	抽样总体	合肥地区	其他地区	城市学校	农村学校
抽样数	1833	276	1557	1110	723
课业负担指数(ABI)	0.526±0.122	0.564±0.123	0.519±0.121	0.525±0.129	0.527±0.110

通过进一步的卡方分析发现，合肥地区和其他地区初中生在在校时间及安排、作业量、教学及评价管理和主观感受等方面均没有显著性差异；城市学校和农村学校的初中生的在校时间及安排、作业量、教学及评价管理和主观感受等方面也没有显著性差异。(如表11所示)

表11 初中生课业负担具体表现

样本情况	抽样总体	合肥地区	其他地区	城市学校	农村学校
抽样数	1833	276	1557	1110	723
整体学生课业负担指数(ABI)	0.526±0.122	0.564±0.123	0.519±0.121	0.525±0.129	0.527±0.110
在校时间及安排(T)	0.133±0.051	0.136±0.049	0.132±0.051	0.133±0.051	0.133±0.051
作业量(W)	0.139±0.040	0.138±0.047	0.139±0.039	0.141±0.040	0.136±0.040
教学及评价管理(M)	0.254±0.087	0.290±0.079	0.248±0.087	0.251±0.091	0.259±0.081
学生主观感受(F)	0.576±0.234	0.614±0.236	0.569±0.234	0.591±0.240	0.552±0.225
家庭压力(H)	0.342±0.229	0.386±0.246	0.334±0.226	0.387±0.231	0.272±0.210

(2) 初中生在校上课时间偏长。监测依据为《教育部关于当前加强中小学管理规范办学行为的指导意见》和《安徽省教育厅关于进一步加强中小学管理规范办学行为的意见》,监测内容是初中生走读生每天在校教学活动时间不超过7小时。

本次调查发现,初中生在校时间普遍偏长,仅有16.36%的初中生每天在校时间不超过7小时,其余的83.64%的初中生每天在校时间均超过7小时,尤其是有50.25%的初中生在校时间超过8小时。(如图8所示)

从地区分布来看,合肥地区初中生在校时间不超过7小时所占的比例是9.78%,其中有64.13%的初中生在校时间超过8小时。其他地区初中生在校时间不超过7小时所占的比例是17.53%,其中有47.78%的初中生在校时间超过8小时。

从学校所在区域来看,农村学校初中生在校时间不超过7小时所占的比例是15.35%,其中有54.77%的初中生在校时间超过8小时。城市学校初中生在校时间不超过7小时所占的比例是17.02%,其中有47.30%的初中

生在校时间超过8小时。(如表12所示)

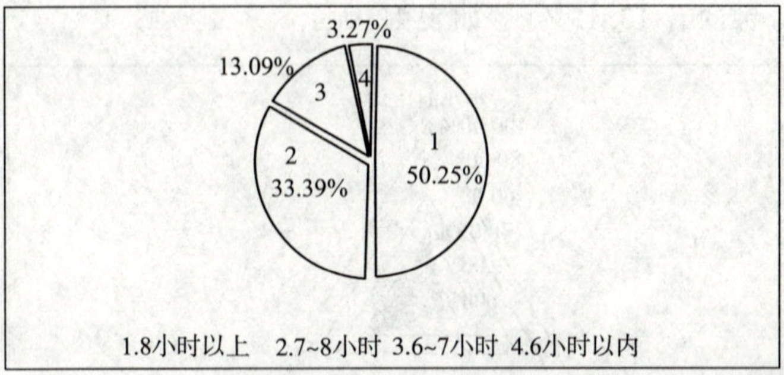

图8 初中生在校上课时间情况

表12 初中生在校学习时间安排情况(%)

样本分布	≥8小时	7～8小时	6～7小时	6小时以内
总体	50.25	33.39	13.09	3.27
合肥地区	64.13	26.09	5.43	4.35
其他地区	47.78	34.68	14.45	3.08
城市学校	47.30	35.68	13.78	3.24
农村学校	54.77	29.88	12.03	3.32

(3)初中生在校体育锻炼时间严重不足。监测依据为《国家中长期教育改革和发展规划纲要(2010—2020年)》《国务院关于基础教育改革与发展的决定》和《安徽省规范办学行为减轻学生课业负担改革实施方案》,监测内容是大力开展阳光体育运动,保证学生每天锻炼1小时。

调查结果显示,仅有12.11%的初中生每天在校体育锻炼时间超过1小时,有46.15%的初中生每天在校体育锻炼时间为30分钟至1小时,有41.73%的初中生每天在校体育锻炼时间不足30分钟。(如图9所示)

从地区分布来看,合肥地区初中生每天在校体育锻炼时间为1小时以上的有14.13%,每天在校体育锻炼时间不足30分钟的有36.96%。其他地区初中生每天在校体育锻炼时间在1小时以上的有11.75%,每天在校体育锻炼时间不足30分钟的有42.58%。

从学校所在区域来看,农村学校初中生每天在校体育锻炼时间为1小时以上的有12.45%,每天体育锻炼不足30分钟的有34.44%。城市学校初中

生每天在校体育锻炼时间为1小时以上的有11.89%,每天在校体育锻炼时间不足30分钟的有46.49%。(如表13所示)

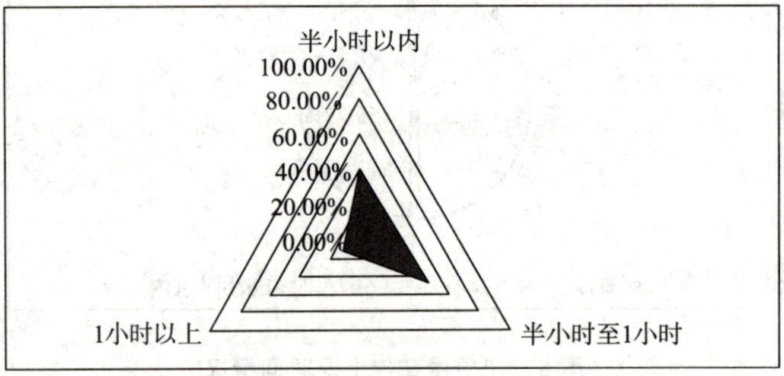

图9　初中生每天上体育课和参加体育锻炼的时间情况

表13　初中生每天上体育课和参加体育锻炼的时间(%)

时间安排	≥1小时	0.5～1.0小时	<0.5小时
合肥地区	14.13	48.91	36.96
其他地区	11.75	45.66	42.58
城市学校	11.89	41.62	46.49
农村学校	12.45	53.11	34.44

(4)初中生书面作业时间普遍过长。监测依据为《安徽省教育厅关于印发〈安徽省中小学办学行为规范〉等文件的通知》,监测内容是初中生平均每天完成家庭书面作业时间控制在2小时内。

本次调查结果显示,有43.70%的初中生平均每天完成家庭书面作业的时间为3小时以上,有30.11%的初中生平均每天完成家庭书面作业的时间为两2～3小时,有18.66%的初中生平均每天完成家庭书面作业的时间为1～2小时,有7.53%的初中生平均每天完成家庭书面作业的时间不到1小时。(如图10所示)。

从地区分布来看,合肥地区初中生平均每天完成家庭书面作业的时间超过2小时的有77.18%,完成家庭书面作业的时间为1～2小时的有15.22%,完成家庭书面作业的时间在1小时内的有7.61%。其他地区学校初中生平均每天完成家庭书面作业的时间超过2小时的有73.22%,平均每天完成家庭书面作业的时间为1～2小时的有19.27%，平均每天完成家庭书面作业的时间在1小时内的有7.51%。

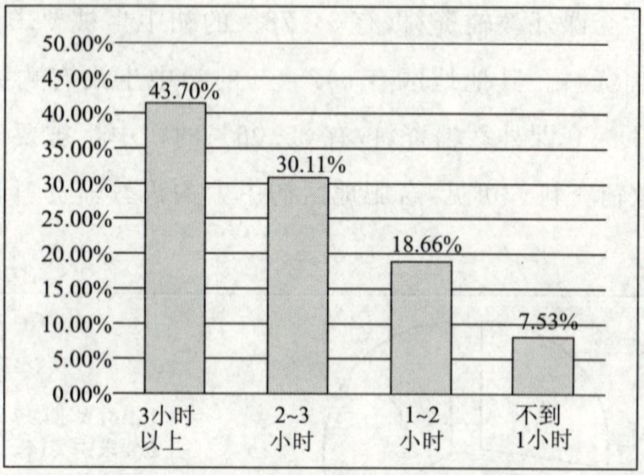

图10 初中生完成家庭书面作业时间情况

从学校所在的区域来看，农村学校的初中生平均每天完成家庭书面作业的时间超过2小时的有65.15%，平均每天完成家庭书面作业的时间在3小时以上的有33.61%，而城市学校有79.46%的初中生平均每天完成家庭书面作业的时间超过2小时，平均每天完成家庭书面作业的时间在3小时以上的有50.27%。（如表14所示）

表14 初中生完成家庭书面作业时间(%)

时间安排	≥3小时	2～3小时	1～2小时	＜1小时
合肥地区	51.09	26.09	15.22	7.61
其他地区	42.39	30.83	19.27	7.51
城市学校	50.27	29.19	14.05	6.49
农村学校	33.61	31.54	25.73	9.13

(5)初中生购买课外作业情况。监测依据为《安徽省教育厅关于印发〈安徽省中小学办学行为规范〉等文件的通知》，监测内容是学校印制学生作业每生、每学期、每学科不得超过1套。

数据显示，仅有33.55%的初中生没有购买课外教辅资料，有31.42%的初中生被要求购买1套课外教辅资料，有7.86%的初中生被要求购买2套，

有27.17%的初中生被要求购买2套以上课外教辅资料。(如图11所示)

从地区分布来看,合肥地区有65.21%的初中生没有购买课外教辅资料或者仅购买了一套课外教辅资料,有34.78%的初中生被要求购买2套或2套以上课外教辅资料。其他地区有64.94%的初中生没有购买课外教辅资料或者仅购买了一套课外教辅资料,有35.06%的初中生被要求购买2套或2套以上课外教辅资料。可见,合肥地区初中生购买教辅资料超标情况略好于其他地区。

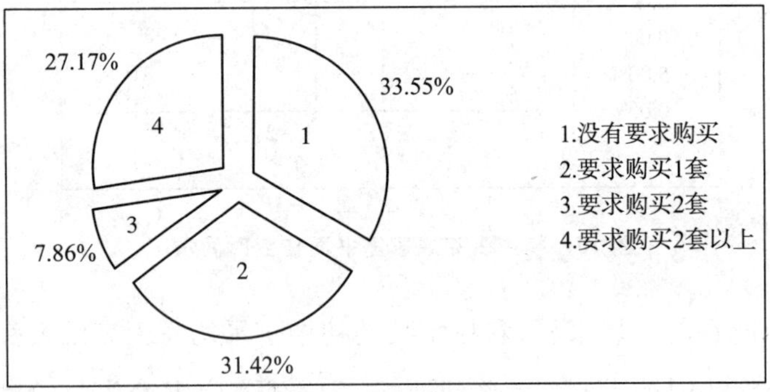

图11 初中生购买课外教辅情况

从学校所在的区域来看,城市学校的初中生没有购买课外教辅资料或者仅购买了一套课外教辅资料的有67.30%,购买了2套或2套以上课外教辅资料的有32.7%,而农村学校的初中生没有购买课外教辅资料或者仅购买了一套课外教辅资料的有61.41%,购买了2套或2套以上课外教辅资料的有38.59%。可见,农村学校初中生购买教辅资料的超标情况比于城市学校严重。(如表15所示)

表15 初中生购买课外教辅资料情况(%)

样本分布	没有要求购买	购买1套	购买2套	购买2套以上
合肥地区	38.04	27.17	6.52	28.26
其他地区	32.76	32.18	8.09	26.97
城市学校	35.41	31.89	7.02	25.68
农村学校	30.70	30.71	9.13	29.46

(6)普遍坚持遵守“禁止在法定节假日补课”制度。监测依据为《安徽省

教育厅关于印发〈安徽省中小学办学行为规范〉等文件的通知》，监测内容是禁止中小学校以任何名目利用节假日组织学生集体补课。

调查结果显示，有64.66％的初中生双休日、寒暑假和其他节假日从不到学校上课，有18.49％的初中生偶尔上课，8.67％的初中生经常上课，有8.18％的初中生每次都上。（如图12所示）

从地区分布来看，合肥地区初中生双休日、寒暑假和其他节假日从不到校上课的学生有66.3％，偶尔上课的有11.96％，经常上课的有4.35％，每次都上的有17.39％，而其他地区初中生双休日、寒暑假和其他节假日从不到校上课的学生有64.35％，偶尔上课的有19.65％，有9.44％的初中生经常上课，每次都上的有6.55％。

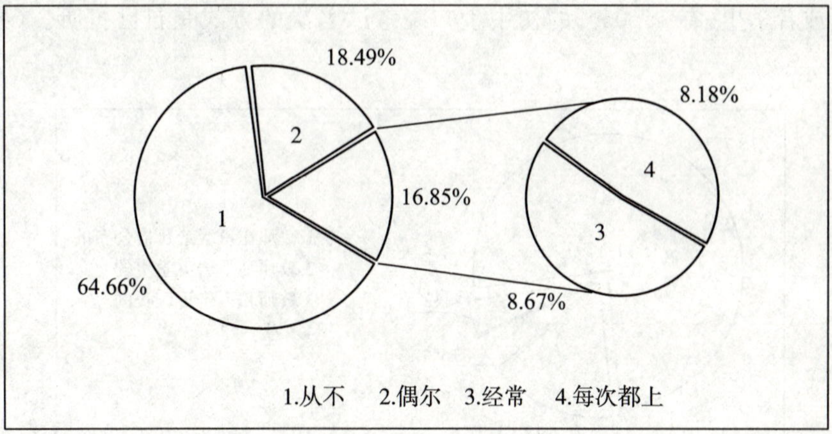

图12 初中生节假日到校上课情况

从学校所在区域来看，农村学校初中生双休日、寒暑假和其他节假日从不到校上课的有60.17％，偶尔上课的有25.31％，经常上课的有8.71％，每次都上的有5.81％。而城市学校初中生双休日、寒暑假和其他节假日从不到校上课的有67.57％，偶尔上课的有14.05％，经常上课的有8.65％，每次都上的有9.73％。（如表16所示）

无论是从整体上来看，还是分地区、区域来看，大部分初中生在双休日、寒暑假和其他节假日都不上课。但值得注意的是，也有8.18％的初中生每次都上。

表16 初中生节假日到校上课情况(%)

样本分布	从不	偶尔	经常	每次都上
合肥地区	66.30	11.96	4.35	17.39
其他地区	64.35	19.65	9.44	6.55
城市学校	67.57	14.05	8.65	9.73
农村学校	60.17	25.31	8.71	5.81

(7)考试名次知晓度普遍较高。监测依据为《国务院关于基础教育改革与发展的决定》《安徽省中小学办学行为规范》,监测内容是学校和教师不得公布学生考试成绩和按考试结果公开排序。

调查结果显示,有75.78%的初中生知晓考试名次的方式是教师直接在班上或在班群公布,有9.17%的初中生知晓考试名次的方式是教师私下告诉家长或者学生,有15.05%的初中生知晓考试名次的方式是自己打听。(如图13所示)

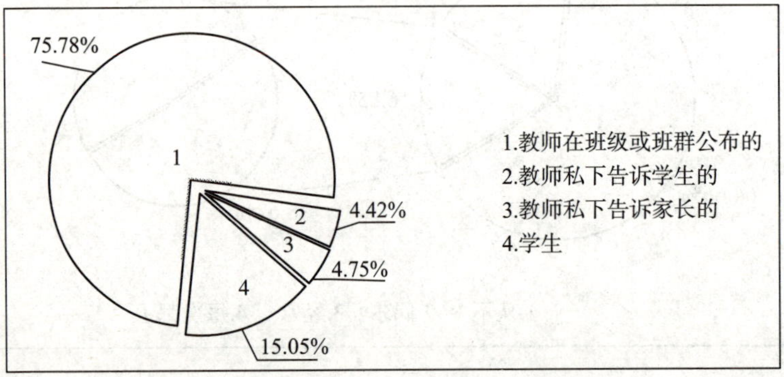

图13 初中生知晓考试名次途径

从地区来看,在合肥地区,有86.96%的初中生知晓考试名次的方式是教师直接在班级或通过班群公布,有8.7%的初中生知晓考试名次的方式是教师私下告诉家长或者学生,有4.35%的初中生知晓考试名次的方式是家长自己打听。在其他地区,有73.8%的初中生知晓考试名次的方式是教师直接在班级或班群公布,有9.25%的初中生知晓考试名次的方式是教师私下告诉家长或者学生,有16.96%的初中生知晓考试名次的方式是家长自己打听。

从学校所在区域来看，在农村学校，有73.44%的初中生知晓考试名次的方式是教师直接在班级或通过班群公布，有7.88%的初中生知晓考试名次的方式是教师私下告诉家长或者学生，有18.67%的初中生知晓考试名次的方式是家长自己打听。在城市学校，有77.3%的初中生知晓考试名次的方式是教师直接在班级或通过班群公布，有10%的初中生知晓考试名次的方式是教师私下告诉家长或者学生，有12.7%的初中生知晓考试名次的方式是家长打听。

无论是从整体上来看，还是分地区、区域来看，大部分初中生的考试名次知晓度都比较高。

表17　初中生知晓考试名次途径(%)

样本分布	教师在班级或班群公布的	教师私下告诉学生的	教师私下告诉家长的	家长自己打听的
合肥地区	86.96	4.35	4.35	4.35
其他地区	73.80	4.43	4.82	16.96
城市学校	77.30	4.59	5.41	12.70
农村学校	73.44	4.15	3.73	18.67

《安徽省中小学办学行为规范》规定："严禁公布学生考试成绩，不以考试成绩或升学率给班级、学生排列名次。不得按考试成绩给学生排队和安排座位、考场。"调查结果显示，有59.08%家长表示知道学校是按照考试成绩安排考场的，有25.53%的家长表示孩子所在的学校没有按照考试成绩安排考场，另外15.38%的家长表示不清楚学校如何安排考场。（如图14所示）

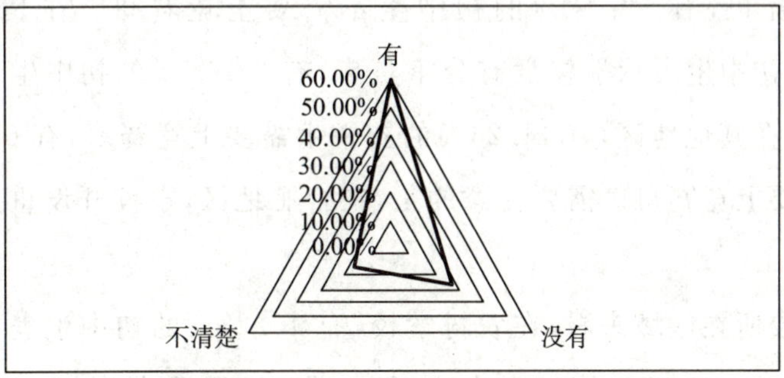

图14　初中生考场座位安排情况

由此可见,不少中学教师仍在班级公布学生考试成绩或按照考试成绩给学生排列名次。

(8)在“禁止学校划分重点班和非重点班”制度方面违规情况较多。监测依据为《义务教育阶段学生课业负担监测指标体系》,监测内容是学校不可划分重点班和非重点班;未经省级教育主管部门同意,学校不得组织学生参加各种违背教育规律的竞赛和竞赛辅导。

调查结果显示,有34.86%的初中生家长表示学校设置重点班,有51.23%的初中生家长表示学校没有设置重点班,另有13.91%的家长表示不清楚学校是否设置重点班、非重点班。调查结果还显示,有14.08%的初中生家长表示学校组织学生上奥数等竞赛班,有63.83%的初中生家长表示学校没有组织,另有22.09%的家长表示不清楚学校是否组织。

表18 初中段设置重点班和上竞赛班情况(%)

样本分布	学校有没有分重点班			是否上竞赛班		
	有	没有	不清楚	是	否	不清楚
合肥地区	77.17	11.96	10.87	13.04	52.17	34.79
其他地区	27.36	58.19	14.45	14.26	65.90	19.84
城市学校	32.70	55.14	12.16	14.59	64.32	21.09
农村学校	38.17	45.23	16.60	13.28	63.07	23.65

从地区来看,在合肥地区,有11.96%的初中生表示学校没有分重点班,有77.17%的初中生表示学校有分重点班;在合肥地区,有13.04%的初中生需要上竞赛班,有52.17%的初中生不需要上竞赛班。在其他地区,有58.19%的初中生表示学校没有分重点班,有27.36%的初中生表示学校有分重点班,在其他地区,有14.26%的初中生需要上竞赛班,有65.90%的初中生不需要上竞赛班。需要注意的是,在合肥地区,学校开设重点班的情况较为严重。

从学校所在区域来看,在农村学校,有45.23%的初中生表示学校没有分重点班,有38.17%的初中生表示学校有设置重点班;在农村学校,有13.28%的初中生需要上竞赛班,有63.07%的初中生不需要上竞赛班。在城市学校，有32.70%的初中生表示学校有设置重点班，有55.14%的初中生表示学校没有设置重点班；在城市学校，有14.59%的初中生需要上竞赛班，有64.32%的初中生不需要上竞赛班。可见，城市学校对于禁止开设重点班的制度遵守较好，而农村学校违规情况较为严重。（如表18所示）

综上，安徽省义务教育学段学生课业负担适度，但初中段学生学业负担较重，尤其是合肥地区初中生和农村学校初中生。为了进一步印证结论，本着方便取样的原则，对合肥市及其所辖县的初中教师和学生进行深度访谈。城市师生普遍反映，合肥地区的升学压力较大，学校普遍过度重视考试、家长过度关注分数是造成合肥地区初中段学生课业负担较重的主要原因。农村学校师生多反映学校师资力量不足、家长指导不够、学生基础差是造成农村学校初中段学生课业负担较重的主要原因。

（三）安徽省义务教育阶段学生的家庭压力情况

1. 安徽省义务教育学段学生的家庭压力处于合理区间

本次监测结果显示，家庭压力指数ABI(H)＝0.342＜0.5，可以认为安徽省义务教育阶段学生的家庭压力适度，但小学段和初中段家庭压力有显著差异。其中，小学段学生家庭压力指数ABI(PH)＝0.294，初中段学生家庭压力指数ABI(JH)＝0.342，相对于小学段，初中段学生的家庭压力指数偏高。

表19 义务教育学段学生的家庭压力指数

项目	全部	小学段	初中段	P
家庭压力指数(H)	0.342±0.220	0.294±0.215	0.342±0.229	0.000***

2. 小学段学生家庭压力情况

虽然监测数据显示小学段学生家庭压力处于合理水平，但仍然存在一定的家庭压力，而且他们的家庭压力多因家长给孩子报各种课外辅导班或额外给孩子布置家庭作业而产生的。

(1)课外补课及辅导情况。监测数据显示，有53.57%的小学生家长会给孩子报课外辅导班，其中31.68%的家长偶尔会让孩子参加课外补课及辅导，17.90%的家长经常让孩子参加课外补课及辅导，仅3.99%的家长选择让孩子非常频繁地参加课外补课及辅导,值得表扬的是,有46.43%的家长坚持不让孩子参加课外补课及辅导。

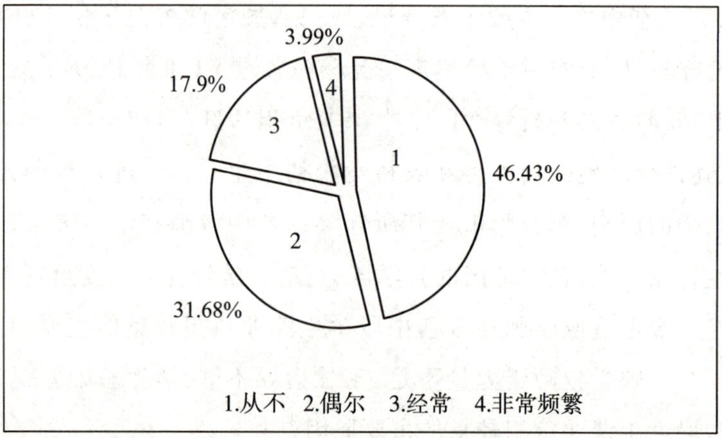

图15　小学段学生课外补课情况

从地区分布来看,在合肥地区,有46.70%的家长选择从不给孩子报任何补习班,但仍有53.30%的家长选择让孩子参加课外补课及辅导,其中30.71%的家长偶尔让孩子参加课外补课及辅导,19.80%的家长经常让孩子参加课外补课及辅导,有2.79%的家长非常频繁地让孩子参加课外补课及辅导。在其他地区,有46.33%的家长选择从不给孩子报任何补习班,但仍有53.67%的家长选择让孩子参加课外补课及辅导,其中32.01%的家长偶尔让孩子参加课外补课及辅导,17.26%的家长经常让孩子参加课外补课及辅导,4.40%的家长非常频繁地让孩子参加课外补课及辅导。监测数据显示,合肥地区和其他地区都有53%以上的家长选择让孩子参加补课及辅导,对比数据发现,合肥地区和其他地区差异不显著。

从学校所在区域来看,在城市学校,有58.90%的家长选择让孩子参加课外补课及辅导,其中33.30%的家长偶尔让孩子参加课外补课及辅导,20.44%的家长经常让孩子参加课外补课及辅导,5.16%的家长非常频繁地让孩子参加课外补课及辅导。与城市学校相比,农村学校的补课情况相对较好,有54.80%的家长选择不让孩子参加课外补课及辅导,有29.14%的家长偶尔让孩子参加课外补课及辅导,有13.91%的家长经常让孩子参加课外补

课及辅导，有 2.15％的家长非常频繁地让孩子参加补课及辅导。（如表 20 所示）

表 20　小学段学生课外补课及辅导情况（％）

样本分布	从不	偶尔	经常	非常频繁
小学段	46.43	31.68	17.90	3.99
合肥地区	46.70	30.71	19.80	2.79
其他地区	46.33	32.01	17.26	4.40
城市学校	41.10	33.30	20.44	5.16
农村学校	54.80	29.14	13.91	2.15

（2）课外作业[①]情况。监测数据显示，在小学段，有 74.64％的家长会选择给孩子布置课外作业，其中 55.25％的家长偶尔给孩子布置课外作业，16.36％的家长经常给孩子布置课外作业。值得注意的是，有 3.03％的家长非常频繁地给孩子布置课外作业。

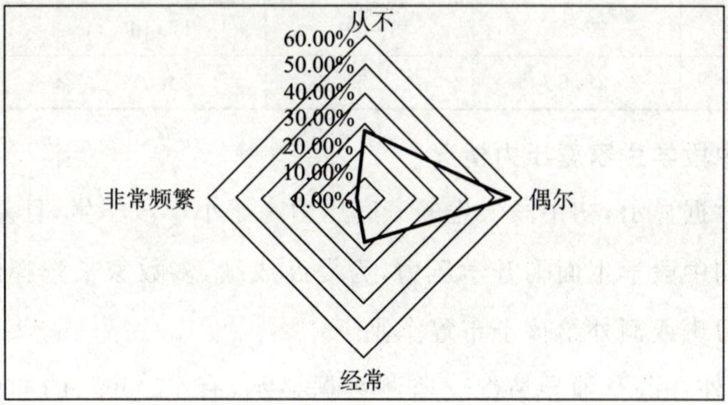

图 16　小学段学生课外作业情况

从地区分布来看，在合肥地区，有 75.38％的小学生家长会给孩子布置课外作业，其中有 56.35％的家长偶尔给孩子布置课外作业，有 15.48％的家长经常给孩子布置课外作业，值得注意的是，有 3.55％的家长非常频繁地给孩子布置课外作业。在其他地区，家长给孩子布置课外作业的情况略好些，有 74.37％的小学生家长会给孩子布置课外作业，其中 54.87％的家长偶尔

① 本文的课外作业是指学生家庭自行安排布置的课外作业。

给孩子布置课外作业,有 16.65%的家长经常给孩子布置课外作业,值得注意的是,2.85%的家长非常频繁地给孩子布置课外作业。

从学校所在区域来看,在城市学校,有 77.45%的家长会给孩子布置课外作业,其中 56.69%的家长偶尔给孩子布置课外作业,17.49%的家长经常给孩子布置课外作业,值得注意的是,有 3.27%的家长非常频繁地给孩子布置课外作业。在农村学校,有 70.20%的家长会给孩子布置课外作业,其中 52.98%的家长偶尔给孩子布置课外作业,14.57%的家长经常给孩子布置课外作业,值得注意的是,2.65%的家长非常频繁地给孩子布置课外作业。

表 21 小学段学生课外作业情况(%)

样本分布	从不	偶尔	经常	非常频繁
小学段	25.37	55.25	16.36	3.03
合肥地区	24.62	56.35	15.48	3.55
其他地区	25.63	54.87	16.65	2.85
城市学校	22.55	56.69	17.49	3.27
农村学校	29.80	52.98	14.57	2.65

3.初中段学生家庭压力情况

监测数据显示,初中段学生的家庭压力高于小学段学生,且差异显著,主要是因为初中段学生面临升学压力,为提高成绩,多数家长选择给孩子报各种课外补习班或额外给孩子布置作业。

(1)课外补课及辅导情况。监测数据显示,有 72.50%的初中生家长会给孩子报课外补习班,其中 31.91%的家长偶尔会让孩子参加补课及辅导,30.28%的家长经常让孩子参加课外补课及辅导,值得注意的是,10.31%的家长非常频繁地让孩子参加课外补课及辅导,仅 27.50%的家长坚持不让孩子参加课外补课及辅导。(如图 17 所示)

从地区分布来看,在合肥地区,仅有 26.09%的初中生家长选择从不给孩子报补习班,有 73.91%的家长选择让孩子参加课外补课及辅导,其中 21.74%的家长偶尔让孩子参加课外补课及辅导,32.61%的家长经常让孩子参加课外补课及辅导,19.56%的家长非常频繁地让孩子参加课外补课及辅导。在其他地区，有27.75%的家长选择从不给孩子报补习班，72.25%的家长选择让孩子参加课外补课及辅导，其中33.72%的家长偶尔让孩子参加课外补课及辅导，29.87%的家长经常让孩子参加课外补课及辅导，8.66%的家长非常频繁地让孩子参加课外补课及辅导。监测数据显示，合肥地区和其他地区都有73%以上的家长选择让孩子参加课外补课及辅导，对比数据发现，合肥地区和其他地区差异不显著。

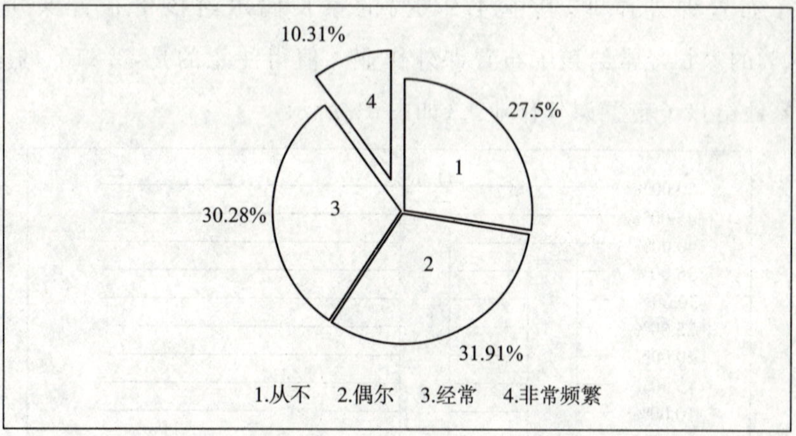

图17 初中段学生课外补课情况

从学校所在区域来看，在城市学校，有80%的初中生家长选择让孩子参加课外补课及辅导，其中29.73%的家长偶尔让孩子参加课外补课及辅导，35.95%的家长经常让孩子参加课外补课及辅导，14.32%的家长非常频繁地让孩子参加课外补课及辅导。与城市学校相比，农村学校的补课情况相对较好，有61%的家长选择让孩子参加课外补课及辅导，其中35.27%的家长偶尔让孩子参加课外补课及辅导，21.58%的家长经常让孩子参加课外补课及辅导，4.15%的家长非常频繁地让孩子参加课外补课及辅导。（如表22所示）

表22 初中段学生课外补课情况

样本分布	从不	偶尔	经常	非常频繁
初中段	27.50	31.91	30.28	10.31
合肥地区	26.09	21.74	32.61	19.56

续表

样本分布	从不	偶尔	经常	非常频繁
其他地区	27.75	33.72	29.87	8.66
城市学校	20.00	29.73	35.95	14.32
农村学校	39.00	35.27	21.58	4.15

(2)课外作业情况。监测数据显示,在初中段,有63.01%的家长会选择给孩子布置课外作业,其中47.46%的家长偶尔给孩子布置课外作业,12.44%的家长经常给孩子布置课外作业。值得注意的是,3.11%的家长非常频繁地给孩子布置课外作业。(如图18所示)

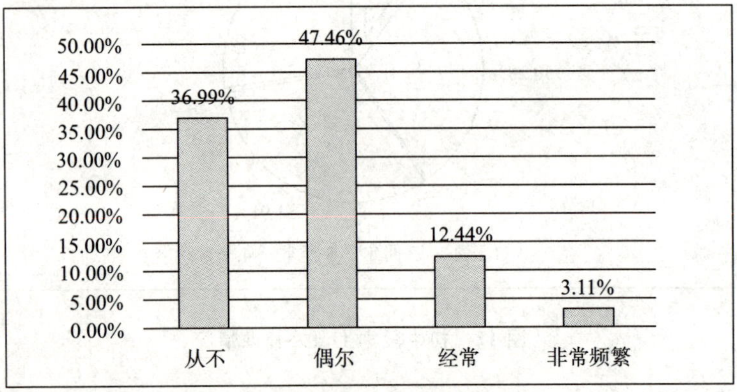

图18 初中段学生课外作业情况

从地区分布来看,在合肥地区,有69.57%的初中生家长会给孩子布置课外作业,其中56.52%的家长偶尔给孩子布置课外作业,9.78%的家长经常给孩子布置课外作业,3.27%的家长非常频繁地给孩子布置课外作业。在其他地区,布置课外作业的情况略好,有61.85%的小学生家长会给孩子布置课外作业,其中45.86%的家长偶尔给孩子布置课外作业,12.91%的家长经常给孩子布置课外作业,3.08%的家长非常频繁地给孩子布置课外作业。

从学校所在区域来看,在城市学校,有32.97%的家长从不给孩子布置课外作业,有67.03%的家长或多或少地给孩子布置课外作业,其中50.27%的家长偶尔给孩子布置课外作业,12.97%的家长经常给孩子布置课外作业,非常频繁地给孩子布置课外作业的家长有3.79%。在农村学校,有43.15%

的家长从不给孩子布置课外作业,56.85%的家长会给孩子布置课外作业,其中43.15%的家长偶尔给孩子布置课外作业,11.62%的家长经常给孩子布置课外作业,2.08%的家长非常频繁地给孩子布置课外作业。比较数据可以发现,城市学校的家长布置课外作业的比例高于农村学校,课题组认为,这与城市孩子父母重视教育,而农村孩子父母多在外忙碌,无暇关注孩子学习有关。

表23 初中段学生课外作业情况(%)

样本分布	从不	偶尔	经常	非常频繁
初中段	36.99	47.46	12.44	3.11
合肥地区	30.43	56.52	9.78	3.27
其他地区	38.15	45.86	12.91	3.08
城市学校	32.97	50.27	12.97	3.79
农村学校	43.15	43.15	11.62	2.08

(四)安徽省义务教育阶段学生课业负担的个体感受

1. 家长眼中孩子的课业负担情况

本次监测结果显示,家长眼中学生课业负担的主观感受指数ABI(F)是0.46<0.5,可以认为多数家长认为学生课业负担适度,但小学段和初中段有显著差异,其中小学段主观感受指数ABI(PF)为0.414,初中段ABI(JF)为0.576。可见,多数家长认为初中段学生课业负担更重。

表24 家长眼中学生课业负担的主观感受值

样本分布	全部	小学段	初中段	P
学生主观感受指数(F)	0.460±0.248	0.414±0.238	0.576±0.234	0.000***

2. 小学段学生家长眼中孩子的课业负担情况

(1)面对考试的情绪。监测结果显示,在小学段,仅有36.19%的家长觉得孩子在考试前不会感觉紧张,有63.81%的家长觉得孩子面对考试会感到紧张,其中12.49%的家长觉得孩子每次在考试前都会感觉紧张,9.08%的家长觉得孩子经常感觉紧张,42.24%的家长觉得孩子偶尔感觉紧张。(如图19所示)

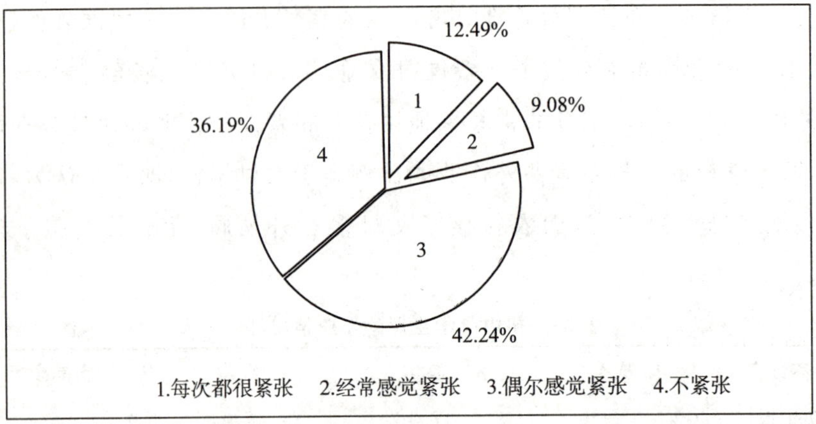

图19　小学段学生面对考试的紧张程度

从地区分布来看,在合肥地区,有65.48%的家长觉得孩子面对考试会感觉紧张,其中13.20%的家长觉得孩子每次在考试前都会感觉紧张,10.15%的家长觉得孩子经常感觉紧张,42.13%的家长觉得孩子偶尔感觉紧张,仅34.52%的家长觉得孩子在考试前不会感觉紧张。在其他地区,有63.24%的家长觉得孩子面对考试时会感到紧张,其中12.25%的家长觉得孩子每次在考试前都会感觉紧张,8.71%的家长觉得孩子经常感觉紧张,42.28%的家长觉得孩子偶尔感觉紧张,仅36.76%的家长觉得孩子在考试前不会感觉紧张。

从学校所在区域来看,在城市学校,有64.91%的小学生家长觉得孩子面对考试会感觉紧张,其中12.22%的家长觉得孩子每次在考试前都会感觉紧张,10.12%的家长觉得孩子经常感觉紧张,42.57%的家长觉得孩子偶尔感觉紧张,仅35.09%的家长觉得孩子在考试前不会感觉紧张。在农村地区,有62.09%的小学生家长觉得孩子面对考试时会感到紧张,其中12.91%的家长觉得孩子每次在考试前都会感觉紧张,7.45%的家长觉得孩子经常感觉紧张,41.73%的家长觉得孩子偶尔感觉紧张,仅37.91%的家长觉得孩子在考试前不会感觉紧张。(如表25所示)

表25 小学段学生面对考试的紧张程度

样本分布	每次都很紧张	经常感觉紧张	偶尔感觉紧张	不紧张
小学段	12.49	9.08	42.24	36.19
合肥地区	13.20	10.15	42.13	34.52
其他地区	12.25	8.71	42.28	36.76
城市学校	12.22	10.12	42.57	35.09
农村学校	12.91	7.45	41.73	37.91

(2)个体感受。本次监测结果显示,有11.33%的小学生家长感觉孩子的课业负担很重,有37.80%的小学生家长感觉孩子的课业负担较重,有41.15%的小学生家长感觉孩子的课业负担较轻,有9.72%的小学生家长感觉负担很轻。(如图20所示)

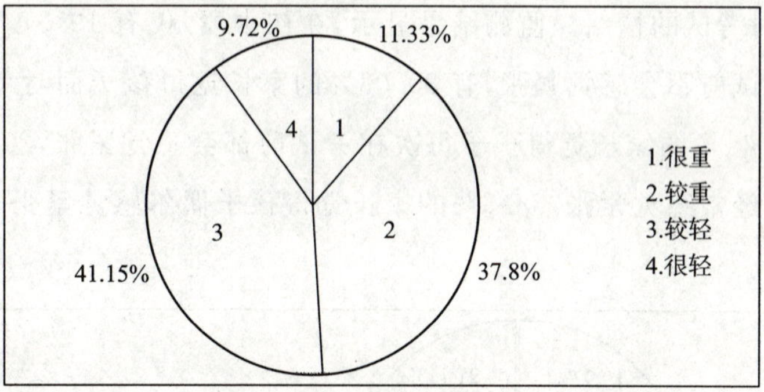

图20 小学段学生家长眼中孩子的课业负担情况

从地区分布来看,在合肥地区,有11.06%的家长感觉小学生课业负担很重,有39.09%的家长感觉小学生课业负担较重,有40.26%的家长感觉小学生课业负担较轻,有9.59%的家长感觉小学生课业负担很轻。在其他地区,有11.75的家长感觉小学生课业负担很重,有35.76%的家长感觉小学生课业负担较重,有42.55%的家长感觉小学生课业负担较轻,有9.94%的家长感觉小学生课业负担很轻。可见,合肥地区城市学生的负担明显高于其他地区。

从学校所在区域来看,在城市学校,有14.47%的家长感觉小学生课业负担很重,有38.83%的家长感觉小学生课业负担较重,有36.04%的家长感觉小学生课业负担较轻，有10.66%的家长感觉小学生课业负担很轻。在农村学校，有10.27%的家长感觉小学生课业负担很重，有37.45%的家长感觉小学生课业负担较重，有42.88%的家长感觉小学生课业负担较轻，有9.40%的家长感觉小学生课业负担很轻。(如表26所示)

表26　小学段学生家长眼中孩子的课业负担情况

样本分布	很重	较重	较轻	很轻
合肥地区	11.06	39.09	40.26	9.59
其他地区	11.75	35.76	42.55	9.94
城市学校	14.47	38.83	36.04	10.66
农村学校	10.27	37.45	42.88	9.40

3. 初中段学生家长眼中孩子的课业负担情况

(1)面对考试的情绪。监测结果显示，在初中段，仅有19.97%的家长觉得孩子在考试前不会感觉紧张，有80.03%的家长觉得孩子面对考试感到紧张，其中21.11%的家长觉得孩子每次在考试前都会感觉紧张，20.62%的家长觉得孩子经常感觉紧张，38.3%的家长觉得孩子偶尔感觉紧张。(如图21所示)

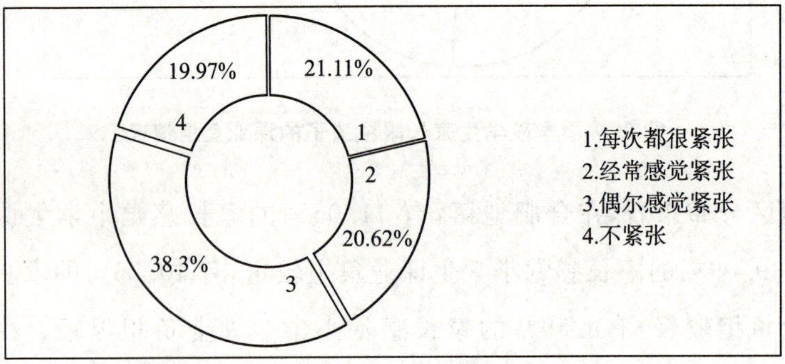

图21　初中段学生面对考试的紧张程度

从地区分布来看，在合肥地区，有79.35%的家长觉得孩子面对考试时会感到紧张，其中22.83%的家长觉得孩子每次在考试前都会感觉紧张，22.83%的家长觉得孩子经常感觉紧张，33.69%的家长觉得孩子偶尔感觉紧张，仅20.65%的家长觉得孩子在考试前不会感觉紧张。在其他地区，有

80.15%的家长觉得孩子面对考试时会感到紧张，其中20.81%的家长觉得孩子每次在考试前都会感觉紧张，20.23%的家长觉得孩子经常感觉紧张，39.11%的家长觉得孩子偶尔感觉紧张，仅19.85%的家长觉得孩子在考试前不会感觉紧张。

从学校所在区域来看，在城市学校，有81.35%的初中段学生家长觉得孩子面对考试时会感觉紧张，其中21.62%的家长觉得孩子每次在考试前都会感觉紧张，22.70%的家长觉得孩子经常感觉紧张，37.03%的家长觉得孩子偶尔感觉紧张，仅18.65%的家长觉得孩子在考试前不会感觉紧张。在农村地区，有78.01%的初中段学生家长觉得孩子面对考试时会感觉紧张，其中20.33%的家长觉得孩子每次在考试前都会感觉紧张，17.43%的家长觉得孩子经常感觉紧张，40.25%的家长觉得孩子偶尔感觉紧张，仅21.99%的家长觉得孩子在考试前不会感觉紧张。

表27　初中段学生面对考试的紧张程度

样本分布	每次都很紧张	经常感觉紧张	偶尔感觉紧张	不紧张
初中段	21.11	20.62	38.3	19.97
合肥地区	22.83	22.83	33.69	20.65
其他地区	20.81	20.23	39.11	19.85
城市学校	21.62	22.70	37.03	18.65
农村学校	20.33	17.43	40.25	21.99

(2)个体感受。调查结果显示，有77.57%的初中段学生家长认为孩子的课业负担很重或较重，有22.43%的初中生家长认为孩子的课业负担较轻或很轻，这与目前初中生的学习压力情况非常吻合。其中27.82%的家长认为孩子课业负担很重，49.75%的家长认为孩子课业负担较重，19.64%的家长认为孩子课业负担较轻，而2.79%的家长认为孩子课业负担很轻。(如图22所示)

从地区分布来看，在合肥地区，有84.78%的初中段学生家长认为孩子课业负担很重或较重，其中38.04%的家长认为孩子课业负担很重，46.74%的家长认为孩子课业负担较重，仅15.22%的家长不认为孩子课业负担重。

在其他地区,有76.30%的初中生家长认为孩子的课业负担很重或较重,其中26.01%的家长认为孩子课业负担很重,有50.29%的家长认为孩子课业负担较重,仅有23.70%的家长不认为孩子课业负担重。从家长的视角可以看出,相比其他地区,合肥地区初中生有较重的课业负担。

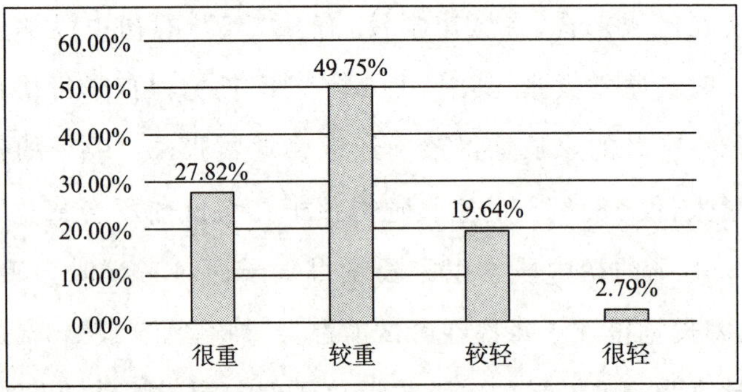

图22 初中段学生家长眼中孩子的课业负担情况

从学校所在区域来看,在农村学校,有76.35%的初中生家长认为孩子的课业负担很重或较重,其中21.99%的家长认为孩子课业负担很重,54.36%的家长认为孩子课业负担较重,仅23.65%的家长不认为孩子课业负担重。在城市学校,有78.38%的初中生家长认为孩子的课业负担很重或较重,其中31.62%的家长认为孩子课业负担很重,46.76%的家长认为孩子课业负担较重,仅21.62%的家长不认为孩子课业负担重。从家长的视角可以得出,相较于农村学校,城市学校的初中生的课业负担略重。

表28 初中段学生家长眼中孩子的课业负担情况(%)

样本分布	很重	较重	较轻	很轻
合肥地区	38.04	46.74	13.04	2.18
其他地区	26.01	50.29	20.81	2.89
城市学校	31.62	46.76	19.19	2.43
农村学校	21.99	54.36	20.33	3.32

(五)学生课业负担、家庭压力和家长主观感受三者的关系

本调查进一步分析了家长的主观感受与学生课业负担及家庭压力之间的关系。结果发现,家长的主观感受受到学生课业负担和家庭压力的双重影

响,其中学生课业负担影响较大。

调查者以家长的主观感受为因变量,以学生课业负担、家庭压力为自变量进行回归分析,形成一个回归方程模型。结果显示,该模型的校正 R^2 值为0.208,说明自变量可以解释因变量变异的 20.8%;F 值为285.086($P<0.001$),说明回归效果显著,表明家长的主观感受与学生课业负担、家庭压力之间存在显著相关关系。回归模型中的回归系数是:自变量学校课业负担的回归系数是 0.784、家庭压力的回归系数为 0.146,各回归系数的 t 值的相伴概率均小于 0.001,该回归方程为:主观感受=0.784 * 学校课业负担+0.146 * 家庭压力+0.083。这同样说明了课业负担、家庭压力与家长主观感受显著相关,其中课业负担对家长的主观感受影响较大。

表 29 学校课业负担、家庭压力对家长主观感受的回归分析

因变量	自变量	校正 R^2	F	非标准系数	t	常量	t
主观感受	学校课业负担	0.208	285.086***	0.784	20.730***	0.083	4.982***
	家庭压力			0.146	6.607***		

四、对策与建议

数据分析结果表明,安徽省义务教育学段学生课业负担水平(ABI 指数)总体适中,但存在学段差异和城乡差异,初中段学生的课业负担均重于小学段学生,农村学校的学生课业负担重于城市学校学生,而城市学校的家庭压力明显大于农村学校。差异背后依然存在诸多办学行为不规范问题,如学生在校上课时间偏长、体育锻炼时间不足、书面作业多、课外补课现象较普遍、考试成绩知晓度较高、部分学校依旧划分重点班和非重点班(或快慢班)等。切实规范办学行为、减轻课业负担,需要学校、家长和社会各界进行全方位、多层次考量,相互配合、共同努力,落实到义务教育的全过程。

(一)转变教育观念,进一步规范办学行为

监测数据表明,67%以上的小学生和 96%以上的初中生在校上课时间

超标,80%以上的中小学生体育锻炼时间不足,65%以上的小学生和75%以上的初中生的教师在班级公布学生考试成绩。义务教育阶段诸多学生的课业负担重是因为学校办学行为不规范、教育行政部门监管不力。因此,教育行政部门和学校应以学生发展为本,按照教育规律和学生身心发展规律办学,深入探索规范办学行为、减轻学生课业负担的长效机制,形成政府统筹、部门协同、学校负责、家庭配合、社会支持的保障机制。如建立学校教学活动安排公示制度,以及减负监测、公告及问责制度和家校联动机制,有效解决学生在校上课时间长、体育锻炼时间不足、家庭书面作业多,以及学校设置重点班等不规范的办学行为问题。

(二)深化教学改革,有效提升学生核心素养

《安徽省规范办学行为减轻学生课业负担改革实施方案》明确规定:小学生在校活动时间不超过6小时,初中生在校活动时间不超过7小时。但实际调查结果与之差别较大,部分小学中、高年级学生早晨要提前到校上早读课,下午放学后也要上晚自习,在校活动时间远远超过6小时,其中67.42%的小学生在校上课时间远远超过6小时,而初中阶段这一现象更为严重,83.64%的初中生在校学习时间超过7小时。课堂教学始终是教育教学的主阵地,也是造成学生课业负担过重的主要因素。因此,要实现学生减负,就必须要向课堂要效率。学校推进的教学改革要以提升学生的核心素养为基础,将核心素养融入课程标准,并基于此改进课程实施,推进教师培训工作,指导教学改革。首先,学校应在相关政策制度和理论研究导引下,深化课程改革,创新教育教学方式,探索学科教学“减负增效”的课堂教学模式,进一步提升教学质效。其次,教师应积极参加培训,更新教学观念,提升课堂教学能力,引导学生自主探究学习,使课堂氛围活跃起来,提高课堂教学效率,减轻学生课业负担。同时,教师还应采用分层作业模式,根据本班学生的实际,灵活安排作业内容。通过作业改革,减轻学生过重的课业负担,激发学生完成作业的兴趣。

(三)创新合作模式,强化家校教育协同

数据显示,家长在课外给孩子报课外补课和辅导机构以及布置家庭作业

的情况较为普遍，其中，在小学段有53.57%的家长会给孩子报课外补课和辅导机构，在初中段更为严重，这一比例高达72.50%；在小学段有74.64%的家长在课外为孩子额外布置家庭作业，在初中段，部分家长由于教育能力有限，无力辅导孩子作业而选择送孩子去课外补课和辅导机构，所以这一比例有所下降，为63.01%。过重的家庭压力同样会影响孩子的身心健康和全面发展，为此，必须加强家校协同合作，倡导理性家庭教育，切莫让校外“增负”对冲校内“减负”。

各级教育行政部门和学校要积极引导家长树立正确的家庭教育观，规范家庭教育行为，营造良好的家庭教育氛围；要通过家长会、家长委员会、家长学校等多种教育活动形式，增强学校与家长间的联系和互动，加强家校协同合作。倡导理性的家庭教育，家长要与孩子多沟通，多与学校联系，通过多种方式了解孩子的学习情况和校内生活状况；在充分了解孩子的基础上，与孩子一起制定学习目标和学习计划，鼓励和督促孩子按计划认真执行；家长要了解更多关于孩子心理发展方面的知识，掌握一些缓解心理压力、疏导焦虑情绪的方法，做到及时疏导孩子过重的心理压力。

（四）科学规划设计，完善课业负担监测体系

安徽省义务教育阶段学生课业负担监测体系已初步形成，但仍存在诸多问题。例如，在本年度的监测中，网络问卷覆盖面不够均衡，合肥及周边地区偏多，在回收的6492份问卷中，合肥地区就有1458份，占比22.46%。而且问卷的编制偏重学生课业负担，在家长卷设置的19道题目中，涉及家庭压力和学生主观感受的内容偏少。今后应该采用区域布点，进一步扩大参与面，加强省、市、校三级课业负担评测网络平台建设，定点采样，提高调查的信度与广度；在实现问卷全覆盖的同时，还要优化问卷内容，合理设置与家庭压力、学生主观感受相关的监测指标，积极引导理性的家庭教育，促进家庭教育和学校教育科学协同发展。

安徽省城乡中小学心理健康服务需求调查与分析*

余益兵　乔俊雅

【摘　要】中小学生的心理健康服务需求评估是中小学生心理健康服务工作顺利进行的必要前提。本研究对中小学生心理健康服务需求的总体状况及其外界影响因素进行了调查。结果表明:在情绪低落时,中小学生的求助对象主要是同龄朋友,会向教师求助的学生比较少;中小学生获得心理健康知识的途径比较单一;手机网络成为中小学生获取心理健康知识的主要途径之一;中小学生普遍关注情绪问题和人际交往问题;农村学校对中小学生心理健康的重视度较城市学校低;部分中小学校缺少心理健康教师。改善这些问题可以从以下几方面入手:构建学生互助心理辅导模式;加大心理健康知识宣传力度;充分利用手机媒体;关注中小学生的情绪问题等。

【关键词】心理健康服务需求;重视程度;在位度

---

* 本文系福建省区域农村教师发展协同创新中心基金项目的研究成果,也得到安徽省基础教育改革与发展协同创新中心基金(JGZXC201434)资助。

实现城乡义务教育均衡发展是阻断贫困的代际传递、维护教育公平、建设人力资源强国的重要内容，也是国家扶贫攻坚工作中优先考虑的基础性事业，其最终归宿是保障城乡学生都能够接受良好的教育，促使全体中小学生阳光、健康、幸福地成长。心理健康是中小学生快乐学习、健康成长、幸福生活的基础。心理健康教育不仅是义务教育的重要内容，也是城乡义务教育均衡发展的应有之意。随着社会的不断发展，中小学生面临的外界压力与日俱增。身心发展的不平衡与生活、学习困扰导致我国中小学生的心理健康状况不佳。近年来，国内许多关于中小学生心理健康的研究均表明，有10%～30%的中小学生存在不同程度的心理健康问题。《2015－2020年中国精神卫生工作规划》也指出，儿童、青少年心理行为问题仍然突出，并要求重点干预儿童、青少年的心理健康问题。

了解和把握个体心理健康服务的需求，是有针对性地开展心理健康教育活动、提高心理健康服务工作有效性的前提。所谓“需求”，也称“需要”，是有机体内部的某种缺乏或不平衡状态，它表现为有机体的生存和发展对于客观条件的依赖性，是有机体活动的积极性源泉。需要指向满足该需要的对象或条件。[①] 个体的心理健康水平并不是一成不变的，它受到遗传、家庭、学校教育、社会环境等因素的影响。当个体感受或觉察到自身的心理健康水平降低时，便会产生使之平衡的心理和行为倾向。精神分析理论认为，当个体面对失败或挫折时，会下意识地采取否认、升华、幽默等方式来应对。当个体无法或难以通过合适的方式应对身心的不平衡状况时，便可能产生向心理健康服务求助的内在倾向，个体的心理健康服务需求便产生了。目前，国外关于心理健康服务需求的研究已经很丰富，而国内对心理健康服务需求的研究非常有限，仅有的研究也多以大学生为研究对象，研究中小学生群体的较少。在中国知网上以“心理健康服务需求”“心理健康教育需求”“心理服务需求”为主题词进行检索，发现符合要求的文献有75篇，而在分别加入“中小学生”“中学生”“小学生”筛选条件之后，发现符合要求的文献仅有7篇。

---

① 黄希庭：《心理学导论（第二版）》，北京：人民教育出版社，2007。

目前,我国中小学心理健康服务工作城乡发展不均衡的现象还比较突出。自1999年教育部发布《中共中央国务院关于深化教育改革全面推进素质教育的决定》以来,全国各级中小学在心理健康教育的课程建设、师资队伍建设和心理辅导室建设等方面取得了很大进步。然而,除了城乡二元体制、区域经济社会发展差异等导致的城乡教育资源配置不均衡,城乡学校心理健康教育发展不均衡还表现在以下3个方面:一是在心理健康教育的宣传、普及、落实、深化等方面,城乡发展的差距不断拉大,沿海发达地区中小学基本已建成比较完善的心理健康教育服务体系,而广大中西部农村中小学心理健康教育发展明显滞后。二是在中小学心理健康教育的科学研究方面存在城乡发展不均衡。一方面,心理健康教育领域的研究人员主要来自高等学校和科研院所,农村中小学一线科研力量非常薄弱。另一方面,为了方便取样,目前中小学生心理健康教育的研究样本主要自来城市地区,而针对农村中小学生的研究非常欠缺,这就不利于农村地区中小学心理健康教育师资的专业化成长。三是城乡居民对心理健康服务的内在需求的差异较大。相对而言,城镇学校更重视学校心理健康教育工作,将其作为提升学校品牌和学校效能、增加学校吸引力、提高教育质量的重要举措,而农村学校心理健康教育资源匮乏、心理健康教育专业教师改教主科的现象较多。总体而言,我国广大农村地区对中小学生校的心理健康服务工作还处于相对落后的状态。

安徽省是较早开展义务教育均衡发展改革的试点省份。自2012年以来,安徽省大力推进义务教育均衡发展,在政策制度、经费投入等方面提供强有力保障,义务教育均衡发展取得了明显成效。截止到2015年,安徽省已有40个县(市、区)义务教育均衡发展通过国家认定,占全省总县区数的38%,高出全国水平12个百分点。长期以来,安徽省十分重视中小学校心理健康教育,在科学研究、人才培养和社会服务等方面取得了突出的成就,但对城乡心理健康教育需求方面的研究还是空白。为了从整体上了解安徽省中小学生的心理健康服务需求状况及其相关因素,本研究通过自编的心理健康服务需求调查表,对来自安徽省合肥市、安庆市望江县、芜湖市无为县和黄山市祁门县4个地区城乡中小学生的调研数据进行分析,为城乡中小学校有效开展心理健康服务工作提供可行性建议,也为中西部同类地区加强中小学生心理健康服务工作、推进城乡教育均衡发展提供依据。

一、方法

(一)调查工具

参照既有心理健康服务需求评估的相关文献和问卷,以及相关国家政策文件,本研究从基本人口学信息(包括性别、年级、所在学校、生源地、家庭经济状况和抚养人受教育程度)、中小学心理健康教育的普及状况、心理健康知识的获取途径、心理健康服务需求的内容和形式、家庭和学校对中小学生心理健康的重视程度以及中小学心理健康教师情况等几个方面进行调查。

第一,根据地理位置将学校分为农村学校、县城学校和城市学校 3 种类型。通过“您从小在哪里长大的”这一题的回答结果将学生来源分为“农村(村庄)”“乡镇”“县城及以上”3 类;通过“您觉得自己的家庭经济状况属于以下哪种情况”获得学生的主观家庭经济状况,分为“比较差”“一般”“比较好”;“主要抚养人最高教育程度”则反映了学生抚育者中的最高教育程度者,分为“小学及以下”“初中”“高中”“大学及以上”4 个等级。根据数据分布情况,将“小学及以下”和“初中”归为接受义务教育,将“高中”和“大学及以上”归为接受非义务教育。

第二,中小学心理健康教育的普及状况主要从普及心理健康知识的必要性、对心理健康教育的接受度和知晓度以及心理保健能力 4 个方面进行调查。

第三,通过“你通常从哪些途径获得关于心理健康的知识”这一多选题的回答结果来了解中小学生心理健康知识的获取途径。

“你希望学校的心理健康服务主要涉及哪些方面”和“你希望学校采用哪些方法开展心理健康服务”这两题分别用来调查中小学生所期望的心理健康服务内容和形式,均为多选题。

此外,通过“您觉得学校教师重视学生的心理健康吗”和“你觉得父母或家人重视你的心理健康吗”这两题的回答结果判断学校和家庭对中小学生心理健康的重视程度,二者均为3点计分,“不重视”计0分,“一般”计1分,“很重视”计2分。

第四,心理教师的在位度分为主观和客观两个方面。其中客观在位度反映了学校心理教师配备的真实情况,而主观在位度则反映了学生对学校是否有心理教师的认识,这主要通过“你所在学校是否有心理教师”一题体现。

(二)调查方法

采用方便取样的方法,以班级为单位进行调查。

(三)调查对象

取自安徽省安庆市望江县、合肥市、芜湖市无为县和黄山市祁门县4个地区的13所学校,包括小学、初中和高中3个层次,五年级、六年级、初一、初二、高一和高二6个年级。本次调查共发放问卷2003份,回收问卷1833份,回收率为91.5%,其中有效问卷为1775份,有效问卷率为88.6%,男生有903人,女生有862人,小学生有589人,初中生有608人,高中生有578人。(如表1所示)本次调查样本几乎涵盖了中小学生群体的基本特征,具有代表性。

表1　中小学生心理健康服务需求调查样本情况一览表

	农村学校			县城学校			城市学校		
	小学	初中	高中	小学	初中	高中	小学	初中	高中
男	132	196	54	43	66	138	126	63	85
女	120	174	64	38	39	117	128	69	113

二、结果与分析

(一)中小学生心理健康服务需求总体情况

1.中小学生心理健康教育普及情况

普及心理健康知识是中小学心理健康服务的基本内容。教育部新修订的《中小学心理健康教育指导纲要(2012年修订)》(以下简称《指导纲要》)指出,中小学心理健康教育的主要内容包括“普及心理健康知识,树立心理健康意识,了解心理调节方法,认识心理异常现象,掌握心理保健常识和技能”。《2011—2020年中国精神卫生工作规划》也指出,要加强宣传心理健康教育,提高儿童、青少年心理保健知识的知晓率。本调查通过“您认为了解心理健康的知识有必要吗”“当得知别的同学找心理教师谈心或看心理医生时,您会怎么想”“您知道如何才能保持自己内心的快乐吗”“当您不开心的时候,会找谁来帮助你”4个题目来考察城乡中小学生心理健康知识普及的必要性、心理健康教育的接受度、心理保健知识的知晓度和心理保健能力,间接反映城乡中小学生心理健康服务的总体需求情况。

当被问及“您认为了解心理健康的知识有必要吗”时,有79.4%的学生认为了解心理健康知识是必要的,有15.3%的学生认为可有可无,有5.3%的学生回答没必要。这说明大部分学生对了解心理健康知识持肯定的态度。这与黄希庭等人的研究结果一致。普及心理健康知识是帮助学生更多地了解心理健康知识的必要前提,也是开展心理健康服务工作的第一步。然而,单因素方差分析的结果显示,不同学校学生对心理健康知识必要性的理解存在显著差异。事后检验的结果表明,农村学校学生对心理健康知识必要性的理解显著低于县城学校和城市学校学生($p<0.05$)。

当被问及“当得知别的同学找心理教师谈心或看心理医生时,您会怎么想”时,有62.8%的学生认为“有心理问题去求助教师和医生很正常”,有30.8%的学生认为“他可能遭遇了不好的事情,同情他”,另外有6.4%的学生认为“他心理有毛病,我要离他远一点”。这说明,中小学生对心理健康服务总体上持较高的接纳度。但是方差分析结果表明,不同学校的学生对心理健康服务的接纳度存在显著差异。进一步的事后比较结果显示,农村学校学生对心理健康服务的接纳度显著低于城市学校学生($p<0.01$)。

当被问及“您知道如何才能保持自己内心的快乐吗”时,有73.7%的学生回答“知道”,还有26.3%的学生表示不知道。这表明大部分中小学生都具有一定的心理自我调适能力。单因素方差分析的结果表明,不同学校学生的自我调适能力存在显著差异。县城学校学生的自我调适能力显著低于农村学校和城市学校学生($p<0.05$)。农村学校学生的自我调适能力总体上高于城市学校学生,但是差异不显著($p>0.05$)。

为进一步考察中小学生的心理健康保健能力情况,调查了学生对于“当您不开心的时候,会找谁来帮助您”的反应。结果表明,有70.7%的学生不开心时会将同龄朋友作为求助的首要人选,第二为自己解决(57.5%),第三是找家人(48.6%),而教师(12.9%)被排在最后一位。可见,学生不开心时更倾向于向同龄朋友求助,很少会向教师求助。罗鸣春等人的研究发现,中学生希望提供心理健康服务的人员依次为同学朋友、父母家人、学校健康专家和学校教师等。[①] 方差分析表明,不同学校的学生求助教师的情况存在显著差异。事后比较的结果显示,城市学校学生求助教师的情况显著少于县城学校和农村学校学生($p<0.05$)。农村学校学生求助教师的情况多于县城学校学生,但差异不显著($p>0.05$)。

2. 中小学生心理健康知识的获取途径

中小学心理健康服务工作是一项系统工程,这就决定了不仅需要不断增加心理健康教育的渠道,而且要将多种途径和方法整合成一个完整的心理健康服务体系。在新媒体时代,尤其是要充分利用手机、网络、广播影视等现代信息技术手段,创造性地开展心理健康服务工作。调查发现,有57.4%的学生从学校教师处获得心理健康知识,报刊书籍(宣传栏、书籍、报刊、杂志)(51.7%)次之,第三位为手机网络(43.3%),亲戚/家人(38.6%)为第四位,第五位为心理健康活动(33.4%),然后是班级活动(33.3%)、同龄朋友(32.2%)和广播影视(28.3%),学生心理健康知识的获得途径依次为:学校教师—报刊书籍(宣传栏、书籍、报刊、杂志)—手机网络—亲戚/家人—班级活动/心理健康活动—同龄朋友—广播影视。

中小学生接受心理健康服务的主要地点是学校,而学校心理健康教育教学主要是通过心理健康教育课程,向中小学生宣传普及心理健康基本知识。

① 罗鸣春、钱涓、吴丽辉:《中学生心理健康服务需要调查与评估》,载《中小学心理健康教育》,2014(7)。

因此，教师便成为学生获取心理健康知识的最主要途径。但是方差分析的结果表明，不同学校学生通过教师获得心理健康知识的情况存在显著差异。进一步的事后比较发现，农村学校学生从教师处获得心理健康知识的比例显著高于城市学校学生（$p<0.01$）。

继电视、广播、报纸、周刊（杂志）之后，互联网络在人们生活中的作用越来越大。中国互联网络信息中心发布的第 37 次报告显示，截至 2015 年 12 月，中国网民达 6.88 亿，互联网普及率为 50.3%。而 2015 年新增的网民中，低龄（19 岁以下）、学生群体的占比分别为 46.1%和46.4%。网络已经成为学生获取知识、沟通交流的重要途径之一。利用网络媒介开展心理健康服务工作将成为一种趋势。单因素方差分析和进一步的事后比较发现，农村学校学生利用手机网络的比例显著低于县城学校和城市学校学生（$p<0.01$）。

3. 中小学生心理健康服务需求的内容

心理健康教育的主要内容包括认识自我、学会学习、人际交往、情绪调适、升学择业以及生活和社会适应等方面。国务院教育督导委员会在 2016 年 4 月 28 日发布的覆盖全国中小学校的《关于开展校园欺凌专项治理的通知》中指出，要加强对校园欺凌事件的处理，建设平安、和谐校园，促进学生身心健康。

基于此，对中小学生所期望的心理健康服务内容进行了统计分析，结果表明，学生期望的心理健康服务内容排序为：情绪问题—人际交往—认识自己—学习问题—应对压力—做事效率—校园暴力—其他。情绪问题（63.7%）、人际交往（60.2%）、认识自己（59.0%）居前 3 位，学习问题（58.3%）紧随其后，而应对压力（54.9%）、做事效率（35.1%）、校园暴力（26.2%）和其他（0.4%）排在后 4 位。可以看出，相较于学习问题和做事效率，中小学生更关注自己的内在问题。统计分析结果表明，农村学校的学生对解决校园暴力的需求显著弱于城市学校的学生（$p<0.01$）。

4. 中小学生心理健康服务需求的形式

心理健康教育可以采取多种形式进行，如心理健康教育课、团体辅导、个别辅导等。对学生所期望的心理健康服务形式进行描述性统计的结果表明，学生所期望的心理健康服务形式排序为:心理健康课—社团活动—团体辅导—个别辅导—网络辅导—电话辅导。可见,心理健康课和社团活动是最受中小学生欢迎的心理健康服务形式。因此,课上与课下相结合的形式或许更符合青少年需要。单因素方差分析的结果表明,不同学校的学生对心理健康课的需求存在显著差异。其中,农村学校的学生对心理健康课的需求显著强于县城学校和城市学校的学生($p<0.01$)。

5. 社会化环境对于中小学生心理健康的重视程度

学校和家庭是中小学学生学习、生活的主要社会化环境。学校是心理健康教育的专门途径,而家庭则是重要的支持性途径之一。[①] 无论是了解学生心理与行为问题的原因,还是辅导、矫治计划的制订和实施,都需要家长的积极配合和支持。[②] 这里分别从家庭和学校两个方面考察中小学生感受到的社会化环境对于心理健康的重视度。结果发现,有13.6%的教师不重视学生的心理健康,有57.6%的教师重视度一般,另有28.8%的教师很重视学生的心理健康。独立样本t检验的结果表明,农村教师与城市教师对学生心理健康的重视度存在显著差异($t=-2.55, p<0.05$)。单因素方差分析的结果显示,不同年级段的教师对学生心理健康的重视程度也存在显著差异,事后检验结果显示,小学教师和初中教师对学生心理健康的重视度均显著高于高中教师($p<0.01$)。

调查发现,有14.6%的家长不重视孩子的心理健康,有46.7%的家长对孩子的心理健康重视度一般,有38.7%的家长很重视孩子的心理健康。独立样本t检验的结果表明,农村家长与城市家长对孩子心理健康的重视程度存在显著差异($t=-3.67, p<0.01$)。单因素方差分析的结果显示,不同年级段的学生的家长对孩子心理健康的重视度之间也存在显著差异。进一步的事后检验表明,家长对心理健康的重视度呈小学生家长高于初中生家长,而初中生家长高于高中生家长的趋势($p<0.01$)。

---

① 姚本先:《学校心理健康教育新论》,北京:高等教育出版社,2010。

② 叶一舵:《家庭心理健康教育概论》,载《福建师范大学学报(哲学社会科学版)》,2003(1)。

为了从总体上了解中小学生所处的社会化环境对于心理健康的重视程度，这里进一步将“不重视”“一般”和“很重视”3 个选项分别赋值为 0 分、1 分、2 分，并将二者简单加和，作为学生报告的心理健康重视度的综合指标，统计结果表明，数据成负偏态分布，最大值和最小值分别为 4 和 0，其中得 0 分的占7.2%，得 1 分的占 11.0%，得 2 分的比例为 38.9%，得 3 分的占 21.1%，得 4 分的占 21.8%，中位数为 2，偏度系数 Skewness 为－0.23，峰度系数 Kurtosis 为－0.57。从总体上来看，社会化环境对中小学生的心理健康重视程度处于中等水平。此外，独立样本 t 检验和单因素方差分析的结果显示，农村学生与城市普通学生的生活环境对心理健康的重视度间存在显著差异($t=-3.61, p<0.01$)。不同年级段学生的社会化环境对心理健康的重视度间也存在显著差异。事后检验结果表明，小学生对生活环境的重视程度高于初中生，而初中生对生活环境的重视程度高于高中生($p<0.01$)(如表 2 所示)

表 2　不同生活环境和社会化环境对心理健康重视度得分(M±SD)

	家庭重视度	学校重视度	社会化环境重视度
农村儿童	1.20±0.70	1.12±0.61	2.32±1.18
城市普通儿童	1.32±0.67	1.20±0.66	2.53±1.13
t	－3.67＊＊	－2.55＊	－3.61＊＊
小学	1.41±0.68	1.31±0.62	2.72±1.12
初中	1.24±0.68	1.25±0.60	2.49±1.13
高中	1.07±0.66	0.89±0.60	1.95±1.07
F	38.62＊＊	83.14＊＊	73.80＊＊

注：＊＊表示 $p<0.01$，＊表示 $p<0.05$。

6. 中小学生心理健康教师的在位度

心理健康教育是一项专业性很强的工作，加强师资队伍建设是搞好心理健康教育工作的关键。教育部颁发的《中小学心理健康教育指导纲要(2012 年修订)》指出，“学校要逐步建立在校长领导下，以班主任和专兼职心理辅导教师为骨干，全体教师共同参与的心理健康教育工作体制”。《关于培育和践行社会主义核心价值观进一步加强中小学德育工作的意见》也规定，“每所学校至少配备一名专兼职心理健康教育教师，同时要提高全体教师特别是班主任开展心理健康教育的能力”。可见，目前我国城乡中小学校从事心理健康教育的师资包括全体任课教师、班主任或专职心理教师。

对“您所在的学校是否有心理教师”一题的回答结果进行统计分析发现,回答“有”和“没有”的学生几乎各占一半。在此,按照某校学生中回答频次最高的选项来判断该校是否有心理教师,比如,赛口镇兴隆小学有93.5%的学生选择“没有”这个选项,有6.5%的学生选择“有”这个选项,即判定该校没有心理教师,其他学校的情况依此类推。但是,有些学校的学生对两个选项的选择频率差异不大则不好判断。比如一所中学的学生选择“没有”和“有”选项的比例分别为53.6%和46.4%,而另一所小学的学生选择“没有”和“有”选项的比例分别为37.9%和62.1%。在这些情况下,我们便无法确定这些学校是否有心理教师。最终结果表明,从学生的角度来看,有6所学校有心理教师,约占调查学校总数的46.2%,有5所学校没有心理教师,约占38.5%,另外两所学校不确定有没有心理教师。

然而,通过网络查询发现,不能确定是否有心理教师的两所学校分别有兼职心理教师和心理健康指导中心,有一所中学事实上并没有心理健康教师,学生却一致认为有,可见该校的心理健康工作取得了很大的成效。一些学校有心理教师,而部分在校生却选择“没有”这个选项的原因值得思考。

三、对策建议

在2016年8月19—20日召开的全国卫生与健康大会上,习近平总书记表示,要加大心理健康问题基础性研究,做好心理健康知识科普工作,规范发展心理健康服务。根据本次中小学生心理健康服务需求的调查结果,提出以下建议。

(一)构建学生互助心理辅导模式

本次调查结果显示,当学生不开心时,他们最愿意向同龄朋友寻求帮助,而最不愿意将教师作为求助对象。中小学生尤其是中学生的心理矛盾高发,心理闭锁性和开放性并存。一方面,成人感和自主意识的发展以及对成年人的不信任,使他们将自己的内心封闭起来,不愿向成人坦露。另一方面,内心的孤独与寂寞又使他们渴望与外界交流、沟通,并希望得到理解和支持,这种内心的开放性使他们愿意与同龄朋友推心置腹。

鉴于同龄朋友在中小学生生活中的重要性,学校可以充分发挥同龄人的作用,构建学生互助心理辅导模式,比如朋辈心理辅导。首先选择一批对心理辅导感兴趣的学生,在专业教师的引导下,了解心理辅导的含义、掌握心理辅导的基本技能,让他们在日常学习生活中留心观察,及时发现有偏差行为的同学,倾听他们的苦恼和问题,必要的时候寻求专业心理教师的帮助。

(二)加大心理健康知识的宣传力度

普及心理健康知识是对学生开展心理健康教育的重要途径。心理健康知识的普及和宣传不仅能够帮助学生增强心理健康意识,让学生对心理问题有正确的理解和认识,还可以提高其维护自身心理健康的能力,预防心理疾病的发生。通过宣传心理健康知识,可以培养学生遇到心理问题时的求助意识。因为心理健康知识宣传工作不到位,很多学生有了心理问题都不知道向谁求助。[①] 此外,心理健康知识宣传不仅仅能引起在校学生注意,也能引起教师对心理健康的重视,转变一直以来持有的“心理健康不重要”的观念。

本次调查结果显示,学生获得心理健康知识的途径主要有报纸、杂志、书籍和学校教师。总体看来,获得心理健康知识的途径较为单一。因此,各中小学校乃至社会媒介都应该通过各种渠道有意识地宣传心理健康知识,营造良好的校园和社会氛围,促进中小学生健康成长。

(三)充分利用手机媒体

现如今,随着互联网和信息技术的快速发展,手机已经不再仅是通话和收发短信的交流工具,手机电视、手机报等手机媒体陆续进入人们的视野和生活,成为生活中非常重要的信息获取途径。手机媒体因其广泛性、及时性、交互性和低成本等特点,深受青少年喜欢。[②] 新媒体时代,学校心理健康教育

---

① 罗晓路、廖全明、郝敬习:《我国中小学生心理健康服务方法现状调查》,载《心理科学》,2009(32)。

② 廖方新、刘衍玲、郑凯等:《手机媒体——中学生心理健康教育的新途径》,载《中小学心理健康教育》,2015(21)。

工作应与时俱进,在传统的心理健康服务模式的基础上,充分发挥网络的优势,采用各具特色的方法促进中小学生健康发展。近年来,微信、微博等日益流行,学校可以建立公共账号,并安排专门的负责人,推送与心理健康相关的文章、音频、视频等,以丰富多彩的内容、多种多样的形式吸引学生的眼球,让学生在休闲娱乐的同时学习心理健康知识。另外,各种论坛、QQ群等社交平台能够让学生匿名交流,吐露心声、倾诉烦恼。学校可以安排专职心理教师,利用这些平台为学生进行心理咨询、排忧解难,帮助他们健康成长。

(四)关注中小学生的情绪问题

中学时期,也是青春期,是个体成长过程中极为重要的一个阶段,有人称其为“危险期”。身心发展的不平衡很容易使初中生产生各种心理问题,比如情绪问题。烦恼、孤独感和压抑感等各种消极情绪体验增多、情绪稳定性差是这时期学生的一大特点。使中学生产生情绪问题的原因有很多,他们自身的性格特点和交往能力、家庭的关系氛围、父母的抚养方式、学校的管理模式等。随着社会的不断进步,中学生的心理问题有逐渐严重的趋势。据世界卫生组织统计,我国17岁以下儿童和青少年中,有各种情绪、行为等问题的约3000万。本研究结果显示,中学生最期望的心理健康服务内容是情绪问题和人际交往问题。而俞国良等人的研究也表明,学生的心理行为问题主要表现在学业问题、人际交往问题、情绪问题等几个方面。[①] 如果这些问题在早期未得到及时解决,个体将会出现更为严重的心理社会问题,甚至自杀。

关注中学生普遍存在的情绪问题、满足中学生在情绪方面的服务需求,是学校心理健康服务工作中必不可少的一部分。而发现学生的情绪问题,找出情绪问题的影响因素和应对策略,是开展这一方面心理健康服务工作的前提。同时,保证学生身心健康成长,也是每个家庭的责任。采用家校联合的方式,建立学校心理健康服务体系,是解决学生心理健康问题的有效途径。

(五)提高农村学校对心理健康教育的重视度

国家的政策文件明确规定,要以农村地区为发展重点,坚持公共教育资

① 俞国良、董妍:《我国心理健康研究的现状、热点与发展趋势》,载《教育研究》,2012(6)。

源和优质教育资源向农村倾斜，按照“城乡结合，以城带乡”的原则，实现城乡心理健康教育均衡化发展。但是，现实情况表明，由于各种条件的限制，农村中小学校的心理健康教育工作并没有得到良好的开展，并且农村中小学生的心理问题较城区学生严重一些，[①]应得到重点关注。农村中小学校应从教师和家长两个方面开展工作：一来对在职教师进行心理健康方面的培训，组织他们学习解决学生心理问题的方法和技能，将心理健康教育融入到学科教学当中，为学生营造良好的校园氛围；二来加强与学生家长的沟通与交流，建立家长学校，对家长进行培训，增强他们对学生心理健康的重视程度。

（六）提高对心理健康教师的重视程度

我国政府一直高度重视中小学心理健康教育的教师队伍建设。2012 年明确指出，必须加强心理健康教育专业教师队伍建设，强调每所学校至少配备一名专职或兼职心理健康教育教师，并逐步增加专职人员配比。本次调查发现，有 38.5％的学生认为学校并没有心理教师，这阻碍了学校心理健康教育的发展。政府部门应加强对心理健康教师的重视程度，发布有关心理健康教师的评聘办法和相关优惠政策，鼓励、吸引心理学专业的高校毕业生积极参与中小学校的教师招聘。此外，各个中小学校也应认识到心理健康教育的重要性，积极配合心理健康教师，把工作落到实处，而不是把配备心理健康教师视为遵从国家政策和当地政策的形式。

［余益兵，闽南师范大学教育科学学院副教授，博士；乔俊雅，闽南师范大学教育科学学院硕士研究生。］

---

① 刘克善：《湖南城乡中学生心理健康状况的调查与比较》，载《衡阳师范学院学报》，2006(27)。

安徽省中小学生课外辅导状况的调查报告

胡　凤

【摘　要】中小学生课外辅导过重，不但会阻碍他们健康成长，而且会影响到基础教育改革的深化和教育质量的提升。目前，安徽省课外辅导的状况如何？课外辅导是否会对人的学习能力的提升产生显著效果？如何才能选择适合自己的课外辅导？本文以安徽省为例，面向中小学生展开课外辅导状况的调查与研究。

【关键词】课外辅导；调查研究

随着教育改革的不断深化，中小学减负工作也逐渐步入深水区。在国家出台了多项针对中小学生的减负政策后，校方应该严格依照规定的作息时间，不加班、不补课。由此，新的现象出现了：学生的课外辅导时间更加充裕，更加自由，而在社会日益激烈的人才竞争背景下，家庭和学校对学生的期望值更高，课外辅导占用的中小学生的课外时间越来越多，尤其是寒暑假时间。

从目前的发展形势来看，城市的课外辅导班的培训机制已趋于成熟，课外辅导市场火爆。课外辅导能否真正提升学生的学习能力？如何才能选到适合学生的课外辅导？为了寻找这些问题的答案，课题组设计了《安徽省中小学生课外辅导班调查问卷》，面向全省中小学生展开调查与研究。

一、调查对象

本次调查的样本以安徽省域内中小学学生、家长为主，包括部分学前儿童的家长，其中又以城市及城镇辖区的学生和家长为主。

二、调查结果与数据分析

问卷内容主要包括参加课外辅导班的数量、类型、时间、消费、动机、效果以及教学质量的评价等方面。本次调查利用的是腾讯问卷制作和设计系统。问卷实时访问量为3162，问卷实时回收量为2918，回收率为92%。

(一)接受调查的家长所从事的职业或行业情况分析

在接受调查的家长中，自由职业者占据比例最大，达25.3%，其次是服务行业人员，达16.3%，还有一部分是无业者，占13.9%。这3类家长的空余时间相对比较多，有更多时间关注孩子。其他从业人员，相对来说，可能没有固定的时间陪孩子进行课外辅导班的选择和学习，大约占样本总数的40%。(如图1所示)

(二)研究对象就读学校地域及教育状态分析

调查数据显示，参与调查的学生就读学校主要分布在城市，高达81.8%，其次是乡镇和城乡结合处，比例为15.7%，地处农村的仅为2.5%。一般来说，选择课外辅导班的中小学生多来自城市或城镇辖区。可见，农村学生比例较少是不影响调查结果的。(如图2所示)

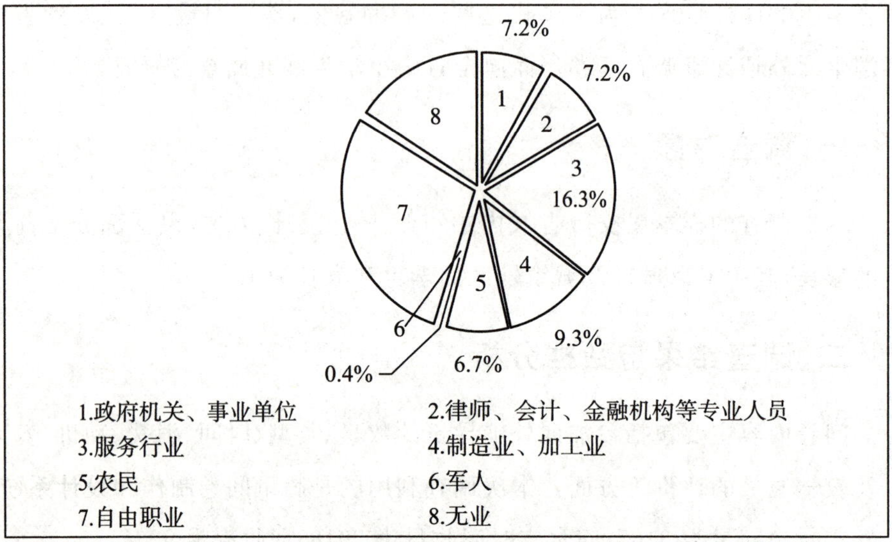

图1　参与问卷调查的家长职业情况

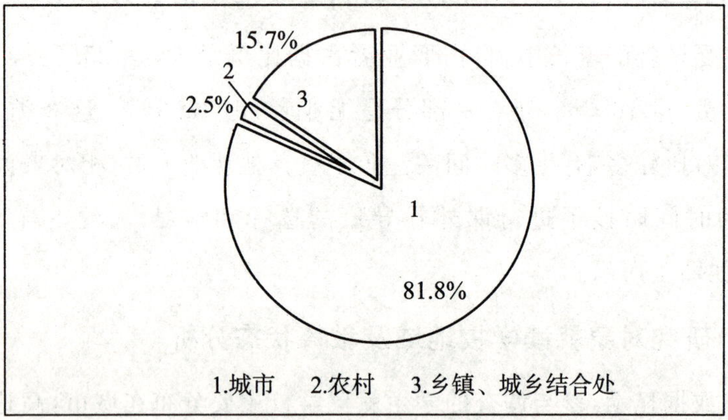

图2　调查对象就读学校地域分布情况

本次调查样本中，小学生比例最高，为64.8%，其次是初中生，为22.6%，高中生和学前儿童所占比例均少于10%。小学生课余时间最多，接触课外辅导班的机会更大些，故在调查中被列为重点关注对象。(如图3所示)

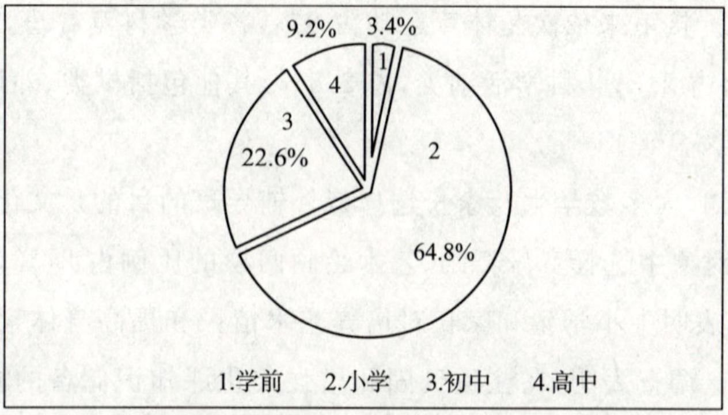

图 3 调查对象学段分布情况

(三)中小学生参加课外辅导班的数量

调查数据表明,未参加任何课外辅导班的学生的比例为 13.2%,有高达 86.8%的学生参加了不同形式的课外辅导班。从数量上看,有近 1/3 的被调查学生参加了 1 个辅导班,参加两个课外辅导班的占 29.4%,有 24.6%的学生参加了 3 个及 3 个以上辅导班。可见,参加两个及两个以上课外辅导班的人数超过了一半。(如图 4 所示)

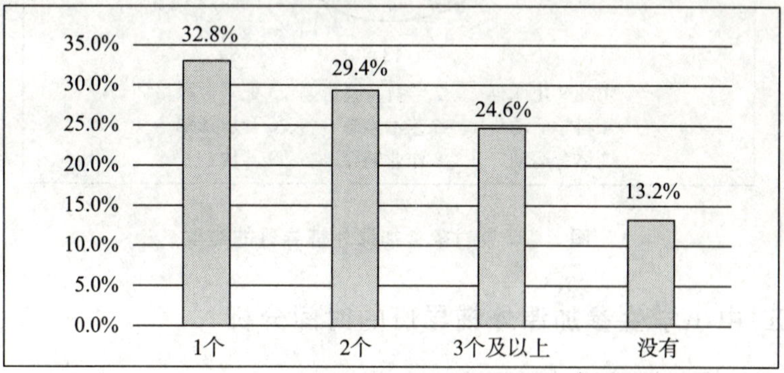

图 4 调查对象参加课外辅导班的数量情况

(四)中小学生参加课外辅导班的类型

调查发现,选择语、数、物、化等纯文化类课程补习的人数远超其他类型补习班的人数,占 35.8%,加上与之相关的参加作业辅导班的 10.6%的学生,几乎撑起了课外辅导的半边天。选择第二位的是音乐舞蹈和艺术绘画,各占13.5%。接下来依次是体育运动占9%,各类学科竞赛班,占2.7%,证书考级培训,占2.3%,科学活动类,占2.5%,其他包括棋类、外语类、记者班等,共占1.8%。

综上可知,大多数学生及家长选择课外辅导班的目的是文化课的补习与提高。调查对象中选择音乐舞蹈、艺术绘画两项的比例占27%,参加体育运动的占9%,表明中小学生和家长对培养艺术情操和提高身体素质的重视程度也相当高。调查表明,在注重巩固和增强文化课知识储备的同时,中小学生和家长也比较关注艺术、体育等项目,这对中小学生的身心健康、人格健全、兴趣培养很有帮助。(如图5所示)

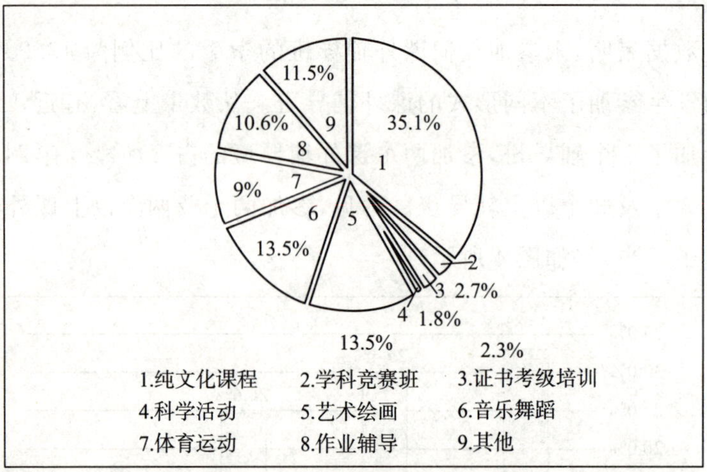

图5　调查对象参加课外辅导班的类型

(五)中小学生参加课外辅导班的时间分析

1.参加课外辅导班的时间段

调查显示,周六、周日上辅导班,周一至周五上辅导班和寒暑假上辅导班的情况几乎各占1/3。将参加课外辅导班的时间设定在周六、周日,学生可以跟紧学校课程的进度,达到辅助学习的目的;周一至周五上课则有助于学生巩固每天所学,尤其是占10.6%的作业辅导这一项,多是集中在此时间段。寒暑假时间比较集中,且为两个学期之间的过渡阶段,在这一时段,学生主要学习新知识,而且对于低龄童来说,还有托管的功能。(如图6所示)

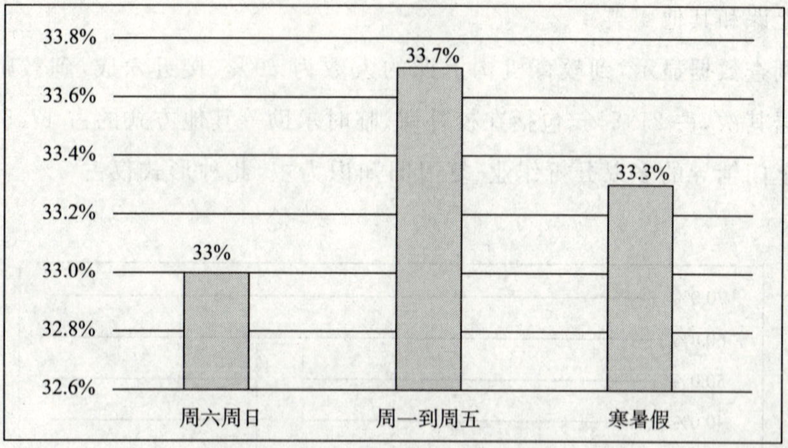

图 6 调查对象参加课外辅导班的时间段情况

2. 参加课外辅导班的时间长短

调查显示，每周参加课外辅导的时间长达 4～8 小时的学生占 30.3%，位居第二的学生每周参加课外辅导的时间少于 4 小时，占 27.7%，每周多于 12 小时的为 24.7%，有 17.3%的学生每周上课外辅导班 8～12 小时。总体看来，这 4 个时间段的人数分布相对均匀。如果以每周参加 2 个辅导班，每个以 2 小时计，粗略估计每周用时 4 小时左右较为合适。（如图 7 所示）

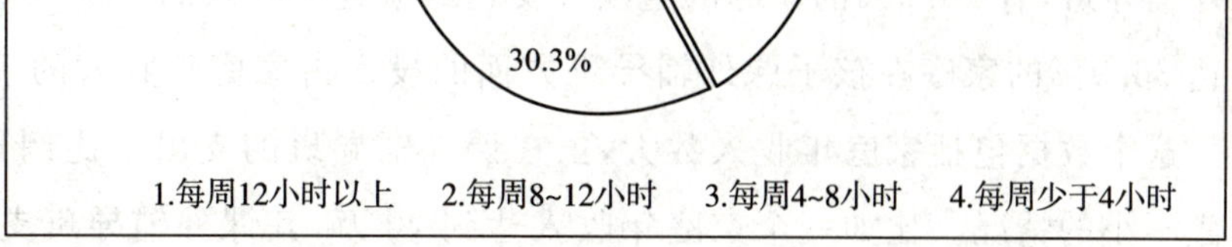

图 7 调查对象参加课外辅导班的时间情况

（六）中小学生参加课外辅导班的形式

对于参加辅导班的形式，调查分为教师上门辅导、到教师家上课、到教育机构上课和其他4类。

调查数据显示,到教育机构上课的人数为59%,接近六成,到教师家去上课居其次,占21.5%,包括在校补课、临时求助等其他方式的占17.5%,请教师上门辅导的多以分析作业、复习旧知识为主,此种形式仅占2%。(如图8所示)

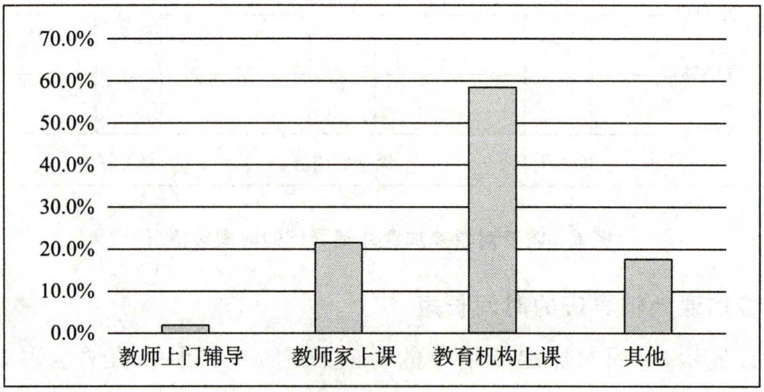

图8　调查对象参与课外辅导的地点

(七)家庭对中小学生课外辅导支出金额分析

调查数据显示,每年花费5000～9999元用于参加课外辅导班的占22.7%,超过10000元以上的占9.8%,每年花费在500～999元的为15.4%,500元以下的仅占8.6%。(如图9所示)

另外一个计量标准是家庭每年参加课外辅导的消费占家庭年总收入的比值。调查结果显示,有14.4%的家庭将年收入的20%及以上用于给孩子报课外辅导班,有19.9%的家庭的这项开支达到家庭年收入的10%～20%,有高达36.9%的家庭在孩子课外辅导班方面的投入占家庭年收入的5%及以下。这个数据包括家庭年收入数大,虽在课外辅导班的支出上比例虽小,但金额不小的情况。比如一个家庭年收入达到20万,其课外辅导班支出虽只占年收入的5%,但也达到了10000元。(如图10所示)

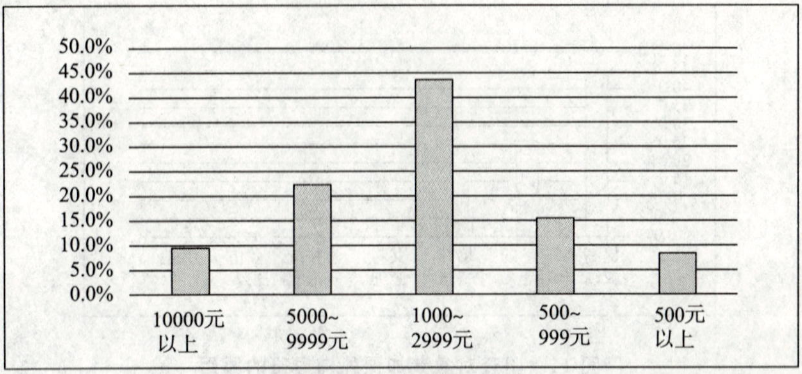

图 9　家庭对课外辅导支出金额

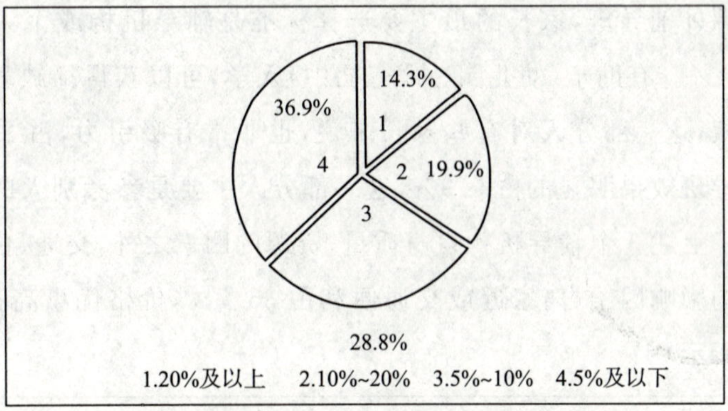

图 10　家庭每年参加课外辅导的消费占比

(八)中小学生参加课外辅导班的原因与选择标准分析

1. 参加课外辅导班的原因

调查显示，有 44.6％的学生参加课外辅导班是为了提高成绩，其次为培养自身的兴趣爱好，占 26.2％，再次为培养特长，达到 18％，而选择培养兴趣爱好及特长的学生主要参加的是艺术和体育类课程。培养兴趣爱好和特长在相当一段时间内比较受家长重视，一方面是基于全面培养孩子的考虑，另一方面是试图让孩子走艺考的道路，或者希望他们获得高考加分项。（如图 11 所示）

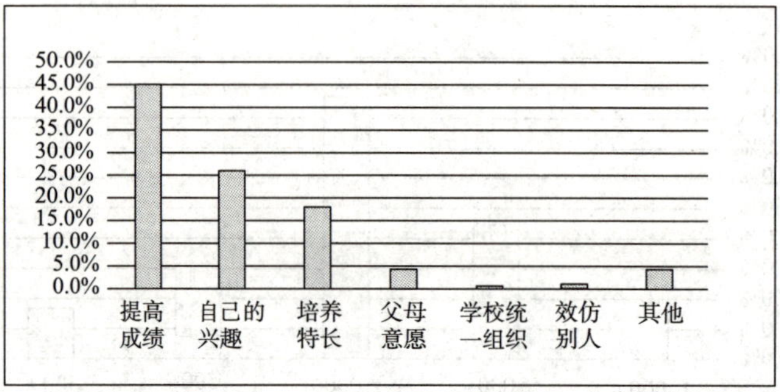

图11　调查对象参加课外辅导班的原因

2. 选择课外辅导班的主要参考标准调查

对于课外辅导班,家长的最主要选择标准是辅导机构或个人优质的师资,高达54%。有助于(幼儿园、小学、初中)入学,可以获得稀缺教育资源的优先录取权,这一部分人对有些家长来说,也非常有吸引力,占22.8%。认为参加辅导班效果明显的占9.9%,这一部分人主要是参考别人的经验做出判断。除了上述3个辅导机构自身质量、资源的因素之外,交通、价格等也是比较显著的影响因子,离家近或交通便利占36.7%,价格优惠高达11.4%。(如图12所示)

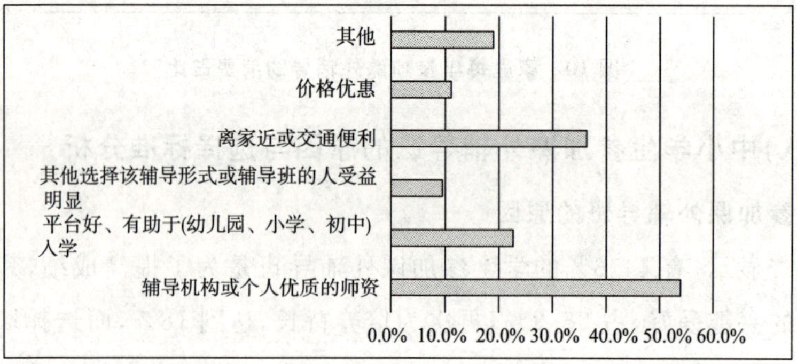

图12　选择课外辅导班的主要参考标准

(九)课外辅导班的教学质量及学习效果

调查结果显示,有47.4%的被调查者认为课外辅导机构的教学质量很好、教师很专业,不做评价或尚不清楚的占32.5%,有17.5%的被调查者认为和学校教师差不多，有2.6%的被调查者则认为教学质量差。（如图13所示）调查结果还显示，有36.9%的被调查者认为参加课外辅导班的效果很好，有45%的被调查者认为效果一般，仅有3.2%的被调查者认为没效果，另有15%的被调查者觉得说不清。这说明大多数家长对参加课外辅导班持肯定态度，也说明个别培训机构以盈利为主要目的，忽视教学质量。（如图14所示）

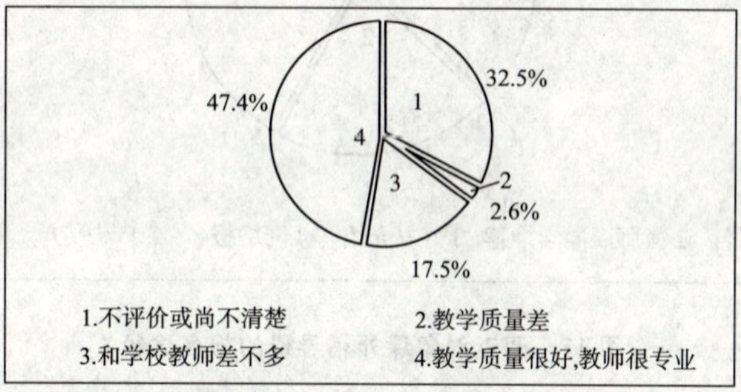

图13 调查对象对课外辅导班教学质量的评价

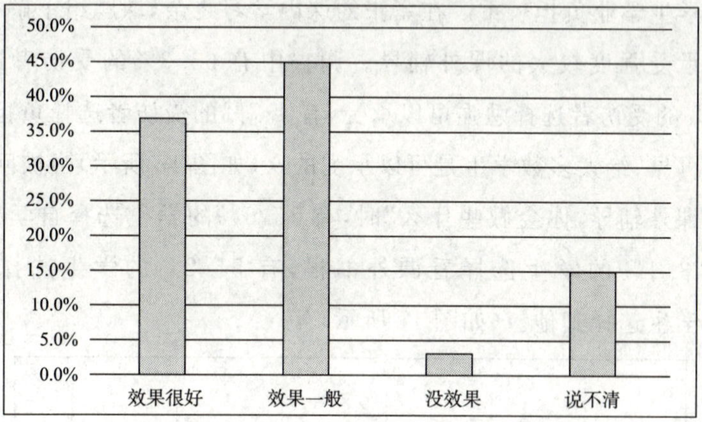

图14 调查对象对课外辅导班效果的评价

（十）中小学生选择课外辅导班的报名途径

在问卷涉及的课外辅导班的报名渠道中，父母报名的占42%，教师、同学推荐的占21%，好友介绍的占20.2%，网络报名的占0.5%，广告传单宣传的占7.9%，而其他类占8.4%。综合这些数据来看，父母报名和学生人际交往圈推荐的高达83.3%，受广告传单、网络报名及其他偶然因素影响的人较

少。(如图15所示)

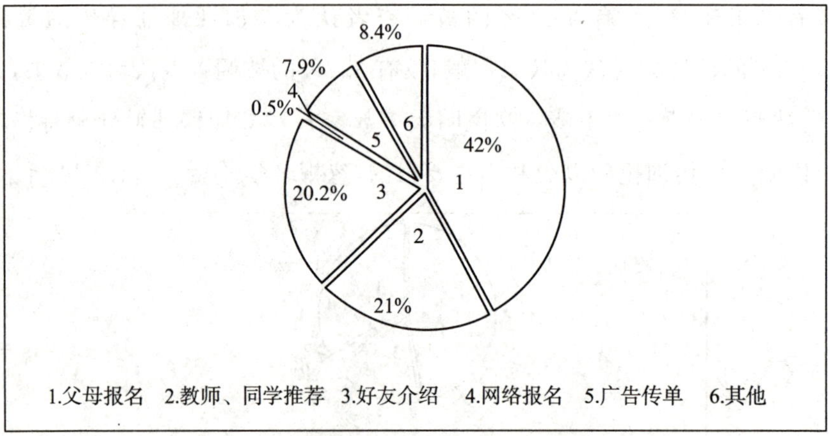

图15 调查对象课外辅导班的报名途径

(十一)课外辅导的承受能力

当前学生学业负担较重。在紧张的课内学习之余,课题组了解了中小学生是否能承受强度较大的课外辅导。调查中有63.3%的受访者选择能承受,有32%的受访者选择勉强可以承受,有4.7%的受访者选择负担太重、不能承受。可见,绝大多数学生是可以承受的。(如图16所示)当被问及"如果没有参加课外辅导,你会做些什么"时,有15.6%的学生选择自学感兴趣的科目,有23.1%的学生选择看课外书报,有51.2%的学生选择玩耍,有10.1%的学生选择其他。(如图17所示)

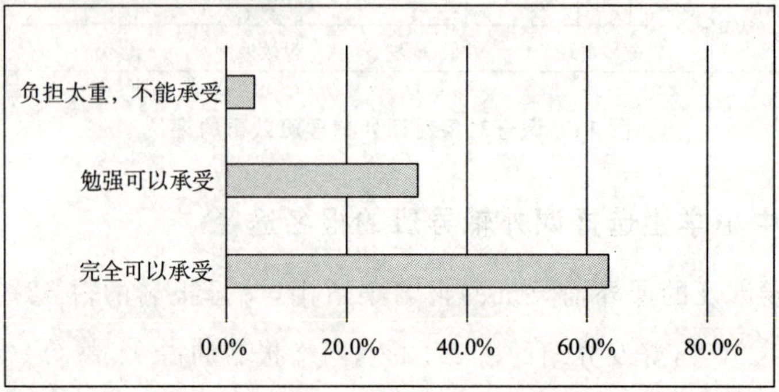

图16 调查对象对课外辅导的承受能力

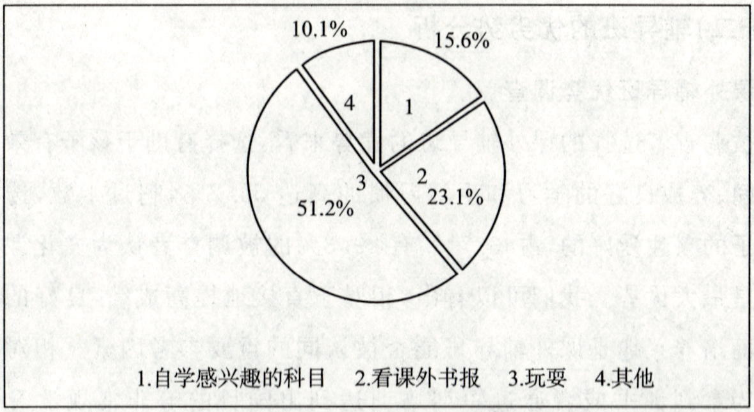

图 17 调查对象如果不参加课外辅导班会做什么

本次调查过程中我们发现，有 13.1%的学生没有参加过任何课外辅导班。其中 24.5%的被调查者不参加的原因是对辅导班不感兴趣，15.4%的被调查者不参加是因为没有适合自己的科目，有 13.7%的被调查者不参加是因为费用太高，有 39.8%的被调查者选择了其他。(如图 18 所示)费用和交通问题相对于其他理由而言影响度最低，可见如果基于需要，金钱和方便程度并不太影响人们对辅导班的选择。是否选择上辅导班的主要影响因素还是学习习惯和辅导班的课程设置。同时我们也认识到，选择不上任何辅导班的孩子，包含一部分成绩优异、有自己的学习习惯和学习方法的学生。

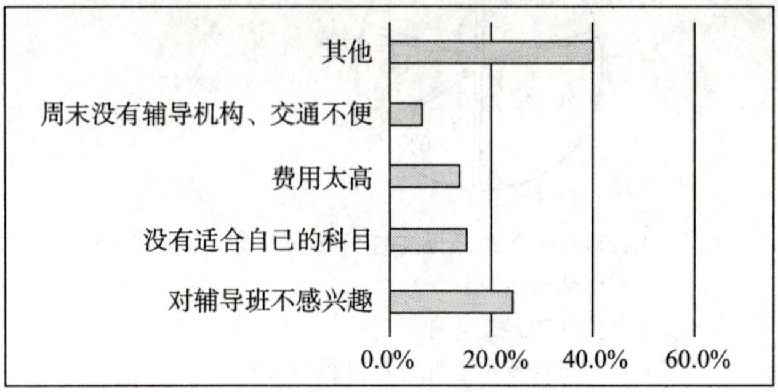

图 18 不参加课外辅导班的原因

(十二)辅导班的优劣势分析

1.课外辅导班优势调查

从被调查者选择的课外辅导班的优势来看,选择有助于孩子有效地规划使用时间、养成良好的学习和生活习惯的高达55.2%,超过半数,选择全面培养孩子的兴趣爱好的,占43.7%,有29.3%的被调查者认为文化课成绩明显提高是最大优势。我们可以看出,相对于直接地提高成绩,良好的学习习惯和全面培养兴趣是课外辅导班能否被认同的重要参考因素。相对于传统观念认为拿到证书或者通过短期培训达到出国目的等非常规学习效果的6.4%,课外辅导班已经更多意义上成为学生的常规需求。调查数据显示,其他优势占19.8%。

2.课外辅导班劣势调查

对于现存课外辅导班的问题,本次调查结果显示,认为教育机构鱼龙混杂,评定机制不规范的占29.5%;认为其收费过高,缺乏管理的占15.6%;认为其课程设置针对性不强,提高成绩作用不明显的占20%。对教师的负面评价也比较集中,认为教师队伍参差不齐的占14%,其他则占20.9%。(如图19所示)

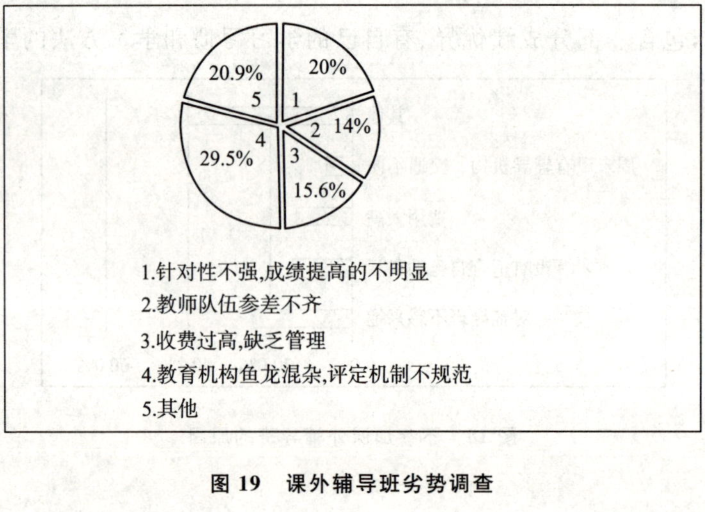

图19　课外辅导班劣势调查

(十三)是否继续选择辅导班的结果分析

“您会继续让孩子参加课外辅导班吗?”面对这个问题,超过半数的被调查者选择让孩子参加课外辅导班(52.4%),明确表示不会参加课外辅导班的仅占4.7%,剩下42.9%的被调查者选择的是“不一定,视情况而定”。(如图20所示)

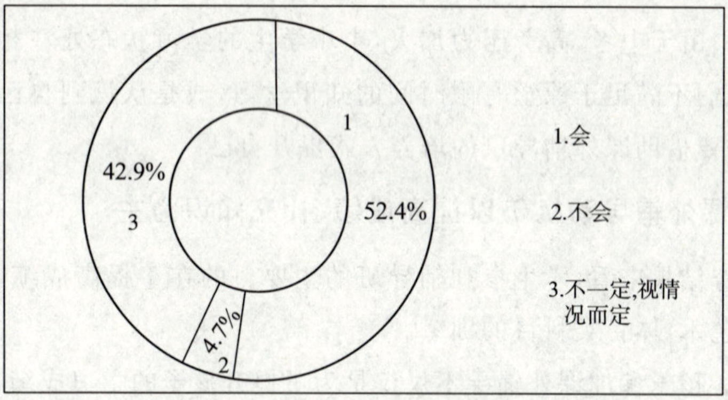

图20 是否继续选择辅导班的情况

三、分析归因

(一)中小学生参加适度的课外辅导的必要性

相对于学校标准化、批量式的教育模式,课外辅导的教育形式更加灵活,几乎能满足不同学生的需要。此外,家庭教育的忽略是课外辅导兴起的另一个重要原因。以前,课外辅导的功能主要是由家庭教育来完成,但是由于现在知识更新较快、父母工作繁忙等原因,很多父母主观上无能为力,客观上无法承担这个重任。因此,从积极意义上讲,中小学课外辅导的兴起对于提高中小学生的基础知识水平,甚至在激励正规的中小学学校教育进行改革等方面都可能产生一定的作用。首先,从知识的掌握来看,学生在课外辅导机构学习,一方面可以有针对性地对以往的知识进行复习总结、拔高训练等,另一方面可以提前掌握高年级知识,对接受新知识有帮助。其次,从学习方法和教师教学方法来看,课外辅导大多是一对一或小班教学,教师可以根据学生情况,因材施教,用学生容易接受的教学方式讲学,同时可以教给学生适合自己又高效的学习方法。

调查结果显示,超过半数的被调查者选择会继续让孩子参加课外辅导班,明确表示不会的很少,而且社会竞争越来越激烈,应该会有更多的人选择让孩子参加课外辅导班。从具体实施上来看,我省有高达86.9%的中小学生参加了不同形式的课外辅导班,参加两个及两个以上课外辅导班的人数超过了一半。由于中考、高考压力加大,中小学生的学习状态处在相互竞争的状态下,他们不满足于课堂有限时间的知识学习,或是认识到自己个别科目的不足,需要借助课外辅导班的培养方式提升自己。

(二)课外辅导动机仍以提高成绩、补充知识为主

从调查结果来看,学生参加辅导班的主要目的在于提高成绩,而他们也比较关注艺术、体育类科目的训练。

家长让孩子参加课外辅导不仅仅是为了提升孩子的学习成绩,他们还希望培养孩子的学习兴趣,帮助孩子形成良好的学习习惯等。但是每个学生的情况不同,不一定都需要课外辅导。家长们不能盲目跟风,应清楚分析学生的学习情况和需要,有选择地报辅导班。

(三)课外辅导用时较为合理

首先,调查结果显示,课外辅导时间分布比较均匀。周六、周日的辅导主要是为了跟上学校的课程进度,更好地起到辅助学习的作用;周一至周五的时间段的辅导有助于每天的知识巩固;寒暑假时间比较集中,辅导班多利用这段时间带着学生学习新知识,同时不可忽视低龄儿童的托管功能。

其次,从参加辅导班的时长来看,我省中小学生每周参加辅导班的课时为4～8小时者最多,这样的时长相对比较合适。如果一节课上课时间太久或课数太多,不仅会使人疲倦、学习效率打折扣,而且会降低学生的学习兴趣。久而久之,学生就会过分依赖课外补习,上课时却不认真听讲,有害无益。

(四)课外辅导班最主要的问题来自培训机构

虽然国内的一些大型连锁课外辅导机构发展良好,比如新东方、学而思、

学大教育等，但市场上更多的还是小作坊式的课外辅导机构。大多数人对教育机构的质量相当满意，但个别组织无序、临时聘请教师的教学机构的教学质量让人担忧。希望课外培训教育机构能够进一步提升教学水平，设置合理、有针对性的课程，满足学生的需求。学生和家长也要善于选择，不能盲目跟风。同时希望教育部门整顿不规范的教学机构，加强对课外辅导教育机构的资质评定和监督。

此外，我省许多城市为二、三线城市，尤其是偏远地区的县城或乡镇，这些地方的课外辅导班大多处于起步阶段，机制不够健全，质量参差不齐。此外，一些小作坊式的课外辅导机构缺乏良好的教学环境，没有安全保障。另外，学生在习惯参加课外辅导班之后，无形中会跟着课外辅导的节奏学习，一旦脱离课外辅导，他们就不能很好地规划自己的学习，降低了学习的主动性。

(五)学生自身对于参加课外辅导班的积极性

我国的教育选拔，从小升初、中考到高考，竞争一直很激烈，而中高考考试制度的变革是一个漫长的过程，学校在实践素质教育的过程中问题也日益明显。《国家中长期教育改革和发展规划纲要(2010—2020年)》明确规定要减轻中小学生学习负担，提升教学质量，相关教育部门和学校也采取了一系列措施，比如减少学生在校时间等。这种新规虽然对于减轻孩子的负担作用明显，但是减少了学生与教师的相处时间，可能会影响孩子对知识的掌握。从孩子在学习过程中的体验来看，他们也有参加课外辅导班的要求。一方面，学生希望通过参加课外辅导班解决自己在学习中遇到的问题，另一方面，一些辅导机构发展趋于成熟，确实能给学生们带来相对较好的学习体验。

(六)在孩子的教育上，加大投入是家长的共识

从花费总额及其占家庭收入比上可以看出，家长在课外辅导班上的投入是比较明显的。绝大多数家庭每年用于孩子上课外辅导班的费用超过3000元。以每年用于课外辅导的花费占家庭总收入比值为计量标准，超过1/3的家庭将年收入的1/10以上用于孩子的课外辅导班花费。家长职业调查显示，被调查对象从事不同的职业，有公务员、自由职业者、专业技术人员、服务

行业、制造行业从业者、军人和农民等。这些家长对孩子课外辅导的投资都比较积极。

这里提醒家长们,中小学生特别是小学中低年级学生的认知结构尚未发育完善,有些辅导内容不适合孩子,课外辅导班的教师也替代不了家长。所以,家长要重视孩子的家庭教育,并通过不断提升自我、不断学习科学的教养理论和技能,与学校形成教育合力。

[胡凤,安徽省社会科学院博士。]

安徽省基础教育的公众满意度调查报告*

韦立君　刘昌福

【摘　要】为了解公众对基础教育的满意度，进而为基础教育的改革与发展提供建议，安徽省基础教育改革与发展协同创新中心组建“安徽省基础教育公众满意度调研组”课题组，本着长效性原则谋划本次调研活动。本次调研旨在把握省内城市间区域性教育差异，客观地反映民众对区域教育事业发展及教育改革效果的评价。

【关键词】公众满意度；满意度；调研

一、调研目的及指标体系构成

为客观了解公众对基础教育的满意度，从而为基础教育的改革与发展提供中肯建议，安徽省基础教育改革与发展协同创新中心组建“安徽省基础教育公众满意度调研组”课题组展开调研。调研旨在把握省内城市间区域性教

---

* 本文系“安徽省基础教育公众满意度调研组”2015年度研究成果。调研组成员为钱立青、刘凤华、刘昌福、钱梅娟、韦立君、阚逸群、陈珊珊、胡海燕、李杰等。

育差异,客观地反映民众对区域教育事业发展及教育改革效果的评价。整个调研活动分两步,第一步是明确公众对基础教育关注的主要内容,建构指标体系;第二步是围绕指标体系内容,设计问卷并实施调研。

(一)梳理公众关注的基础教育指标体系

调研形式为集体座谈、个别访谈等,访谈对象主要是来自小学、初中、高中的学生和学生家长、教师及教育管理者,共计访谈 385 人次,分别来自合肥、阜阳、铜陵、安庆、淮北、马鞍山、滁州、宿州、六安等 9 个城市。对公众关注的基础教育的主要内容进行收集、梳理、归纳,构成以被访对象为代表的公众关注的基础教育指标体系,主要包括 6 个维度:教育环境、教育质量、教育投入、教育公平、教育目标以及教育管理,每个维度包括若干分项指标。(如表 1 所示)

表 1　公众关注的基础教育指标体系

一级指标	二级指标	三级指标
教育环境	校园环境	学校物态环境
		校园文化氛围
	社区环境	就近入学/家校距离
		安全隐患
		配套资源
教育质量	师资队伍	师德修养
		教育理念
		学历水平
		师资结构
	教学过程	教学目标
		教学方法与效果
		课业负担

续表

一级指标	二级指标	三级指标
教育质量	课程改革	选修课
		课外活动
		职业生涯课程
		校本课程
	教育评价	学业评价
		综合素养评价
		评价方法
教育投入	经费投入	基础设施
		教师工资水平
		教育收费
	人员投入	生师比
		优质师资比
教育公平	教育均衡	校际均衡
		区域均衡
		择校择班
		平等就学
	社会评价	对待教师的态度
		公平待生
教育目标	素质教育	个性发展
		全面发展
教育管理	校园管理	校园安全
		班额管理
	协作发展	家校合作

（二）问卷设计与组织调研

根据第一步归纳出的指标体系内容，分别设计出基础教育公众满意度调查问卷的学生卷、家长卷和教师卷。采用问卷调查法随机了解公众对基础教育各主要指标的满意度。

此次问卷调查的调查对象包括来自基础教育各学段的学生、学生家长和教师,共收集有效问卷11381份。

学生卷有效问卷3144份,其中来自不同学段参与调查的学生比例分别为小学60.2%、初中28%、高中11.8%;来自市区的有88.5%,来自农村的有11.5%。

家长卷有效问卷5914份,参加本次调研的家长职业多样,其中涉及商业、服务行业的最多,占25.9%,其次为来自政府机关、事业单位的家长,占18.6%,农民和外出务工的占比也相当大,共占28.3%,其中农民占17%,外出务工人员占11.3%。(如图1所示)

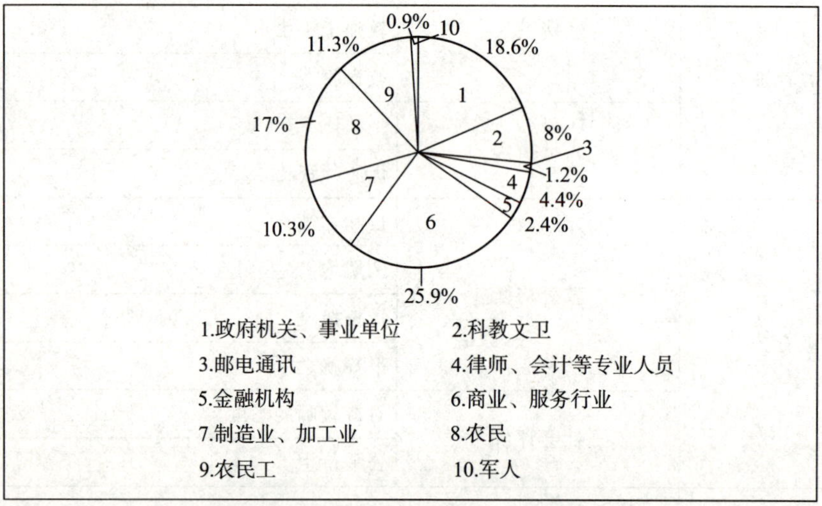

图1　安徽省各地市参与问卷调查的家长职业情况

教师卷有效问卷2323份,其中小学教师占53.5%、初中教师占26%、高中教师占20.5%;各年龄段占比情况如图2所示,其中城市教师占70.2%,农村教师占29.8%。

二、公众对基础教育满意度的总体评价

(一)整体感受

此次围绕公众关注的基础教育指标体系开展的教育满意度问卷调查,涉

及全省16个省辖市，调查对象包括中小学的在校学生、学生家长和教师（含教育管理者）。从调查结果来看，公众对学校教育质量、教师教学水平、就近入学、教师公平对待学生、校园环境等项指标的满意度较高（百分比数值均在50%以上）；而对教育资源均衡配置、教育经费投入（如教师工资收入）、尊重学生个性发展、课程满足学生多样化个性化发展、班额管理和家校合作等指标的满意度相对偏低。（如表2所示）

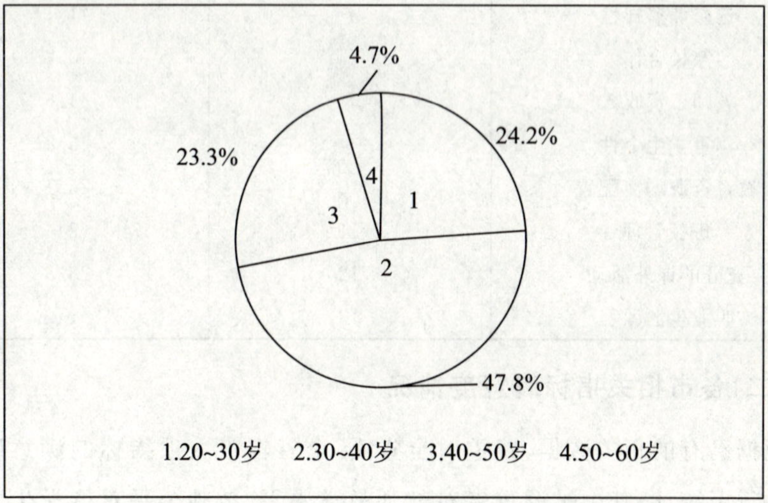

图2　各市参与问卷调查的教师年龄情况

从调查数据来看，满意度有待提升的几项指标事实上也正是目前安徽基础教育发展所着力改变的重点与难点问题，如教育资源均衡配置，已通过义务教育均衡发展的政策举措来改进，班额超标现象也正在被自上而下地加以控制，尊重学生个性发展、多样化特色化的学校课程建设也在基础教育课程改革的过程中推进。当然，对于满意度相对略高的几项指标需要社会各方继续合力，在已有成绩的基础上再上一个台阶，实实在在地办人民满意的教育。

表 2 公众对相关指标的满意度分项排序(%)

指标内容	排序	满意度
就近入学	1	75.9
校园环境	2	68.2
教学水平	3	66.7
教育质量	4	65.9
公平对待学生	5	51.9
选修课多样性	6	41.1
家校合作	7	40.2
教师工资收入	8	34.6
尊重学生个性	9	26.8
教育资源均衡配置	10	25.1
班额管理	11	24
充分的课外活动	12	23.8
职业生涯课程	13	14

(二)各市相关指标满意度情况

根据已有的相关数据,着重对全省 16 个省辖市六项指标的满意度相关数据进行了统计,其中被调查者对教师教学水平、教师公平对待学生以及校园环境的满意度较高,而对尊重学生个性发展、班额标准化以及家校合作的满意度较低。(如表 3 所示)

满意度较高的三项指标中,教学水平项满意度排在前 5 名的城市依次是铜陵、宣城、滁州、合肥、池州;公平待生项满意度排在前 5 名的城市依次是合肥、池州、铜陵、滁州、蚌埠;校园环境项满意度排序的前 5 名城市依次是池州、黄山、铜陵、宣城、滁州。然而,在尊重学生个性发展方面,16 个省辖市的公众满意度整体偏低,近七成地市的满意度未达到 30%;班额超标现象普遍存在,且城市之间存在较大差异,达标率从 9.8%到 45.4%不等;家校合作的重要性虽已逐渐为大多数公众认识,但是在实践层面仍有诸多欠缺,只有 40%左右的满意度。(如表 3 所示)如何进一步发挥家校合作对学校教育和学生发展的积极影响亦成为一个重要的教育议题。

表3 16个省辖市六项指标满意度排序(%)

指标 省辖市	教学 水平[①]	公平 待生	校园 环境	个性 发展	标准 班额	家校 合作	合计
铜陵	70.6	55.6	73.3	23.9	32.8	48.9	305.1
淮南	63.8	51.6	65.9	33.3	45.4	43.3	303.3
合肥	69.7	61.9	63.9	27.9	30.9	42.1	296.4
黄山	58.7	47.8	79.8	26.1	27.6	49.3	289.3
马鞍山	65	51.3	62.6	40.9	22.6	44.3	286.7
淮北	66.7	50	65.2	35.2	27.4	42.2	286.7
池州	68.6	57.1	83.1	23.4	12.9	38.9	284
芜湖	65.7	52	60.7	24.7	38.7	37.3	279.1
蚌埠	66.5	53.4	60.3	25	33.5	39.1	277.8
阜阳	67.9	51.3	52.7	31.3	28.6	41	272.8
宣城	70.1	50.5	67.9	27.7	13.5	38.5	268.2
滁州	70	54	66.7	22.1	9.8	36.4	259
亳州	63	47.3	54.5	27.4	16.9	39.3	248.4
六安	58.1	48.3	51.7	20.3	26.4	41.7	246.5
宿州	59.4	53.2	56.5	19.6	21.8	34.3	244.8
安庆	61	47.6	58.2	25.4	16.4	31.2	239.8

三、公众对基础教育相关主要指标的满意度分项评价

(一)教育环境

1.学校内部环境

在校学生对校园环境总体来说较为满意,其中觉得校园环境很好的占32.1%,觉得比较好的占30.4%,觉得较差和很差的所占比例不到7%。(如图4所示)而这一情况在不同学段呈现出一定的差异,认为校园环境很好的人数比例在小学生中达到40.38%,初中为21.98%,高中仅为16.08%,呈递

① 教学水平的满意度是对学生满意度和家长满意度的综合统计。

减之势,而认为校园环境比较差、很差的人数比例在小学、初中和高中则呈递增之势。

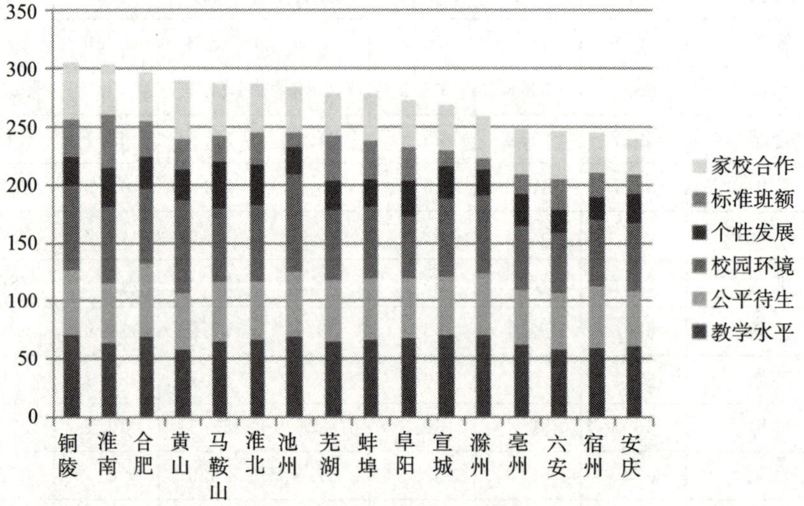

图3 16个省辖市六项指标满意度构成

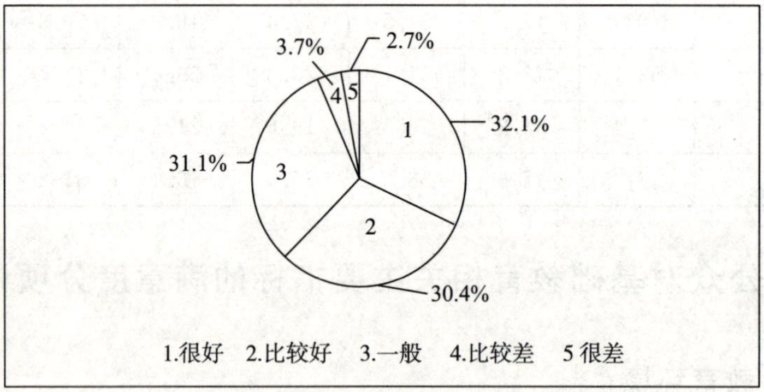

图4 在校生对校园环境的满意情况

从学校部分硬件设施建设情况来看,满意度有待进一步提升。如在实验室的建设方面,很满意和较为满意的学生人数比例超过50%的仅有4个省辖市。(如表4所示)从不同学段的实验室建设情况看,高中生对实验室建设的满意度最低,仅有一成学生表示很满意、两成学生表示比较满意,初中生中大约有四成表示很满意和比较满意,在各学段中位于中间水平,而小学生的满意度相对较高,接近五成,但是小学阶段没有实验室的比例最高,达到

23.27%,说明小学阶段实验室建设存在两极分化现象。在活动场地和体育场馆建设方面,只有操场的学校比例为34%,拥有操场和田径运动场的为29.7%,操场、田径运动场和室内体育馆配备齐全的仅有26.2%,这些数据在不同学段并无明显差异,但在城市与农村之间差异明显,如城区学校操场、田径运动场和室内体育馆配备齐全的比例为26.9%,而在农村学校这一比例仅为18.8%,42.8%的农村学校仅有操场。

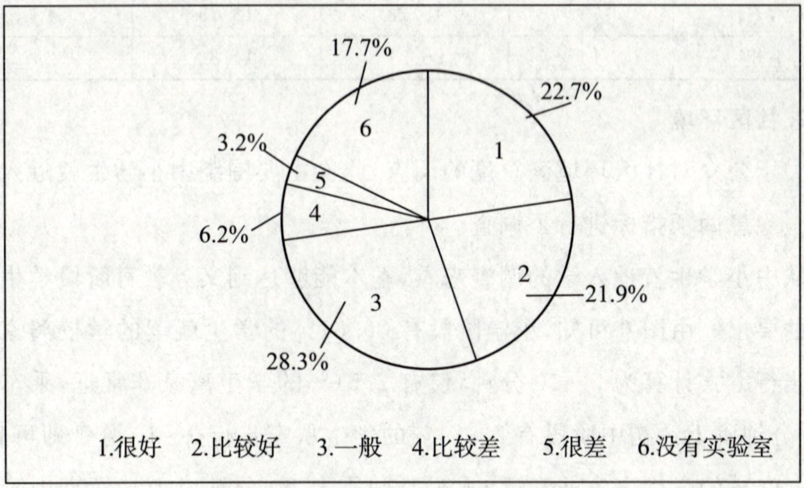

图5 在校生对实验室建设的满意情况

表4 16个省辖市学校实验室建设学生满意度排序(%)

省辖市	排序	很好	比较好	合计
池州	1	33.77	28.97	62.74
黄山	2	27.27	29.55	56.82
合肥	3	28.29	24.30	52.59
宣城	4	19.69	32.00	51.69
铜陵	5	25.00	25.00	50.00
淮南	6	20.21	28.72	48.93
滁州	7	25.32	21.71	47.03
淮北	8	24.78	21.74	46.52
芜湖	9	24.83	20.13	44.96

续表

省辖市	排序	很好	比较好	合计
蚌埠	10	26.71	18.63	45.34
宿州	11	22.67	17.41	40.08
安庆	12	20.11	19.58	39.69
马鞍山	13	17.39	20.87	38.26
阜阳	14	19.73	16.14	35.87
六安	15	15.28	18.75	34.03
亳州	16	20.91	11.82	32.73

2. 社区环境

关于公众对社区环境满意度的调查,此次主要围绕中小学生就近入学以及安全隐患两项指标进行了调查。

从中小学生就近入学的调查来看,基本能够达到义务教育阶段学生就近入学的要求。由图6可知,小学阶段有39.61%的学生就读的学校离家的路程以步行方式计算为5～10分钟,仅有2.51%的学生离家非常远,乘车时间在30分钟以上。初中阶段有28.74%的学生从家步行5～10分钟即可到校,仅有9.65%的学生离家非常远,乘车时间需要30分钟以上。而高中阶段仅有12.62%的学生就读学校离家的步行时间为5～10分钟,有35.98%的学生离家非常远,乘车需要30分钟以上。可见,小学阶段大部分学生就读的学校离家非常近,初中阶段大部分学生就读的学校离家比较近,高中阶段大部分学生就读的学校离家非常远。

从城乡来看,城市大部分中小学生就读的学校离家较近,需要乘车30分钟以上的比例仅为4.27%,相比较而言,农村孩子就读的学校离家较远,步行5～10分钟和15～20分钟到校的比例低于城市,需要乘车15～20分钟或30分钟以上的比例均高于城市。(如图7所示)

近六成家长对孩子就读学校周边环境的安全性持比较满意的态度,对于学校周边环境存在的安全隐患,超过八成的家长认为孩子上学、放学路上排在首位的是复杂的道路交通,有67.53%的家长认为不安全的社会闲散人员也是一大隐患,另有43.67%的家长认为学校周边的游戏厅、网吧也是一种不安全因素。近七成家长认为，这些问题不只是教育问题，也还是社会问题，需要政府有所作为。例如由政府投入为低年级学生安排校车，在这一点上有78.36％的家长表示赞成。

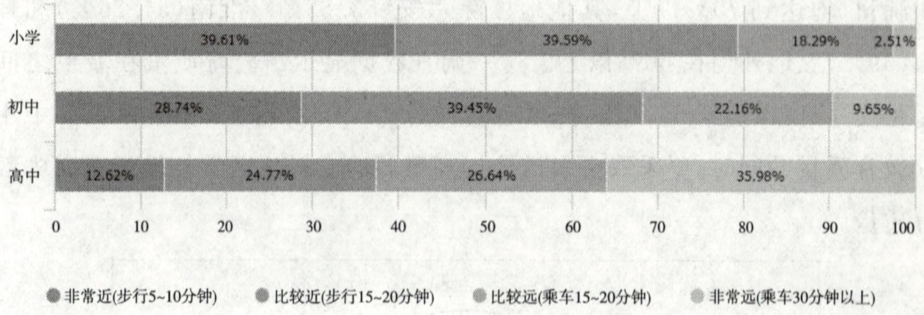

图6　中小学生就近入学情况

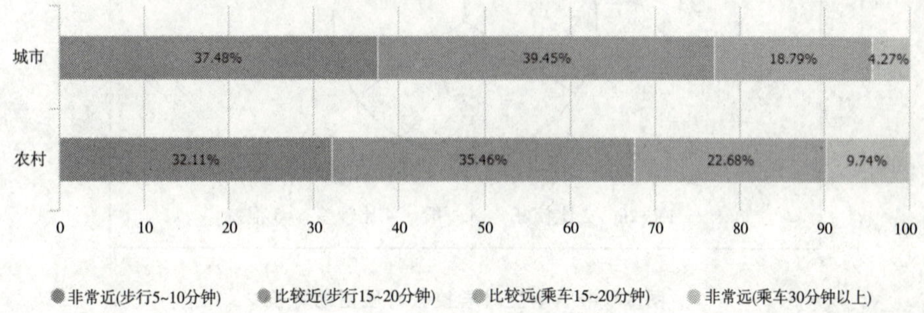

图7　城乡学生就近入学情况

(二)教育质量

此次关于学校教育质量满意度的调查以中小学生为调查主体，从学生对学校教育质量的评价来看，总体满意度较高。(如图8所示)有34.4％的学生认为学校教育质量很好，有31.5％的学生认为比较好，其余未表示满意的学生中，认为较差和很差的学生虽只占少数，却不能忽略这部分学生的教育需求。而认为一般的学生人数比例达到26.4％，从这个角度来说，实现绝大多数学生满意学校教育质量的目标是具有极大可能性的。不过以上数据在不同学段表现出明显差异，小学生对教育质量的满意度最高，达到71.2％，初中为67.6％，高中为41.3％，不满意率从小学至高中呈现缓慢递增趋势

(在"一般"和"比较差"两个选项中的增长率平均约2个百分点),而从初中至高中则呈现出明显的增长趋势(平均达到10个百分点)。从区域来看,学校教育质量满意度最高的地区是池州,近八成学生表示满意,其次为黄山、宣城和滁州,均达到70%以上,其他地区除六安(53.82%)、淮南(54.26%)和蚌埠(59%)三地外均在60%以上。这一调查数据显示出教育质量在城乡之间差距明显,城市达到69.4%,农村地区仅为45.9%。综上,在整体提升中小学教育质量的同时,要采取更多措施提高薄弱的农村地区学校教育和高中教育质量。

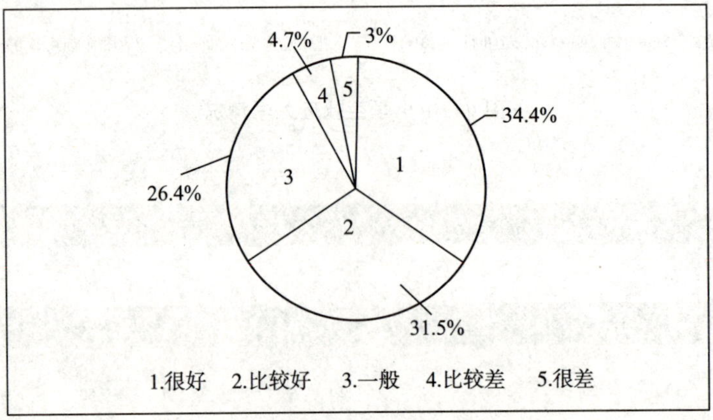

图8 中小学生对学校教育质量的评价

表5 16个省辖市中小学教育质量学生满意度排序(%)

省辖市	排序	很好	比较好	合计
池州	1	48.05	31.17	79.22
黄山	2	35.61	39.39	75.00
宣城	3	36.92	37.23	74.15
滁州	4	37.21	34.37	71.58
安庆	5	31.22	38.62	69.84
马鞍山	6	39.13	30.43	69.56
淮北	7	33.91	33.91	67.82
宿州	8	39.27	28.34	67.61
铜陵	9	28.89	37.22	66.11
芜湖	10	34.23	30.87	65.10
合肥	11	33.47	31.47	64.94

续表

省辖市	排序	很好	比较好	合计
阜阳	12	39.01	24.66	63.67
亳州	13	37.27	24.55	61.82
蚌埠	14	34.16	24.84	59.00
淮南	15	27.66	26.60	54.26
六安	16	27.43	26.39	53.82

在对影响学校教育质量的各项教育指标的考察中，师资、教学、课程以及评价仍是4个关键性指标，以下是关于这4项指标公众满意度的调查结果。

1. 师资质量

调查显示，在中小学生和学生家长的眼中，师资质量的重要性在4项指标中居首位。当被问及“什么能够使你对上学更感兴趣、对学校教育更加满意”时，有64.1%的学生选择了“更好更有趣的教师”，而家长为孩子选择目前就读学校的主要参考标准中，位于第一位的是“优良师资”。

公众对中小学师资质量的评价涉及多项指标，其中最为关注的是师德修养，调查发现：家长眼中的好教师要做到的几点按照重要程度排序排在前三位的分别是工作认真负责(81.5%)、对学生一视同仁(65.4%)、崇高的道德品质(65.2%)；在教师眼中，这个问题的答案中排在前三位的分别是工作认真负责(78.6%)、崇高的道德品质(67%)、重视学生能力的培养(60.9%)；在学生眼中，与教师的教学水平相比，他们更在意教师对待自己的态度。

大家对教师的教学水平的关注度排在第二位。从中小学生对教师教学质量满意度来看，有60.2%的学生认为自己所在班级的大多数教师课教得好，他们对教师教学水平持满意态度，但也有10%的学生认为只有极少数教师课教得好，他们对大多数教师的教学不满意，其余近三成学生对教师教学的感觉一般。分学段来看，小学生对教师满意度最高，达到64.6%，其次是初中生，为58.9%，高中生最低，为45.4%。从区域来看，对教师教学水平满意度最高的地区是铜陵(65.55%)，其次是合肥(64.94%)和宣城(64.92%)，滁州、池州 、阜阳、淮北、蚌埠、芜湖、马鞍山均超过60%，其他地区介于50%和60%之间。（如表6所示 ）城乡间比较，城市中小学生的教师满意度明显高于农村,分别为62.5%和46.7%。

表6　16个省辖市中小学教师教学水平学生满意度排序(%)

省辖市	排序	很好	比较好	合计
铜陵	1	29.44	36.11	65.55
合肥	2	33.47	31.47	64.94
宣城	3	32.92	32.00	64.92
滁州	4	34.92	29.20	64.12
池州	5	38.96	24.68	63.64
阜阳	6	32.29	30.49	62.78
淮北	7	29.57	32.17	61.74
蚌埠	8	35.40	26.09	61.49
芜湖	9	31.54	28.86	60.40
马鞍山	10	24.35	35.65	60.00
淮南	11	27.66	30.85	58.51
亳州	12	29.09	29.09	58.18
安庆	13	24.87	31.22	56.09
黄山	14	25.00	29.55	54.55
宿州	15	27.66	26.60	54.26
六安	16	21.53	31.60	53.13

大多数家长对孩子就读学校教师的教学水平是比较满意的,有38.2%的家长认为孩子所在班级的任课教师几乎都教得好,有33.1%的家长认为孩子所在班级的任课教师教得好的在半数以上,但也有10.1%的家长认为孩子就读班级教得好的教师未到半数,甚至有17.4%的家长认为仅个别教师教得好,还有1.2%的家长认为孩子所在班级的任课教师都教得不好。(如图9所示)城乡学校比较起来,城市学校教学水平高的教师比例高,以"几乎教得都好"这组数据为例,城市地区学校为38.78%,农村地区学校为33.06%。

对于师资结构满意度的调查,主要从年龄结构、性别结构和学科结构3个维度进行。从年龄结构看,有38.4%的家长认为孩子就读学校的教师年龄结构偏中年化,有34.3%的家长认为孩子就读学校的教师老、中、青结构合理,有22.1%的家长认为孩子就读学校的教师年龄结构偏年轻化,另有5.2%的家长认为孩子学校的教师年龄结构偏老年化。(如图10所示)从各学段来看,小学、初中学生家长认为教师年龄偏中年化,高中学生家长认为教

师偏年轻化。（如图 11 所示 ）教师认为师资年龄结构偏中年化的比例最高，达到 43.3%。（如图 12 所示 ）

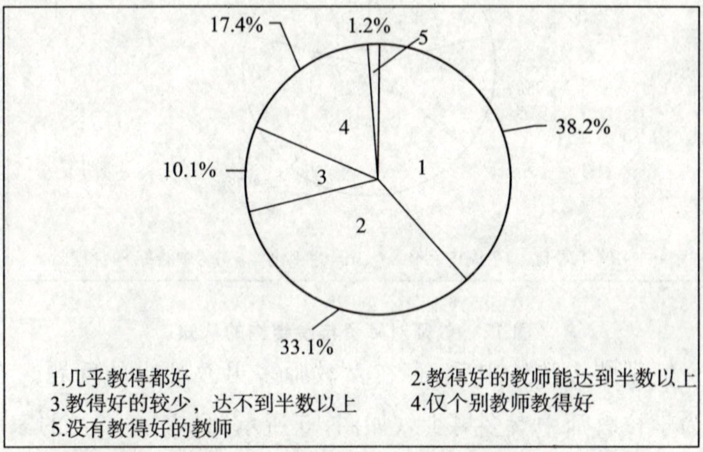

图 9　家长对教师教学水平的满意情况

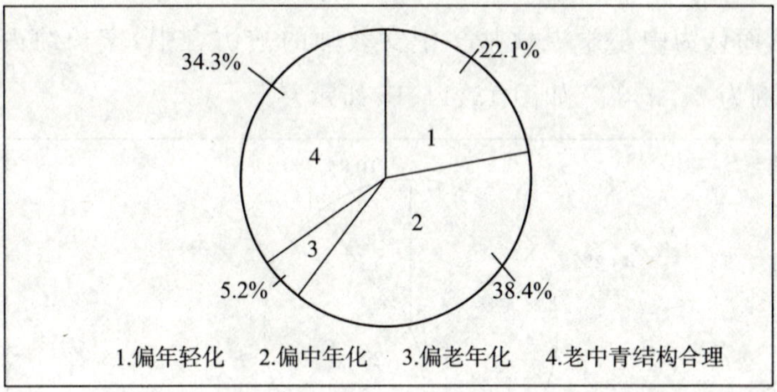

图 10　家长对师资年龄结构的认知

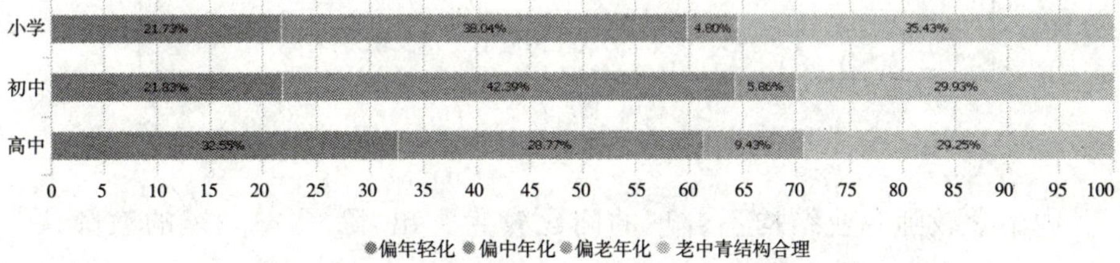

图 11　家长对中小学各学段师资年龄结构的认知

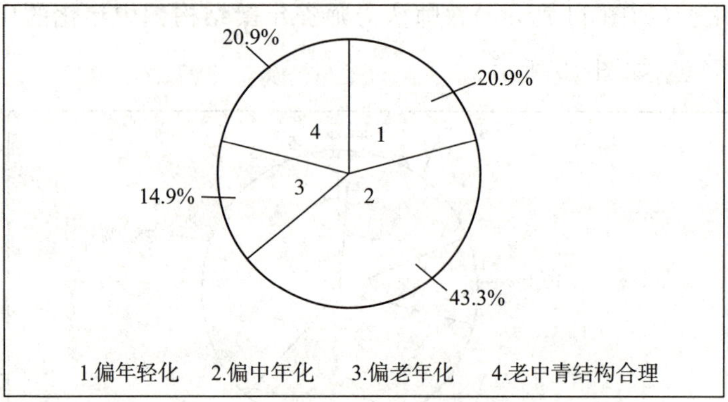

图12　教师对师资年龄结构的认知

从师资性别结构整体来看，存在女教师多男教师少的问题。有37.2%的教师认为学校教师中女多男少，(如图15所示)另有43.3%的家长持同样的观点，小学阶段这一性别比例失衡现象更加显著；也有34.9%的教师、45.9%的家长认为男女教师比例适中，特别在初中、高中阶段，男女教师比例趋于平衡；而认为中小学男教师多于女教师的被访者中，家长约占10.8%，教师的比例为27.9%。(如图13、14、15所示)

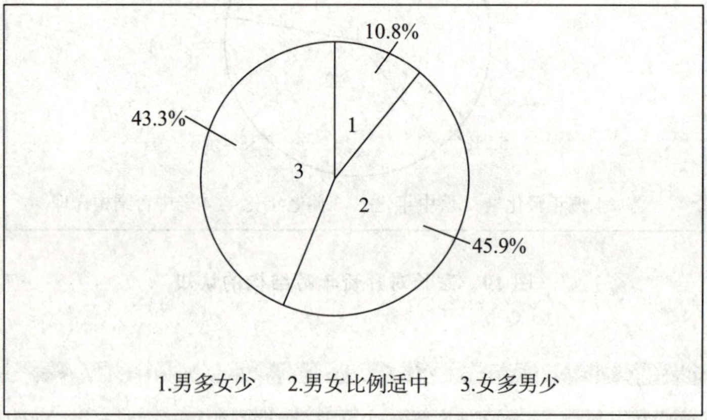

图13　家长对师资队伍性别结构的认知

中小学教师专业结构不合理的问题较为突出，除了24.7%的教师认为其所在学校的教师学科专业结构合理，有22.3%的教师认为其所在学校缺乏核心学科教师，有21.9%的教师认为核心学科、小学科教师都缺乏，有

19.5%的教师认为缺乏小学科教师，而仅有7.9%的教师认为核心学科教师过剩，有3.7%的教师认为小学科教师过剩。（如图16所示）由此可见，教师结构性缺编仍然是造成学校师资专业结构不平衡的主要原因。

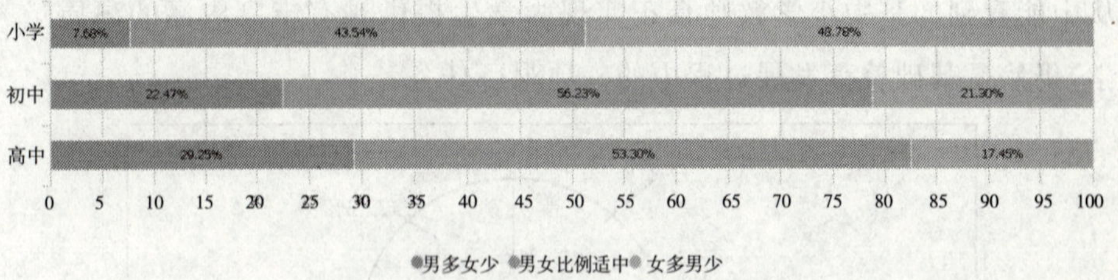

图14 家长对中小学各学段师资性别结构的认知

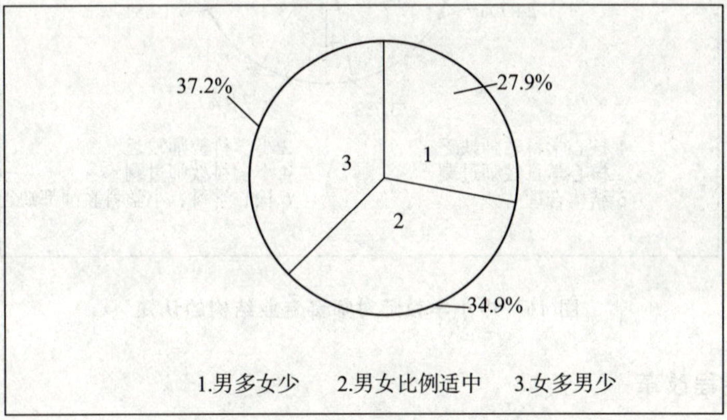

图15 教师对师资队伍性别结构的认知

2. 教学过程

从前面关于教师教学水平的调查，可以了解到大部分学生和家长对学校教学质量是满意的，不过这种教学质量究竟是分数提高的质量还是具有丰富内涵的质量？具体来说，学生和家长的这种满意是来自于教师辛苦地教还是轻松地教？教学方法上能否让学生以及教师自己感到满意？教学目标是否是围绕基础教育课程改革提出的学生全人发展？

从中小学生和教师对这些问题的回答来看，能在教学过程中落实学生全人发展目标的教师在学生看来有51.45%，来自教师的自我评价为63.72%；能够灵活运用教学方法并结合时代和学生发展需要不断创新的教师在学生看来有48.67%,另有近三成的学生认为教师的教学方法呆板,来自教师的自我评价为62.6%;而能够兼顾两个方面的教师在学生看来仅有44.82%,来自教师的自我评价为56.28%。这些数据无法代表一种满意的态度,我们从中能看到的是中小学教师真正实现为学生提供具有丰富内涵的高质量教学,仍然是基础教育发展过程中的一项艰巨任务。

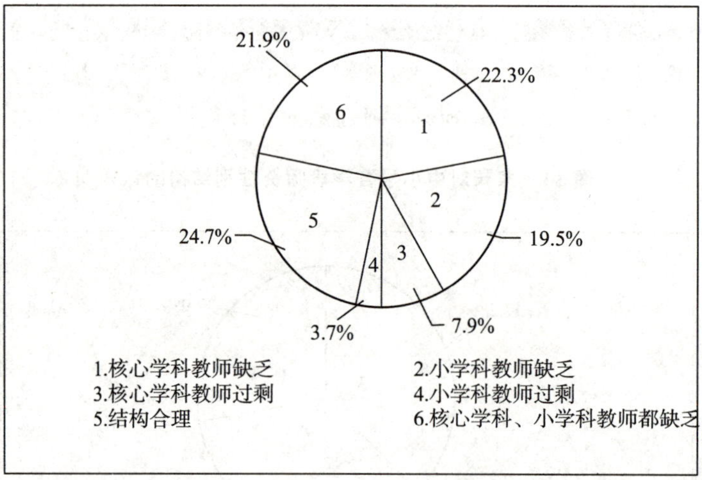

图16　中小学教师对师资专业结构的认知

3. 课程改革

关于课程改革满意度的调查,我们着重从3个方面进行:选修课开设情况、课外活动时间是否充足且有没有被充分利用,以及是否开设职业生涯教育课程。

从选修课的开设情况来看,多数家长认为学校开设的选修课程种类不够丰富,其中有31.6%的家长认为种类较少,只能满足少数学生兴趣发展需要,有27.3%的家长认为种类极少,只有少数学生参与,仅有41.1%的家长认为学校开设的选修课程种类丰富。(如图17所示)在小学阶段,学校开设的选修课程种类较多,有22.76%的家长认为种类很丰富,能满足大多数学生兴趣发展需要,而初中阶段有所下降,有16.4%的家长认为选修课种类很丰富,高中阶段的这一比例最低,仅为14.15%。(如图18所示)

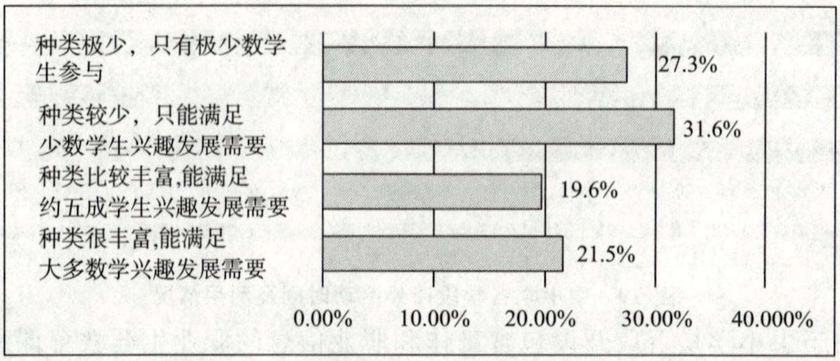

图 17　家长对学校开设选修课程情况的反馈

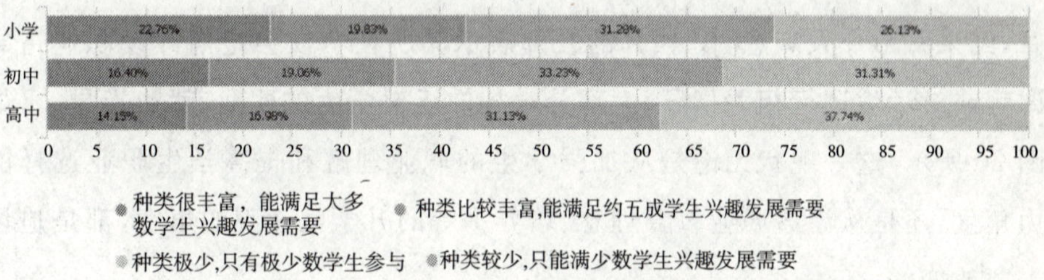

图 18　家长对中小学各学段开设选修课情况的反馈

从中小学生对调查问题“什么能够使你对上学更感兴趣、对学校教育更加满意”的反馈情况来看，有 57.4％的学生选择了“课外活动”，在各选项中排名第二。然而，在中小学的课外活动时间是否充足以及能否被充分利用的问题上，调查结果并不令人满意，仅有不到三成的学生认为学校的课外活动时间充足，且被充分利用。（如表 7 所示）分学段来看，小学生的课外活动时间相对充足，且被利用充分，初中阶段和高中阶段学生的课外活动时间明显减少。（如图 19 所示）

表 7　中小学课外活动时间及利用情况

内容	教师	学生
时间充足，且能被充分利用	17.50％	27.30％
时间充足，未被充分利用或被其他教学课程占用	34.30％	33.10％
时间不充足，但能被充分利用	18.10％	18.00％
时间不充足，也未被充分利用	30.10％	21.60％

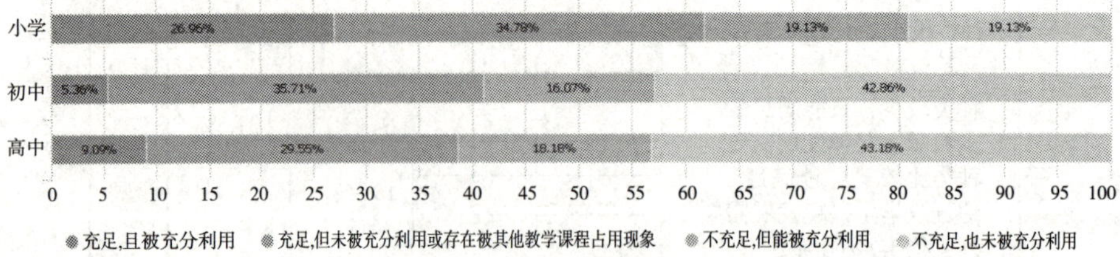

图 19 中小学各学段课外活动时间及利用情况

关于中小学是否应开设包含工作和职业信息的职业生涯教育课程,半数以上的家长和教师持赞成态度,且这一比例随学段升高呈上升趋势。(如表 8 所示)但是从对中小学开设职业/就业指导课程及相关指导情况的调查来看,结果并不令人满意,仅 14%的教师表示其所在学校会定期开设职业指导课程或对学生进行相关指导,大部分学校缺乏对学生的职业/就业指导。(如图 20 所示)这一现状无论是从加强学生的职业理解和提高学生职业选择能力角度,还是从渗透职业教育理念、培养平等的升学就业观的角度,都是迫切需要改变的。

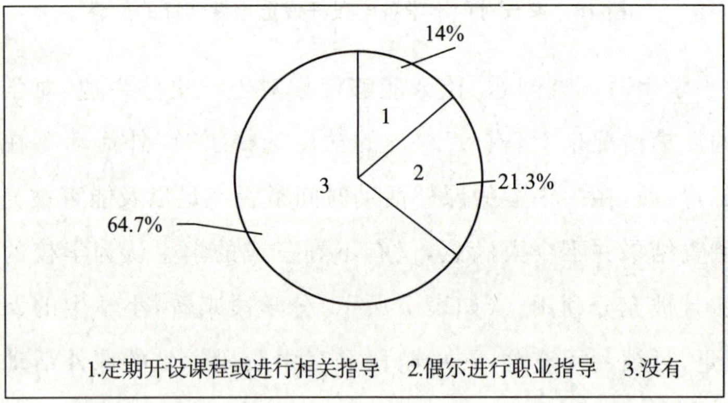

图 20 中小学开设职业指导课程情况

表 8 赞成中小学开设职业生涯教育课程的家长和教师在各学段比例

	家长	教师
小学	54.78%	55.36%
初中	61.45%	66.09%
高中	63.21%	68.18%

综上,关于选修课的开设、课外活动情况以及职业生涯教育课程的开设,

调查结果并不令人满意，如果从当前基础教育目标，即促进学生多样化、个性化以及更好地适应多变社会的发展角度而言，以上种种状况必须要改变，而这需要学校、政府以及社会多方力量的共同参与。

4. 教育评价

随着基础教育课程改革的逐步推进，教育评价内容与方法正在发生改变，即从强调学生学业成绩评价到注重学生综合素养评价，从强调终结性评价到关注过程性评价。此次调查发现，有57.7%的学生所在学校仍是将学业成绩作为学生评价的主要标准，有34.4%的学生所在学校侧重评价学生的综合素养，而强调学生个性发展的仅有7.9%。虽然重学生学业评价的学校不在少数，但是从这些数据中也能够看到积极的变化，特别是有85.6%的教师认为学校对学生的评价应适当增加音、体、美、劳的权重，实现真正意义上的培养学生综合素质。

此外，在评价的方法上，有78.5%的家长认为学校应该采用个性化评价方法，而不是对所有孩子使用同一种评价标准，另有75.83%的教师认为在日常教学中应多对学生采用过程性评价，在一个阶段的学习结束时可将结果性评价与过程性评价结合起来运用。

(三)教育公平

调查发现，公众对教育公平的关注主要集中在学生能否享受到均衡的教育资源，学生在校学习能否受到公平对待(特别是教师的态度)，以及教师能否受到社会公正对待。

1. 教育资源均衡配置

在教育资源均衡配置问题上，主要对校际间和班级间教育资源均衡配置进行了调查。调查发现，有近八成家长(78.4%)认为本地区同一学段学校与学校之间的教育资源是存在明显差距的，其中22.2%的家长认为差距比较大，5.4%的家长认为差距非常大。从学段来看，小学阶段校际间教育资源差距比初中小，高中的校际间教育资源差距非常大。相比城市地区而言，农村地区校际间的教育资源差距较大。在班级间教育资源均衡配置问题上，有七成家长(71.4%)认为班级间教育资源配置特别是师资配置的质量存在明显差距,从学段来看,同样存在学段越高,班级间教育资源配置越不均衡的情况。而来自教师的调查数据显示,有60.9%的教师认为校际间教育质量的差距主要是教育资源的不均衡造成的。

2. 公平对待学生和教师

与教师的教学质量相比,学生们更在意教师对待自己的态度。在对"对你的教师最不能容忍的事情"的选择中,排名第一的是"布置很多作业",紧随其后的便是与"教师对待学生的态度"相关的几个选项:"讽刺而不是鼓励学生""不理解学生""对待学生不公"。这证明了能否形成良好的师生关系是能否让学生满意学校教育的一项重要指标,而良好师生关系的营造主要取决于教师对待学生的态度。从调查结果来看,有51.9%的中小学生认为教师能够公平对待学生,有27.6%的学生明显感受到教师不能一视同仁,其余20.5%的学生感觉一般。从不同学段来看,教师公平待生的满意度在小学阶段略好,达到58.2%,初中和高中阶段分别为44%和41.7%。从以上调查数据不难看出,教师需要进一步提升专业素养,特别是在师德建设方面要付出更多努力,这不仅关乎学校教育质量,也切实关系着每一位学生的身心发展。

作为教师,同样也希望获得来自学校以及社会的公正对待。当产生教育问题甚至引发一些教育纠纷时,媒体舆论很多时候会把矛头指向教师,以至于此次被访的教师达成共识:教师逐渐成为社会评价中的弱势群体,教师需要获得社会的公正评价。此次调查发现,与超负荷工作、领导不理解、同事关系难处比起来,教师最难以容忍的是产生教育或其他问题时家长把所有的责任都推给学校和教师、学生不尊重教师以及受到其他不公正待遇。因此,从保护各方权益的角度出发,学校和家长可以通过签订责任书明确各方责任,在这个问题上,有73.2%的家长、68.8%的教师表示赞成,表示愿意以此种方式明确各自责任。

(四)教育投入

1. 经费投入

近年来,各地基础教育经费总投入包括对中小学各类教学设施投入呈稳步增长趋势,但仍存在学校实验室、运动场地等教学设施不健全的问题(相关内容调查情况可参考前述内容)。除此之外,人员工资投入即教师收入也是受到较多关注的问题。此次针对教师收入问题分别对教师、家长的相关感受进行了调查。有38.8%的家长认为当地教师工资收入与其劳动付出相比基本平衡,有17.8%的家长认为目前本地区教师工资收入与其劳动付出相比偏低,有8%的家长认为目前本地区教师工资收入与其劳动付出相比过低;有34.4%的教师认为目前本地区教师工资收入与其劳动付出相比偏低,有22.3%的教师认为目前本地区教师工资收入与其劳动付出相比过低,有27.9%的教师认为目前本地区教师工资收入与其劳动付出相比基本平衡。(如表9所示)更多的教师认为与城区相比,农村地区的教师工资收入与其劳动付出相比更低,如认为教师工资收入与其劳动付出相比过低的比例在农村为26.55%,在城市为20.53%。对于问题"如果给教师加薪能否提高学校教育质量",超过半数的家长(55.8%)认为给教师加薪对提高本地区学校教育质量有用,其中26.3%的家长认为非常有用,29.5%的家长认为比较有用;24.2%的家长认为给教师加薪对提高本地区学校教育质量没有用,其中17.4%的家长认为不太有用,6.8%的家长认为几乎没用。(如表10所示)教师是专业人员,但是与医生、律师等专业人员相比,其收入水平偏低,从教师问答"您认为目前本地区中小学教师收入与其他专业人员如医生、律师等职业收入相比如何"的情况来看,有63.8%的教师认为本地区中小学教师收入低于其他专业人员,再进一步追问原因,主要有3个方面,顺序依次为:社会对教师职业不够重视、投入不足(54.9%),师范教育录取门槛降低、教师专业素质比以往有所下降(34%)以及教师从业标准不够严格(11.1%)。

表9 关于教师收入与劳动付出比较情况

调查对象 程度	家长	教师
基本平衡	38.8%	27.9%
收入偏低	17.8%	34.4%
收入过低	8%	22.3%

表10　给教师加薪是否对提高学校教育质量有用

调查对象 / 程度	家长	教师
非常有用	26.3%	31.6%
比较有用	29.5%	36.3%
不太有用	17.4%	18.6%
几乎没用	6.8%	7%
不知道	20%	6.5%

2. 人员投入

教育的人员投入主要是师资投入，目前从数量上看仍存在不足的现象，从教师对“本校教师数量上能否足以应对学校日常各项工作安排”的反馈情况看，有三成教师(30.8%)觉得数量上不足以应对日常工作安排；(如表11所示)分学段来看，小学教师数量相对缺乏，觉得不足以应对日常工作的教师比例达到35.65%，初中和高中的这一数值均为25%；相比城市地区，农村地区教师在数量上更加缺乏，在农村地区，有15.63%的教师觉得应对日常工作很吃力，而这一比例在城市地区为10.6%。

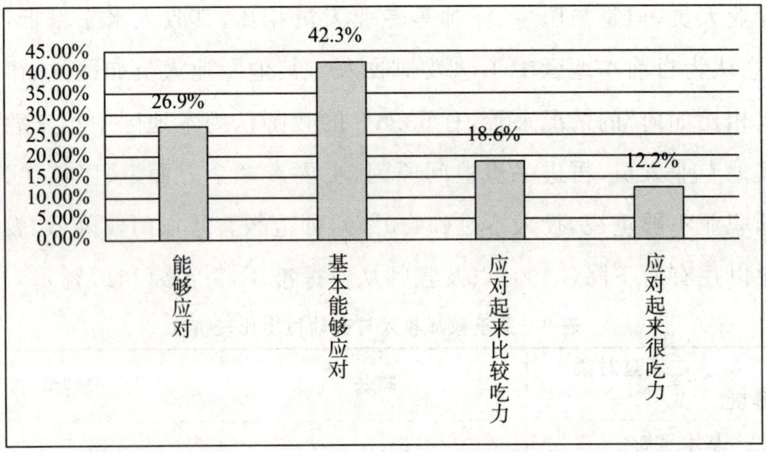

图21　教师关于“教师数量能否应对学校各项工作”的认识

优质师资占比情况也是师资投入的一项重要指标。调查发现，以区级以上教学名师、学科带头人、特级教师等作为衡量标准，有28.3%的教师认为其所在学校的优质师资比例较高，其中10.2%的教师认为其所在学校的优质师资比例很高，另有超过三成的教师认为优质师资比例较低，其中17.7%的教师认为比例很低，而农村地区优质师资比例比城市要低得多，农村地区有31.25%的教师认为优质师资比例很低，这一数据在城市地区为11.02%。

（五）教育目标

在多年推行课程改革强调素质教育的背景下，在教育行政部门、学校以及师生的共同努力下，中小学办学确实发生了变化，学校越来越重视学生的全面发展、个性培养，并为此做出了诸多尝试。此次关于教育目标的调查，主要聚焦中小学对素质教育、课程改革以及学生全面发展和个性化培养的落实情况。

从中小学生对自己所在学校教育目标的理解来看，“让学生为大学做准备”“让学生顺利毕业”“为了学生的个体发展”和“让学生为工作做准备”4个选项中，选择“让学生为大学做准备”的人数比例最高，达到35.6%，其次是“让学生顺利毕业”的选项，为30.6%，“为了学生的个体发展”有26.8%学生选择，而选择“让学生为工作做准备”的学生仅占7%。（如图22所示）这说明学校目前仍以学生顺利完成学业升入大学作为主要教育目标，这点在高中尤为明显，因为有58%的高中生选择了学校教育目标是为了让学生升入大学做准备。不过总体看来，也有近三成的学生体会到学校教育对个体发展的重视，特别在小学和初中，这一数据分别达到29.5%和28.6%。但是学校教育目标在为职业做好准备方面相当欠缺，为工作做好准备并不意味着学生要学习某种职业技能，而是要让他们较早地了解当前学校教育内容与未来工作之间的关联，以及培养职业生涯规划的意识与能力。因此，在基础教育阶段开设职业生涯教育课程，为每一位学生做好专业选择和职业定向准备很必要。

为了解学生的全面发展情况，调查者主要从中小学音、体、美课程学习情况切入。调查结果发现，中小学这3门课程每周必开且保证3节课时以上的比例有67.3%，另有三成的中小学每周只有2节甚至更少。（如图23所示）从学段来看，音、体、美课程的周课时数在不同学段差异显著，小学开满音、体、美课时情况最好，初中次之，高中最差。（如图24所示）各地市中小学必开这3门课程且保证4节课时以上的排序情况如表11所示,从表中可知,部分地区存在这3门课程课时安排不足的问题。针对音、体、美开课不足的问题,有85.6%的教师认为学校对学生的综合素质评价应适当增加音、体、美3科成绩的权重,并且在中考和高考中有所体现。

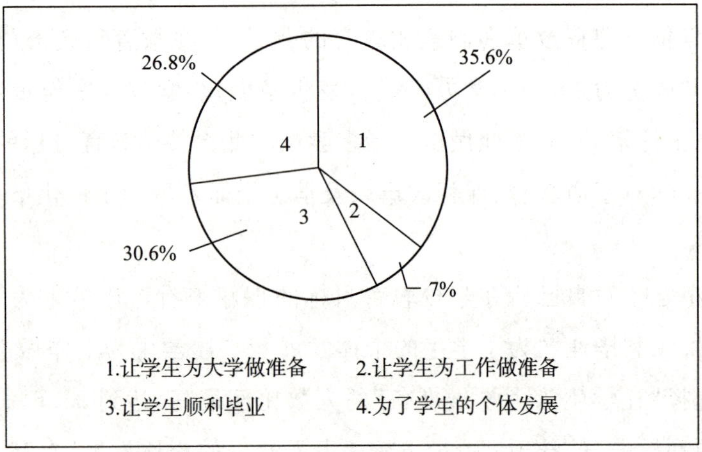

图22　中小学生对所在学校教育目标的认识

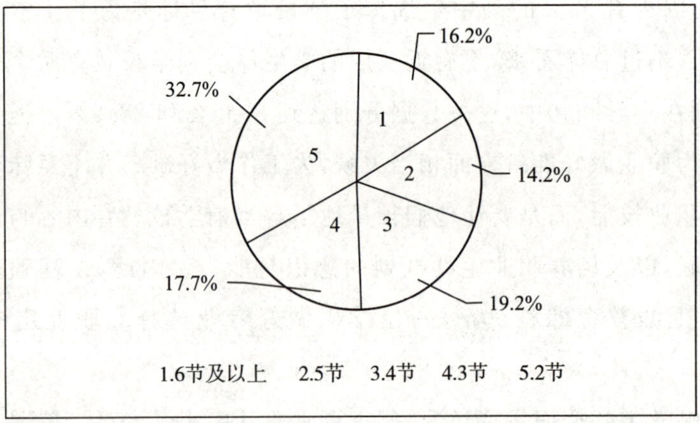

图23　中小学音、体、美课程周课时情况

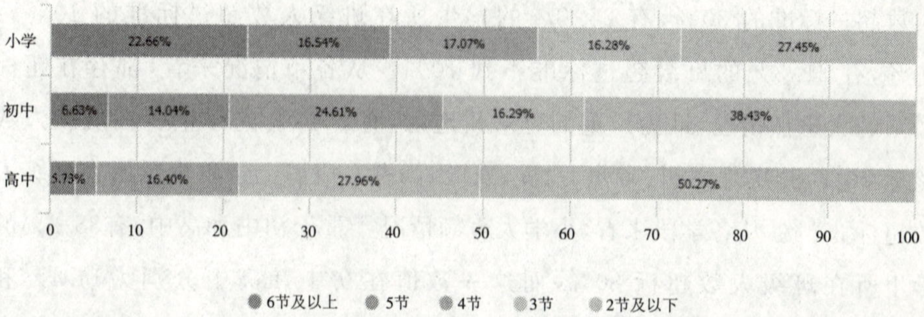

图 24　中小学各学段音、体、美课程周课时情况

表 11　安徽省各地市音、体、美周课时保证 4 节以上排序(%)

省辖市	排序	6 节	5 节	4 节	合计
宣城	1	25.85	17.23	24.00	67.08
马鞍山	2	21.74	15.65	23.48	60.87
池州	3	22.08	18.18	18.18	58.44
铜陵	4	23.33	21.11	12.78	57.22
淮南	5	12.77	22.34	20.21	55.32
合肥	6	19.92	12.35	20.72	52.99
芜湖	7	8.05	21.48	21.48	51.01
黄山	8	16.67	6.82	26.52	50.01
淮北	9	13.04	19.13	16.52	48.69
滁州	10	16.54	14.99	14.73	46.26
蚌埠	11	11.80	11.80	22.36	45.96
宿州	12	13.66	10.53	19.03	43.22
安庆	13	12.70	16.40	12.70	41.80
阜阳	14	10.31	8.97	22.42	41.70
六安	15	10.42	7.99	20.83	39.24
亳州	16	11.82	7.27	10.91	30.00

(六)教育管理

1. 班额管理

大班额一直是影响教育满意度的一个因素。此次调查发现,大班额现象在全省范围内普遍存在。在接受调查的 3144 名学生中,仅有 24%的学生选择了“所在班级的学生数未超过额定标准”的选项,有 28%的学生所在班级人数超过标准的30%,有26.8%的学生所在班级人数超过标准的10%～20%,有21.3%的班级超过标准不到10%。从各市情况来看,都存在超标30%的大班额情况,最为严重的是亳州地区,有55.2%的学生所在班级人数超标30%,其次是宿州、滁州、六安、安庆,均有三成以上学生表示所在班级人数超标30%。从各学段来看,小学大班额情况严重于初中和高中,有38.3%的学生所在班级人数超标30%,而这一数值在初中和高中分别为14.4%和11.2%。班额控制在标准以内的情况在高中表现最好,达到47.1%,初中为32.9%,小学仅为14.4%。从教师的反馈情况看,有74.4%的教师认为自己所在学校存在大班额现象。城市大班额现象更为普遍,有78.81%的教师认为自己所在学校存在大班额现象,在农村地区,这一比例为64.06%。

2. 校园安全

校园安全保障是中小学常规管理的一项重要内容。从本次调查情况看,大部分家长对当地的中小学校园安保工作较为满意,明确表示不够满意的家长不足一成,有22.5%的家长认为安保工作一般。(如图25所示)从学段分布来看,家长对小学的校园安保工作满意度最高,而随着学段的升高,满意度呈下降趋势。(如图26所示)农村地区的家长对学校安保工作的满意度(54.84%)低于城市地区(69.69%)。综上,中小学校园安全保障工作整体上需要,而高学段学校和农村地区学校是工作的重点。

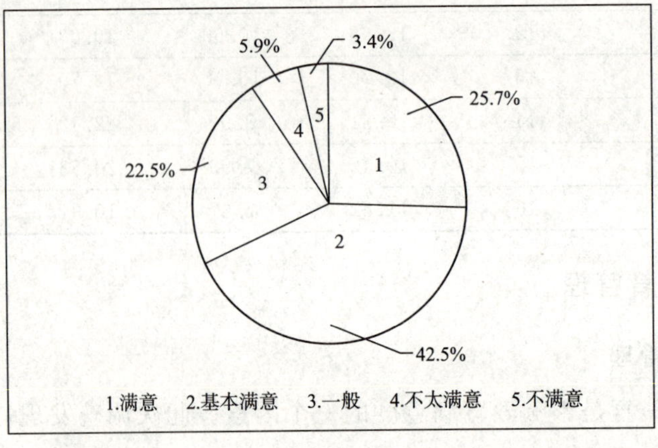

图25　家长对中小学校园安全保障工作满意度

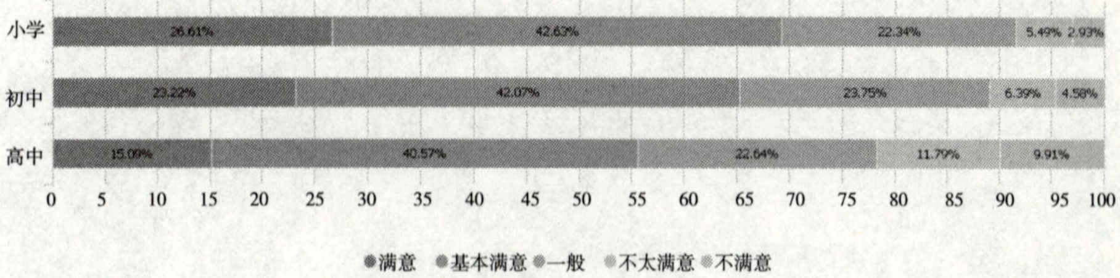

图 26　家长对中小学各学段校园安全保障工作满意度

3. 家校合作

在家校合作方面，有 40.2%的学生表示自己的父母参加过学校家委会活动或参加过家校联系的相关工作，有 28.5%的学生表示父母未参加过学校家委会活动，另有 31.2%的学生表示不清楚。在家长方面，除了参加学校定期召开的家长会，能够主动与学校交流孩子情况的家长比例仅有三四成。调查结果表明，除了较为普遍的家长会形式，大部分家长更愿意通过便捷的信息交流平台以及定期会见班主任的方式加强家校联系。在教师方面，根据所在学校家校合作的实施情况，近半数的教师(49.3%)认为加强家校合作会对学生发展产生积极影响，其中18.1%的教师认为会产生非常显著的积极影响。因此，为了学生的健康成长，中小学应想方设法进一步加强家校合作，作为家长则要更为主动地融入其中，改变自己在家校合作过程中的配角地位。

［韦立君，合肥师范学院教师教育学院副教授，教育学博士；刘昌福，合肥市海顿学校校长，中学高级教师。］

U—S合作背景下的幼儿园教师科研现状调查*

——以合肥市公办园为例

吴忠霞

【摘　要】通过调查合肥市公办幼儿园教师科研现状，研究并探讨幼儿园教师教育科研主要状况，从幼儿园教师科研意识、科研知识、科研能力和科研经验等维度探求幼儿园教师科研素养及水平。根据研究结论，提出通过转变观念、提高反思能力、培养科研问题意识、搭建U—S合作平台、实施文化引领等策略，促进幼儿园教师专业发展。

【关键词】U—S合作；观念转变；搭建平台；文化引领

一、问题提出

U—S合作端倪始于19世纪末美国教育家杜威创办的实验学校。自20

---

* 合肥师范学院2015年度校级科研机构项目“幼儿园教师教育科研现状及影响因素研究——以合肥市庐阳区为例”(2015JG20)、合肥师范学院教师教育研究中心规划项目“师范生培养与基础教育学校教育需求互动机制研究”(2015JSJY01)、全国教育科学规划课题“区域性推进学校现代公民教育的实践研究”(FHB130515)。

世纪80年代以来,英国的伙伴关系和美国的教师发展学校(PDS)是教师教育合作的典范,此后,U—S合作成为世界趋势,并奠定了国际教师教育研究的基本价值取向。它从一开始就非常重视教育理论和教育实践的结合,以教师教育和教师专业发展作为U—S合作的基础和核心,[①]因此对提升教师的研究水平,促进教师专业发展意义重大。

受国外U—S合作理念的影响和我国基础教育改革的不断推进,U—S合作从职前教师教育培养到职后教师教育培训领域都有深入发展,合作内容超越了培育幼儿教师和科研合作。U S合作对幼儿园教师的科研意识、科研知识、科研能力和科研经验影响如何?本研究基于U—S合作背景,以合肥市公办园申报科研项目为契机,从幼儿园教师的科研意识、科研知识、科研能力和科研经验4个维度展开调查,探讨幼儿园教师在教龄、学历和职称等方面的特点和差异,较为详细地了解幼儿园教师教育科研的总体情况,并针对调查研究中发现的问题提出可行性建议,以期促使幼儿园教师重新审视已有的实践知识体系并对其进行重组和建构,从而提升教育科研水平,获得新的专业发展空间。这是教师教育改革对幼儿园教师的诉求:幼儿园教师要具有不断进行专业化学习、实践、反思和提高的意识与能力。

二、研究对象与工具

(一)研究对象

本研究以安徽省合肥市公办幼儿园教师为研究对象,共发放问卷370份(包括150份电子问卷),回收有效问卷352份,有效问卷回收率为95.14%。调查对象的基本情况包括性别、学历、从教年限、职称和职务等。

(二)研究工具

本研究采用问卷调查法,问卷的编制借鉴了《幼儿教师教育科研素养状

---

① 陈法宝:《教师教育“S—U”合作的国际经验与启示——基于教师专业发展的视角》,载《外国中小学教育》,2016(2)。

况及其发展研究》。[①] 课题组成员邀请教育学和心理学专业专家审查了问卷,并对初次拟订的问卷进行了2次前测。同时,为保证问卷的信度和效度,课题组成员与相关研究对象进行了访谈。结合问卷的前测和访谈内容,经最后调整制定了最终问卷。问卷设计共分两部分,第一部分是研究对象的基本情况,第二部分是关于幼儿园教师教育科研现状的调查问卷。问卷回收后,运用SPSS13.0 for windows统计软件对调查数据进行分析。

表1 研究对象基本情况(%)

变量	类别	人数	比例(%)
性别	男	0	0
	女	352	100
从教年限	1～3年	123	35.0
	3～6年	57	16.2
	6～12年	68	19.3
	12～20年	56	15.9
	20年及以上	48	13.6
学历	研究生及以上	0	0
	本科	212	60.2
	专科	140	39.8
	中专	0	0
	高中及以下	0	0
职称	小教高级	116	33.0
	小一	140	39.8
	小二	36	10.2
	小三	0	0
	其他	60	17.0

① 张晓辉:《幼儿教师教育科研素养状况及其发展研究》,湖南师范大学硕士学位论文,2007。

续表

变量	类别	人数	比例(%)
职务	园长	4	1.1
	一线教师	348	98.9

三、调查结果与分析

(一)幼儿园教师科研总体状况

本研究从幼儿园教师科研意识、科研知识、科研能力和科研经验4个维度,对不同职称、不同从教年限和不同学历的幼儿园教师进行了比较分析,以此来考察幼儿园教师教育科研现状的总体水平和特点。(如表2所示)

表2 幼儿园教师科研总体情况描述

维度	题数	均值	标准差
科研意识	6	1.47	0.38
科研知识	3	1.76	0.44
科研能力	3	2.05	0.34
科研经验	3	2.02	0.37
总体	15	1.83	0.21

表2数据表明,幼儿园教师教育科研状况总体均值为1.83,大于中间值1.5,这表明幼儿园教师教育科研总体水平处于中等偏上水平。科研意识、科研知识、科研能力和科研经验4个维度的均值分别为1.47、1.76、2.05和2.02。在4个维度中,幼儿园教师科研能力均值最高,科研经验次之,科研知识和科研意识均值稍微偏低,其中科研意识均值最低。

从表2中4个维度的标准差来看,科研知识、科研意识、科研经验和科研能力的标准差分别为0.44、0.38、0.37和0.34,说明幼儿园教师科研知识的个体差异最大,科研意识和科研经验次之,科研能力个体差异最小。

(二)幼儿园教师科研现状的教龄差异

不同教龄的幼儿园教师的科研现状存在一定差异,本研究参考国内学者步社民[①]对幼儿园教师个人专业发展阶段分类的年限为依据，调查了教龄为1～3年、3～6年、6～12年、12～20年和20年以上的幼儿园教师，对调查数据采用了单因素方差分析，结果如表3所示。

表3 幼儿园教师科研的教龄差异(M±SD)

变量	1～3年	3～6年	6～12年	12～20年	20年以上	F	事后检验
科研意识	1.46±0.31	1.36±0.30	1.38±0.43	1.65±0.41	1.56±0.46	6.33***	④>①②③* ⑤>②③*
科研知识	1.87±0.32	1.72±0.42	1.73±0.51	1.64±0.47	1.78±0.54	3.25*	①>②③④*
科研能力	2.06±0.35	2.04±0.32	2.16±0.25	2.06±0.24	1.92±0.48	3.89**	①③④>⑤* ③>②*
科研经验	1.95±0.37	2.02±0.39	2.08±0.32	2.10±0.35	2.03±0.36	2.22	③>①*
总体	1.84±0.17	1.78±0.24	1.83±0.24	1.86±0.24	1.86±0.17	2.15	④>②*

注：①②③④⑤分别代表1～3年，3～6年，6～12年，12～20年，20年以上。

从表3可以看出，幼儿教师的科研现状虽然在总体水平上不存在差异($F=1.15, p>0.05$)，但在科研意识上存在显著差异($F=6.33, p<0.001$)，教龄在12～20年的幼儿园教师的科研意识明显好于教龄为1～3年、3～6年和6～12年的幼儿教师，但教龄为12～20年与教龄为20年以上的教师间不存在差异。数据表明，教龄与幼儿园教师的科研意识存在正相关关系。教龄为12～20年与20年以上的幼儿园教师的科研意识最强，这与幼儿园教师长期参与幼儿园的教科研活动关联密切。调研过程中我们发现，公办幼儿园每周都要开展教研活动，这些活动与幼儿一日的教育教学紧密相连，是幼儿园工作常态。另外，公办幼儿园还经常承担上级教育行政部门委托的子课题。同时，有些公办幼儿园为了与同级别的幼儿园评比，要求在园教师积极申报省级、区级教育科研课题。长期的幼儿园教科研传统使得12年及以上教龄的幼儿园教师有了较强的科研意识。

其次，幼儿园教师在科研知识上存在差异($F=3.25, p<0.05$)，教龄为

---

① 步社民：《幼儿园教师成长论》，北京：新时代出版社，2005。

1～3年的幼儿园教师科研知识水平最高，且好于教龄为3～6年、6～12年、12～20年及20年以上的幼儿园教师。这一分析结果与我国近年政府重视学前教育有关。众所周知，在“十一五”期间，我国师范院校、高职学院、幼教专业以及中师、职高的幼教班，抓住国家大力发展学前教育的机会，重视培养学前教育师资，从调整专业结构、专业设置、培养方案、课程实施等方面加强对学前教育专业学生的理论指导。同时，《幼儿园教师专业标准》《教师教育课程标准》也对从事幼儿教育的教师提出了较高的要求。

再次，幼儿园教师在科研能力上也存在显著差异（$F=3.89, p<0.01$），教龄为1～3年和6～12年的幼儿园教师好于20年以上的教师，其中教龄为6～12年的幼儿园教师科研能力最强。从调研可知，教龄为1～3年的公办幼儿园教师的初始学历都是大专及以上，除在师范院校、高职等学院受到较好的理论教育外，还接受了指导老师的科研训练。教师教龄为6～12年的幼儿园教师一般家庭、事业都趋于稳定，年富力强且精力旺盛，理论知识较为完善，加之拥有丰富的科研实践训练，能将理论知识与实践经验结合，所以科研能力最强。

(三)幼儿园教师科研现状的学历差异

表4 幼儿园教师科研的学历差异检验(M±SD)

变量	本科	专科	t
科研意识	1.46±0.40	1.50±0.37	−1.05
科研知识	1.67±0.44	1.91±0.39	−5.26***
科研能力	1.98±0.35	2.16±0.29	−4.84***
科研经验	2.09±0.36	1.91±0.36	4.46***
总体	1.80±0.21	1.87±0.20	−3.15***

不同的学历对幼儿园教师的科研状况有一定的影响。本研究结合调查问卷和访谈内容，对幼儿园教师的最后学历分别从研究生及以上、本科、专科、中专及以下几个维度进行分析，但在实际调查过程中发现，幼儿园教师的学历只有本科和专科两个学历段，数据统计中没有其他学历，特在此说明。在设计本调查问卷时，因为没有将学历分为初始学历和最终学历，所以使后

来基于大专和本科学历两维度的分析有交叉,这也是本研究的不足。但这不影响对统计结果进行分析。

由表4可以看出,在科研知识、科研能力上,拥有专科学历的教师明显好于拥有本科学历的教师,而在科研经验上,拥有本科学历的教师明显好于拥有专科学历的教师,但在科研意识上,二者不存在差异。

幼儿园教师获得本科学历的途径主要有两条,一是通过四年普通本科教育获得,二是初始学历是高中、中专或大专,后通过专升本、函授或自学考试等学历教育获得。调研发现,普本生仅占幼儿园本科学历人数的3%。也就是说,绝大多数幼儿园教师的本科学历为最终学历,即通过后续学历教育获得。近年来,公办幼儿园招收的幼儿园教师的最低学历是大专。

随着我国政府、社会对学前教育人才培养的要求越来越高,高校越来越重视对学前教育人才的培养。学前教育专业的学生在高校(大专)院校或高职院既学习科研理论知识,又参与科研课题研究,所以在科研知识、科研能力上明显好于通过后续学历教育获得学历的毕业生。

(四)幼儿园教师科研状况的职称差异

以幼儿园教师的职称为自变量,分别对不同职称的幼儿园教师进行方差分析,统计结果如表5所示。

由表5可知,在科研意识、科研知识和科研经验上,不同职称教师存在显著差异。但在科研能力和科研的总体情况上不存在差异。其中,在科研意识方面,小学高级和其他职称的教师明显好于小一职称的教师;在科研知识方面,小二和其他职称的教师明显好于小学高级和小一职称的教师;在科研经验方面,小学高级和小一职称的教师明显好于小二和其他职称的教师。

在科研意识方面,小学高级和其他职称的教师明显好于小一职称的教师。小学高级教师的教龄一般为12年及以上,他们的事业和家庭稳定,加上在幼儿园长期的科研锻炼,使得小学高级教师科研意识很强,而其他职称的教师一般是刚入园1～3年的新手教师,他们对科研有一定的认识和理解。职称为小一的教师教龄多为3～6年、6～12年,其中以6～12年居多。幼教教师一般为女性,她们需要消耗较多的时间和精力承担繁重的社会责任(养育孩子、赡养父母)，另外，这一时期教师的职业倦怠会影响她们的科研意识，这是一个不可忽视的影响因素。

表5　幼儿园教师科研的职称差异(M±SD)

变量	小学高级	小一	小二	其他	F	事后检验
科研意识	1.53±0.47	1.40±0.35	1.44±0.16	1.54±0.34	3.10*	①④>②*
科研知识	1.67±0.53	1.73±0.41	1.96±0.19	1.93±0.33	8.09***	③④>①②**
科研能力	2.03±0.38	2.06±0.29	2.01±0.38	2.15±0.34	1.95	④>①③*
科研经验	2.08±0.37	2.10±0.39	1.81±0.28	1.82±0.17	14.57***	①②>③④*
总体	1.82±0.24	1.83±0.20	1.81±0.21	1.86±0.21	0.64	

注：①②③④分别代表小教高级，小一，小二，其他。

在科研知识方面，小二和其他职称的教师明显好于小学高级和小一职称的教师。小学高级和小一职称的教师由于教龄较长，实践性知识增长较快，理论知识呈负增长；职称为小二和其他职称的教师多是刚刚毕业、入园不久的新教师，理论知识较丰富。

在科研经验方面，不同职称教师之间存在显著的差异($F=14.57, p<0.001$)，且进一步的检验也发现小学高级和小一职称的教师明显好于小二和其他职称的教师。这是幼儿教师在幼儿园长期进行科研锻炼的结果。

通过对幼儿园教师科研状况进行调查和分析，得出以下结论：第一，幼儿园教师教育科研状况总体处于中等偏上水平。其中，幼儿园教师科研能力均值最高，科研经验次之，科研知识和科研意识均值稍微偏低，其中科研意识均值最低，亟待提高。

第二，幼儿园教师在教龄上存在显著差异，教龄与幼儿园教师的科研意识呈正相关(教龄为12～20年与20年以上的幼儿园教师的科研意识最强)。

第三，本科学历的幼儿园教师的科研经验明显好于专科学历的幼儿园教师。

第四,在科研意识方面,小教高级和其他职称的教师明显好于小一职称的教师;在科研知识方面,小二和其他职称的教师明显好于小教高级和小一职称的教师;在科研经验方面,小教高级和小一职称的教师明显好于小二和其他职称的教师。

四、提高幼儿园教师科研能力的对策

(一)转变观念,提高幼儿园教师反思能力

观念被认为是一种内在的、具有一定稳定性的主体性认识,并作为个体行为的心理指导对其各方面行为产生直接而深刻的影响。① 教师的观念是教师在教育教学中形成的对教育现象的主体性认识,它影响着教师的知觉、判断以及教学行为。就像孩子不完全接受灌输式教学一样,教师个体观念的形成与改变并不完全是接受式的。观念的改变影响着教师的教育行为,但并不足以代表教育行为的产生。观念一旦形成,改变就非一朝一夕的事情。

本研究显示,今天仍有半数幼儿园教师固执地认为,做科研是高校教育专家的事情,与自己的教育教学无关。究其原因,一是幼儿园教师每日忙于教学活动、照顾幼儿生活,无暇顾及科研,二是没有能力做科研。

如何改变教师固有的观念?提高幼儿教师反思能力是一条不错的捷径。反思有以下特质:反思是系统的梳理,反思是理性的审视,反思隐含行为的修正。② 幼儿园教师反思是对教育问题的不停思考,是一个提出问题、分析问题和解决问题的过程。培养科研问题意识是幼儿园教师必不可缺的反思内容。科研问题从哪来?当然是从教育教学中来。科研课题源于日常的教学。思考的越多,问题就越多,能成为科研课题的问题就越多。观念改变了,反思能力提高了,教师们的科研问题意识就增强了。

(二)推进U—S合作,搭建理论与实践相结合的平台

U—S合作的主要目标在于搭建高校教育理论与幼儿园实践相结合的

---

① 庞丽娟:《教师与儿童发展》,北京师范大学出版社,2003。

② 赵军海:《幼儿教师教学反思现状的调查与研究》,西北师范大学硕士学位论文,2007。

平台。高校承担职前教师教育功能，应主动作为，融入幼儿园教育实践，研究幼儿园教育实践领域的问题，回应幼儿园教师的教学、科研诉求，并将其转化为对师范生进行培养的素材与样本。[1] 幼儿园教师应积极参与科研活动，了解科学前沿，及时在教学中补充新知识、新理论。同时，幼儿园教师可通过教学温故知新，使教学中的基础理论和知识能够启发和指导科研活动，达到理论指导实践的目的。幼儿园教师的科研并非纯粹的理论研究，而是基于教育教学实际地应用型研究，[2]是一个“实践—研究—再实践—再研究”的循环过程。

为加强U－S深度合作，可以通过成立区域性教师教育联盟、师范教育指导委员会等形式开展，如甘肃高校教师教育联盟、东北高校教师教育联盟、山东省高等学校教师教育联盟、云南省高等学校教师教育联盟等。[3] 通过构建区域性教师教育联盟，搭建理论与实践相结合的平台，促进U－S广泛而深入地合作，各施所长，协同发展。

研究表明，区域性教师教育联盟离不开地方政府的支持和监督，教育行政部门的参与将有效加强U－S合作的深度和广度，对提高幼儿园教师教育质量和水平、提升幼儿园教师的科研能力意义重大。

（三）文化引领，增强幼儿园教师科研氛围

幼儿园文化是社会文化的一种亚文化，是校园文化的有机组成部分，它蕴含着幼儿园的办学宗旨、理念、社会责任、精神气氛等，蕴含着独特的凝聚力，是激励全体教职工不断努力的精神力量，是幼儿园可持续发展的巨大内驱力。以人为本是幼儿园文化的核心，幼儿园文化在规范和教育幼儿教师的同时，应充分尊重、理解、激励和帮助教师，营造科研氛围。园长作为幼儿园业务工作的第一责任人，要充分发挥榜样示范作用，成为幼儿园科研的引领

---

① 张翔：《教师教育U－S共生性合作问题研究》，西南大学博士学位论文，2012。

② 钱军平：《从观念到行动：教师教育一体化的困境与出路》，载《教育学（人大复印资料）》，2016(10)。

③ 杨洋、任立刚：《区域性教师教育联盟在师范院校与中小学合作中的机制探析》，载《现代中小学教育》，2014(9)。

者和参与者,增强科研意识,创设宽松、和谐的人本环境,依托园本教科研活动、大型节日活动、教育教学等,唤醒教师的科研激情,激发教师参与科研的智慧,挖掘教师潜在的科研意识和能力,通过案例研讨、头脑风暴和参与式研讨等活动,带领幼儿园教师走进科研之门,帮助她们实现由"经验型"教师向"科研型"教师转变,进而构建研究型科研团队。基于此,可在园内成立学习型组织。学习型组织是一个"不断创新、进步的组织,在其中,大家得以不断突破自己的能力上限,创造真心向往的结果,培养全新、前瞻而开阔的思考方式,全力实现共同的抱负,以及不断一起学习如何共同学习"。[①] 学习型组织包括建立共同愿景、团队学习、改变心智模式、自我超越和系统思考5个要素。这5个要素是幼儿园开展科研活动所不可或缺的。

[吴忠霞,合肥师范学院教师教育学院教师。]

---

① [美]彼得·圣吉著,郭进隆译:《第五项修炼——学习型组织的艺术与实务》,上海三联书店,1998。

后　记

由安徽省基础教育改革与发展协同创新中心组编的区域性基础教育研究集刊——《安徽基础教育发展评论》(第 2 卷)即将与大家见面了。本卷的编写得到了省教育厅领导的关心和基础教育处等主管部门的大力支持,也得到了诸多专家学者的智慧引领。在此,向所有为本集刊奉献的人员致敬!

2013 年以来,协同创新中心与省教育厅基础教育处联合开设《合肥师范学院学报》"基础教育改革与发展"专栏 16 期,汇集了优秀研究论文 57 篇;2014 年,协同创新中心协同安徽省教育科学研究院合作规划"安徽省教育科学规划 2014 年度三项改革专项课题"41 项,目前已完成 28 篇研究成果;同时,协同创新中心主办的《安徽基础教育研究》也汇集多篇基础教育领域的优秀文章。为促进教育发展研究新理论、新思想、新方法的传播,引领安徽基础教育发展的研究方向,让上述优秀研究成果更好地为安徽省基础教育改革发展所借鉴与服务,我们精心遴选 21 篇研究成果,形成《安徽基础教育发展评论》(第 2 卷)。编辑过程中部分文稿略有删改,真诚地希望大家谅解并多提宝贵意见。

本集刊的出版,是对当前安徽基础教育发展理论研究、区域教育发展战略研究、教育政策改革研究等成果的展示与推广。计划每年汇聚成 1 卷,形成持久性地服务于基础教育的集刊。集刊作为教育发展平台建设,只是基础教育综合改革漫漫征途中的一小步。随着教育改革的不断深化,教育发展中还有许多全局性、战略性和技术性的问题,等待广大的教育研究者与实践者去深入研究与发掘。

安徽大学出版社对本书的出版给予了大力支持,在此表示衷心的感谢!

编 者

2017年6月